시민과 함께 하는 **홍미영의 목민일기 2**

사람 사는 세상이 온다

시민과 함께 하는 **홍미영의 목민일기 2**

사람 사는 세상이 온다

홍미영 지음

도서출판
다인아트

들어가는 말

'걸림돌을 디딤돌로!', 그리고 '뇌물' 3만원

햇병아리 초대 구의원에 처음으로 당선된 다음날 아침이었습니다.

반지하 집 현관문을 누군가 두드리기에 뛰어 나가보았더니, 평범한 동네 할아버지 한 분이 서 계시는 게 아니었습니까. 물론 아는 얼굴은 아니었습니다. 그런데 그 분께서는 본인이 누군지 밝히시지도 않은 채, "내가 보기에 당신은 일을 잘 할 것 같다. 앞으로 바쁘게 움직여야 할 테니, 구청 오갈 때 차비라도 하라" 하시면서, 느닷없이 삼 만원이 든 봉투를 품에서 꺼내 주시는 게 아닙니까. 저는 한사코 거절했습니다만, 할아버지는 완강하셨습니다. "일 열심히 하라"시며, 억지로 손에 쥐어주고는 황급히 가버리셨습니다. 차마 뒤좇아가 되돌려 드리지는 못하였습니다. 무덤가 주변 야산에 철거민들이 대충 지은 흙벽돌 집에서 하루하루 힘겹게 살아가는 가난한 동네, 이곳에 사는 백발의 할아버지에게 삼 만원이란 돈은 매우 큰돈이었습니다. 그 돈에는 저에 대한 큰 신뢰가 들어 있었습니다.

'열심히 일해서 꼭 좋은 세상 만들어달라'는 당부가 들어차 있었지요. 그 돈은 제가 받은 처음이자 마지막 '뇌물'이었습니다. 단순한 삼 만원이 아니라, 가난한 이웃 할아버지의 절절한 믿음과 채찍으로 받은 것이었습니다. 하지만 저는 부끄럽게도 여태껏 그 삼 만원을 다 갚지 못했습니다.

올해 초 인천시장 출마를 하며 저는 "인천의 가장 가난한 동네에서 사람이 희망임을, 정치가 희망이 될 수 있음을 배웠습니다"라고 밝혔습니다. 저는 인천으로 이주한 후, 제 삶을 새롭게 시작하였습니다. 인천에서 저는 거듭 태어났습니다. 서울에서 대학 다니며 독재에 저항하는 학생운동을 하던 시기에는 머리로만 세상을 볼 줄밖에 몰랐었음을 솔직히 고백하지 않을 수 없습니다. 하지만 인천에 와서 빈민운동과 풀뿌리 주민운동을 하면서부터는 몸으로 겪고, 가슴으로 느끼고, 발로 뛰지 않으면 안 되었습니다. 어려움 속에서도 희망을 잃지 않는 가난한 이웃들과 함께 하기 시작하면서는 현장에서, 참으로 가치 있는 모든 것들을 생생하게 새로이 배웠습니다.

제가 어떤 소중한 것들을 배워 익히게 되었는지 하는 걸 이 기회에 말씀드리고 싶습니다.

저는 무엇보다 '사람이 먼저인 생활정치'를 배웠습니다.

정치는 사람들의 구체적인 실제생활에서 비롯해야 합니다. 생활정치를 지향한다는 것은 '작은 행정'을 잘 꾸려나가겠다는 의미가 아니라, '건강한 민주주의'를 새로이 구축해나가겠다는 결의를 뜻합니다. '시민이 주인 되는 정치', '모든 사람이 평등하고 정의롭게 살 수 있게 하는' 정치입니다. 우리는 이미 광장의 촛불 속에서 우리의 운명을 스스로 결정하는 귀중한 경험을 했고, 아울러 특권과 반칙을 누르고 정의와 평등이 승리를 쟁취하는 소중한 기회 또한 체험했습니다. 하지만 촛불집회에 동참하고 돌아오던 한 청년이 이런 말을 하는 장면을 보았습니다. "광장에 오면 모두가 다 동지고 친구고 에너지도 넘쳐나고 해서 행복한데, 집으로 가는 버스를 타는 순간 나는 다시 20대 청년백수가 되어버리고 맙니다. 광장을 내 삶으로 가져올 수는 없는 것인가요"? 그 말을 듣는 순간 저는 책임감을 절감하며 "광장을 우리 삶으로 가져오기 위해 필요한 게 바로 생활정치야!" 하고 다짐하는 자신을 발견했습니다.

이 '생활정치'는 결국 주민자치와 직결됩니다. 지방자치는 시민이 자기 삶의 주인이자 지역공동체의 주인이 되도록 행정시스템을 개혁하는 과업을 수행해야 합니다. 지난 8년 동안 저희 부평구의 행정은 바로 그러한 철학과 정신 하에서 전개되었습니다. 저는 구민들의 의견을 수렴하고, 함께 고민하고, 함께 해답을 찾아나갔습니다. 그러는 와중에 새로운 깨달음과 발상이 꼬리를 물고 이어졌습니다. 그리하여 '인천 최초', '전국 최초'로 이행한 사업들이 다른 지역의 모델이 되어 전국으로 퍼져나가기도 했습니다. 말하자면 부평의 변화가 인천의 변화를 이끄는 추진력으로 작용하였고, 나아가서는 대한민국 전체의 변화를 촉진하는 견실한 동력의 역할을 수행하기도 했다는 말이 되겠습니다.

그렇다고 해서 저는 눈앞의 순간적인 성과에 눈멀어 성급하게 걷지는 않았습니다.

주민운동을 하면서 배운 가장 큰 덕목은 한 마디로 인내였습니다. 정해진 임기 내에 전시효과만 드러내 보이는 그럴듯한 치적을 과시할 생각은 추호도 없었습니다. 10년 뒤, 20년 뒤, 그리고 후 세대에까지도 두고두고 오랫동안 지속가능한 발전을 위한 초석을 닦아나가는 데 열중했습니다. 무엇보다 인천과 부평이 부채도시로 전락해버렸던 사실이라든가, 또는 기후변화 속에서 일방적으로 피해를 입거나 지역공동체 자체가 파괴되어 '민민갈등', '민관갈등'이 극심해졌던 것도 바로 목전의 치적 쌓기에만 집중하면서 지속가능하지 않은 절름발이 행정을 펴왔기 때문이라는 것을 익히 잘 알고 있었기 때문입니다. 그리하여 번듯한 겉보기에만 치중하는 토건사업 중심의 전시행정, 강제적이고 획일적인 행정 폐해가 어떻게 도시를 병들게 하고 주민들을 질곡에 빠뜨리는지 하는 걸, 시민들과 더불어 꾸려나온 구체적인 일상생활 속에서 뼈저리게 절감하지 않으면 안 되었습니다. 결과적으로 저는 '지속가능한 행정'이 절실하다는 소신을 새로이 굳힐 수밖에 없게 되었습니다.

앞으로의 행정은 '민주주의'와 '지속가능한 발전'을 함께 추구하는 것이 되지 않으면 안 됩니다. '지속가능한 발전'이라 함은 사회·경제 환경을 모두 아우르는 개념입니다. 요컨대 양극화, 실적주의, 마구잡이 식 개발이 불러오는, '지속가능하지 않은 행정'과는 상반되는 것입니다. 그러므로 통합의 새로운 비전을 그리는 잣대이기도 한 것입니다.

프란치스코 교황께서는 "참된 권력은 가장 약한 자의 연약함을 돌보는 것"이라 선언하셨습니다. 지금까지 제가 해온 민주화운동, 빈민운동, 올바른 정치운동 모두가 실은 모든 정치권력이 참된 권력으로 거듭 태어나게 하기 위한 몸부림이었습니다. 김대중 대통령께서는 이희호 여사와 함께 인천에서 치열한 민주화운동을 함께 전개하셨고, 그 와중에 여성운동도 배워 익히셨습니다. 저는 지금 지방자치를 살린 김대중 대통령, 지방자치를 키운 노무현 대통령에 이어, 이제 진정한 지방분권을 이룰 문재인 대통령의 뒤를 좇아 지방자치의 산 증인으로 시민의 삶을 바꿔가고자 애쓰고 있습니다. 그런데 저는 이 분들로부터 고귀한 정치철학 하나를 배울 수 있게 된 것을 감사한 마음으로 깊이 간직하고 있습니다. 그것은 바로 〈걸림돌을 디딤돌로!〉 하는 생활자세입니다.

이 책의 1부는 8년 동안의 부평구 생활정치에 대한 기록입니다.

변변한 휴일도 없이, 화장실 갈 시간도 아껴가며, 새벽 4시 반에 일어나 밤 11시까지 하루 일정을 촘촘히 쪼개며 일해왔습니다. 탁상행정이 아닌 현장행정을 위해 부평 골목골목을 누비며, 때로는 달동네 공부방에서, 또 때로는 경로당에서 쪽잠을 함께 자며, 주민과 소통하며 함께 문제를 해결해나가기 위해 노력했습니다.

다행스럽게도 2017년 구민여론 조사에 따르면, 부평구 정책을 잘하고 있다라는 응답이 72%이고, 생활여건이 좋아질 것이라는 응답이 90%를 웃도는 등 구민들의 기대가 상당히 높게 나타났습니다. 현장을 중심으로 시민들과 소통하며 그 힘으로 비전을 세워나가고자 애써온 저의 노력에 대한 주민들의 살가운 반응인 것 같습니다.

이 글은 더불어 사는 따듯한 세상과 정의가 실현되는 지속가능발전 도시를 만들기 위해 주먹 쥐고 함께 달려온 숨가쁜 기록, 그리고 시민들과 직원들과 함께 한 연대의 기록인 것입니다.

2부는 저 홍미영이 지금껏 살아온 개인적인 삶의 궤적을 보고드리는 글들입니다.

중산층 가정에서 별다른 어려움 없이 자라서, 처음 판자촌에 갔을 때의 충격 속에서 우리 사회의 현실에 눈뜬 70년대 대학생의 이야기로 시작합니다. 대학생활 동안 열심히 학생운동과 민주화운동에 동참했고, 결혼 이후에는 불평등의 고리 가장 아래쪽에서 고통받는 빈민여성과 아동의 난관에 본격적으로 뛰어들게 되었습니다. 인천 달동네에서 만난 사람들, 그 속에서 배운 경험들을 진솔하게 적었습니다. 이후 15년 간의 의정활동과 8년 간의 구정활동 속에서 인간 홍미영이 느끼고 배운 것도 수필이나 편지처럼 이야기 나누듯 적어 내렸습니다.

3부는 인천과 대한민국의 현재와 전망에 대한 글입니다. 청년실업에서부터 원도심 개발문제, 지속가능한 삶을 위한 에너지 정책, 해양도시 인천의 갯벌과 섬의 가치, 그리고 세월호와 광화문 촛불에 나타난 정의로운 세상을 향한 저의 다짐들을 엮은 소고입니다.

그저 책상 앞에서 자료만 찾아보며 만들어진 글이 되진 않았습니다. 2년 동안 한 달에 한 번 씩 인천의 전문가들, 인천 각 지역에 사시는 분들과 함께 아침 10시부터 저녁까지 지역을 두루 살폈습니다. 송도 끝자락에서 서구 쓰레기매립지까지, 동구 화수부두에서 남구 제물포역까지, 자월도에서 문학산까지 인천 전 지역을 하루 2만 보 가까이 발로 걸었습니다. 비록 세밀하고 정교한 글은 못 되지만, 현장을 다니며 토론하면서 지역의 숨결을 느꼈던 소소한 경험들이 배어 있는 글입니다.

그동안 저는 가장 낮은 곳의 눈으로 열악한 삶의 현장에서 바라보기도 하고, 장산곶매가 높은 산에서 바다를 보듯 전체를 조망하기도 하면서, 우리 인천의 문제를 다각도로 입체적으로 바라보며 살아왔습니다. 인천이 사람 중심의 도시가 되기 위해, 평화와 문화의 도시가 되기 위해, 지속가능발전의 가치를 담은 미래도시가 되기 위해 무엇이 필요한지 어디로 가야하는지 하는 걸 경험 속에서 배우고 고민해왔습니다.

돌아보면 제 삶에는 '처음', '최초', '유일'이라는 단어가 많습니다.

인천 최초의 비영리 공부방을 열었고, 여성정치인 0.9%이던 시절 인천 최초의 여성 구의원으로 당선되어, 인천 최다득표의 시의원을 거쳐 인천 최초의 여성 국회의원이 되었습니다. 야당 출신으로는 전국 최초이자 유일한 여성 지자체 장으로 당선되어 전국 최초의 사업들을 펼쳐나갔지요. 뿐만 아니라 저는 대선 당시 궁지에 몰려있던 노무현 후보와 권양숙 여사를 경선 과정에서부터 열렬히 지원한 첫 인천 정치인이기도 했습니다. 결과적으로는 가시밭길을 뚫고 국민승리의 감동적인 대선을 치러내기도 했습니다만. 그리고 지금은 더 큰 꿈을 꾸고있습니다.

늘 새로운 길을 여는 첫발을 떼며 걸어왔습니다. 그렇게 첫 길을 갈 때 불안함이 왜 없었겠습니까. 하지만 불안함을 넘어 뚜벅뚜벅 걸어가게 하는 간절함과 절실함이 함께 해주었습니다. 성급하게 결과를 추구하지 않고 인내를 갖고 걸어왔습니다. 그 끝에 사람 사는 세상이 온다는 믿음이 있었습니다. 제가 만난 여러 사람들의 신뢰와 희망을 모아 여기까지 왔습니다. '걸림돌을 디딤돌로' 만들며 분투해온 길이었습니다.

그 시간들을 돌아보고 앞으로의 지도를 그려보기 위해 이 글을 썼습니다.

삶의 현장에서 시민과 비전을 함께 나누고 더불어 하는 것이 얼마나 중요한지 하는 걸 알리기 위해, 무엇이 진정한 힘이며 우리가 어떤 방향으로 나가야 하는지에 대해 담소를 함께 나누면서 보다 나은 세상으로 더불어 같이 가기 위해 이 책을 냅니다. 이런 의미에서 이 글은 제가 드리는 약속의 기록이기도 합니다.

정치인도 행정가도 손은 시민과 함께, 눈은 멀리, 발은 반발자국 앞서 가야 한다고 생각합니다. 가장 약한 자의 연약함을 살피면서, 동시에 큰 바다 너머까지 멀리 보며, 사람이 먼저인 가치를 품고 현장에서 함께 걸어가겠습니다. '강한 자에겐 강하게, 그리고 약한 자에겐 약하게' 임하며, 계속 올곧은 길을 걸어나가도록 애쓰겠습니다.

"인천은 사람이 있는 도시, 사람이 살고, 사람이 중심이 되는 진정한 문화도시가 되어야 한다"는 것을 늘 되새겨주시는 인천의 한 어르신께서 새해 세배 차 찾아간 저에게 들려주신 귀한 말씀을 마무리에 새깁니다.

『역경(易經)』에는 '기보치원(驥步緻遠)'이란 말이 있는데, '천리마가 걸어서 곱게 바르게 간다'는 뜻입니다. 즉 천리마가 단지 목적지를 향해 빠르게 달리는 것이 아니라, 등에 사람을 모시고 걸어서 곱게 바르게 간다는 의미지요.

인천시민 모시고 곱게 바르게 가는 천리마같은 짐말이 되겠습니다.

감사합니다.

2018년 1월

홍미영

차 례

들어가는 말 '걸림돌을 디딤돌로!', 그리고 '뇌물' 3만원 • 4

제1장 지속가능발전과 생활정치

숙박행정 • 19

파산 직전의 재정, 기후 재난, 사회적 갈등
답은 지속가능발전이다! • 31

빚더미 부평, 채무 제로zero 도시로 거듭나다 • 45

전국 최초 공공갈등조정관, 몇 해 묵은 갈등을 풀다 • 52

모두가 행복한 도시, 여성친화도시 부평 • 59

모두가 존중받는 도시, 청소년이 웃는 도시 • 69

지역경제를 살린다! 청년마켓과 사회적경제 • 79

'음악·문화도시 부평'의 물길을 열다 • 91

무너진 집 앞에서 함께 살며 길을 찾다 • 97

안보의 명목으로 일방통행식 주민희생은 이제 그만! • 107

대재벌 쇼핑몰 건립 위기에서 상권과 사람을 지켜내다 • 115

부평구 청렴도, 인천 꼴찌에서 일등으로! • 127

제2장 사람, 홍미영

부모님과 딸들 • 143

인천 달동네 사람들과 함께, 새로 태어나다 • 161
초대 기초의원선거 합동연설회 연설문 • 181

옳은 것이 강한 것을 이기다 • 191
국회의원 비례순위 확정대회 3분 연설문 • 208

제3장 정의와 평화의 도시를 향하여

청년실업을 다시 생각한다 • 213

지방의 눈으로 미래를 보자 • 221

재개발의 패러다임을 바꾸자 • 244

에너지정책의 전면적 전환 • 259

인천 갯벌과 섬의 가치 • 267

개성공단, 한반도 평화경제의 보루 • 276

백령도 그리고 연평도 • 285

강화군의 두 갈래 미래비전 • 293

미래 한국을 위해 풀어야 할 보육문제 • 301

인천의 교육, 교육자치로 풀자 • 3125

세월호 촛불, 안전사회를 향한 다짐 • 322

나라를 바로 세운 광화문 촛불 • 331
쓰레기 매립장과 지구 환경문제 • 343
사드 배치, 한반도의 미래를 다시 묻다 • 353

부록 기고문

지속가능발전 도시 만드는 생각의 전환 • 365
영유아보육·기초연금, 국가가 책임져야 • 367
통합예비군훈련장 부평 이전 용납할 수 없는 이유 • 369
인천의 시인 한하운(韓何雲)의 40주기를 맞아 • 371
캠프마켓 담 허문 부평 풍물대축제 • 374
인천평화의 소녀상 앞 첫 3·1절 행사의 의미 • 377
정의로운 부평구민의 행복을 꿈꾸며 • 379
인천 예술인 시민권 되찾아 드리겠습니다 • 382
자치와 분권, 국민의 명령이자 시대정신이다 • 384

홍미영이 걸어온 길 • 386
추천의 글 • 388

제1장

지속가능발전과 생활정치

자기가 태어나기 전보다
세상을 조금이라도 살기 좋은 곳으로 만들어 놓고 떠나는 것,
자신이 한때 이곳에서 살았음으로 해서
단 한 사람의 인생이라도 행복해지는 것,
이것이 진정한 성공이다.

– 랄프 에머슨, 『무엇이 진정한 성공인가』

숙박행정

- 22개 동 노인정과 어린이집에서 먹고 자며 현장을 살피다

와 봐야 보인다, 가까이 가야 들린다

퇴근해서 청천1동에 도착한 시간은 이미 해가 진 저녁 8시였다. 이 동네 오래 살아온 주민들과 간담회를 마치고, 한 시간 동안 동네를 골목골목 돌아보았다. '전신주마다 마구 쌓인 불법 쓰레기들이 생각보다 심각하구나. 이걸 어떻게 해결하면 좋을까' 고민하면서 초원 경로당으로 향했다. 앞으로 이틀 밤은 초원 경로당에서 잠을 잘 예정이었다.

매주 두 개 동을 찾아가 경로당이나 아동센터에서 숙박하면서 저녁에는 주민간담회를 열고 밤과 아침에는 동네를 돌아보는 숙박행정의 첫날이었다. 편한 집을 두고 굳이 한뎃잠을 자야 하냐는 주변의 만류가 많았다. 하지만 한 달 전까지 살림집도 아닌 십정동 달동네 공부방에서 석달간 이불 펴고 살았던 나에겐 특별히 어려운 일이 아니었다. 그렇게 살아보니 집무실 책상에서는 쉽게 알 수 없었던 현장의 불편함을 볼 수 있었다. 나이 드신 주민들이 많이 사는 동네인데 유난히 약국이 없어서, 어르신들이 약국까지 20~30분 걸어 나가야 한다는 사실은 와보지 않으면 알 수 없는 일이었다. 약사회에 부탁해서 공부방에 구급약을 챙겨두면서, 역시 직접 발품을 팔면서 22개동 구석구석 돌아봐야겠다는 결심을 굳혔다.

"낮에 주민간담회 같은 것을 열거나 해도 되잖아요. 동네 행사들도 있고요. 굳이 경로당 같은 곳에서 잘 필요까지 있나요. 몸 상해요." 라고 주민들이 걱정하면 "그렇게 만나면 아무래도 주민자치위원장같은 분들 중심으로 뵙게 되니까요. 이름 드러내지 않고 오래 살고 있는 분들도 만나려면, 이런 방법이 제일 좋을 것 같습니다." 라고 답했다.

바쁘고 어렵게 사느라 불편이 있어도 그냥 사는 평범한 동네 분들을 만나고 싶었다. 빼곡한 일정 속에서 행사 때 축사 몇 마디 하고 가는 것이 아니라, 이른 아침에 빗자루를 들고 골목을 치우면서 동네의 분위기를 보고 싶었다. 공무원들이야 물론 행정의 달인이지만, 주민의 눈높이에서 마음 읽는 것은 민선 청장보다는 조금 어려울 수 있다. 구청장으로서 주민의 이야기를 행정으로 잘 모아갈 수 있고, 주민에게는 행정의 이야기를 더 잘 전달할 수 있을 거라고 생각했다.

그렇게 선택한 첫 번째 동네가 청천동이었다. 재개발로 동네 대부분이 묶인 채 10년 가까이 진행되지 않은 곳, 재개발로 묶이면 도로포장도 어렵고 공공시설도 들어가기 어렵다. 열악한 노후주택들이 많아 주민들의 불편이 많을 것이라고 생각했다. 단 이틀 밤이라도 가까이에서 말씀 듣고 이야기 나눠야지 생각했다.

"귀신도 민원 해결해 달라고 부탁했을 거에요"

주민들과 이야기를 나누니 어느새 밤 열한 시가 되어가고 있었다. 내일 새벽같이 일어나 또 동네를 돌 예정이니 어서 자야지 했는데, 노인회장님이 경로당에서 꼭 자야겠냐고 나를 극구 말리셨다.

"여기가 원래 묘지터였어요. 밤이 되면 얼마나 을씨년스러운지 몰라요. 며칠 전 비 내리는 낮에 제가 직접 귀신을 보기도 했다니까요. 혼자 잘만한 곳이 절대 아닙니다."

괜찮다고 걱정 말라고 아무리 말씀드려도, 차마 발걸음을 떼지 못하고 쳐다보기만 하시는데, 그 마음이 읽혀서 참 고마웠다.

초원경로당 귀신이 꽤 유명했는지 다음날 아침에 만난 주민들도 걱정스레 말했다.

"경로당에서 잤다고요? 별일 없었어요? 꿈자리 흉흉하지 않았어요? 거기 사실은...."

"아, 귀신 끼고 잘 자서 걱정 없어요."

그 말에 다들 와 웃는데, 한 아주머니가 농담처럼 말했다.

"아마 귀신 나타났어도 민원 해결해 달라고 부탁했을 거예요."

그 말이 오래 남았다. 웃고 흘릴 이야기가 아니라고 느꼈다. 재개발로 고충이 오죽했으면 그런 농이 나왔을까. 앞으로 어디에 있든간에 귀를 열고 귀신의 민원까지 잘 들어야겠다고 생각했다.

불편한 잠자리와 맞바꾼 변화와 신뢰

숙박행정을 처음 시작할 때는 '형식적인 보이기 행정 아냐', '저 고생을 얼마나 하겠어, 저러다 말겠지' 식의 시큰둥한 반응들도 있었다. 그러나 숙박행정을 꾸준히 진행함에 따라 실제로 달라지는 변화가 보이고, 사람을 대하는 청장의 진심이 느껴지니 그런 말들은 사라졌다. 총선이나 지방선거 등이 있는 기간에는 일시적으로 숙박행정을 중단했지만, 22개 동을 연속적으로 도는 대장정 일정이 아니더라도, 한 달에 네 번, 적어도 두 번은 꾸준하게 했다. 민선 5기 2년차 겨울부터 시작한 이 숙박행정을 민선 6기 임기를 마칠 때까지 계속할 생각이다.

매번 야전용 이부자리를 들고 다녔으니 몸 편한 방법은 아니었다. 지역아동센터나 어린이집에서 잘 때는 조금 나았지만, 경로당에서 묵을 때는 씻을 곳도 마땅치 않았다. 아무래도 여든 넘은 어르신들이 관리하던 곳이라 아주 깨끗하지는 않았다. 습기있는 벽 위로 휙휙 지나가는 바퀴벌

래들을 보면서 이런 곳에서 어르신을 모셨구나 생각했다.

하지만 그런 작은 불편보다 얻은 것이 훨씬 많았다. 경로당 옆에서 오래 살아온 주민 분, 동네 청소 잘하시는 분, 아동센터에서 어려운 환경의 아이들 챙겨주시는 분, 다문화 가정 분들… 다양한 분들을 만나뵈었다. 워낙 예산이 빠듯한 부평이라 큰돈 들어갈 민원이 오면 어떻게 설명해드리나 했는데, 동네 분들이 바라는 것들 중에는 의외로 금방 개선될 수 있는 문제들이 많았다.

"동네 뒷동산에 어르신들이 많이 다니시는데, 비 내린 다음날이면 딱 저기서 미끄러져서 다치는 분들이 있어요."

경사 급한 곳에 계단 몇 개만 있어도 위험을 막을 수 있는 일이라 곧 조치했다.

"이상하게 요즘 악취가 심하게 나고 벌레가 많이 나와서 고생이에요."

직접 현장에 나가 조사하니 근처 고물상에서 수도비를 아끼려고 하수도 물을 끌어다가 써서 생긴 문제였다. 곧바로 구청 직원들이 나가 하수도 맨홀을 막고 고물상에 행정처분을 했다.

비슷한 민원이어도 부평구청의 힘만으로는 바로 해결하기 어려운 경우도 있었다.

"요즘 악취가 올라오고 굴포천 하류에서 죽은 물고기들이 썩어 가고… 바로 옆에 사는데 참 힘들어요."

아카롱
카페

굴포천은 몇 개 지방자치단체가 구간별로 나누어서 관리를 한다. 부평구청 혼자 노력한다고 오염된 굴포천 문제를 해결할 수 없었다. 수질 개선을 위해 국가하천 지정이 꼭 필요했다. 이런 민원들을 마음에 품고 몇 해동안 노력한 결과 2016년 드디어 국가하천 지정이 이루어졌다. 오랜 숙원이 이루어진 것에 대해 부평공무원은 물론 시민들과 함께 기뻐했다.

골목 청소하며 만나는 동네의 모습

숙박행정을 하다보면 동네마다 다른 특색이 있다는 것을 알 수 있다. 아침 5~6시경 일어나서 동네 목욕탕에서 목욕을 같이 하고 7시경 통장등과 함께 골목 청소를 했다. 목욕탕이 동네 안에만 있지 않아 걸어서 15~20분 정도 골목길을 걸어가는데 그 동네의 생생한 모습을 그대로 보게 된다. 부평 1동은 모텔 손님을 상대하는 아가씨들의 모습이 적나라하게 나온 전단지가 흩어져 있다. 부평 2동이나 6동은 부평 역을 통해 출근하는 사람들을 상대로 일수 돈, 급전 대출 안내 전단지가 뿌려져 있다. 어떤 동네는 공장에서 쓰던 물건이 버려지기도 하고, 어떤 동네는 어르신들이 많이 살아서 옛날 물건이 버려지기도 한다. 또 어떤 동네 놀이터에는 담배꽁초가 쌓여 있는데, 청소년들이 많이 모여서 그렇다고 했다. 보통 낮에 가면 청소가 되어 있지만, 이렇게 보아야 청소년들이 놀다간 흔적을 볼 수 있는 것이다. 역 근처 음식물 쓰레기나 길가의 검정봉투에 담긴 쓰레기를 보면 동네 사람들의 삶의 형태나 일하는 형태를 느낄 수 있다.

이렇게 그 동네의 생생한 삶의 모습이 가슴에 담겨진다. 어떤 동네는 아침에 부지런히 출근하고 어떤 동네는 조금 뜸하다. 가난한 사람이 많은 동네는 전철역과 버스 정류장에 뛰어 다니는 사람이 많다. 산곡 4동 아파트 주변은 비교적 여유가 있는 모습을 볼 수 있다. 단 하루의 행사가 아니라 이렇게 22개동을 다 돌다 보면 무엇을 어떻게 개선해야 해야 할지 전체적인 기획이 그려진다.

지역공동체가 튼튼해지는 자리로도

숙박행정 때 갖는 지역간담회는 단순히 민원을 듣는 자리에 그치지 않고 지역공동체가 강화되는 자리가 되기도 한다. 이사 온 지 얼마 안 된 사람들도 있지만 60년 동안 살고 있는 주민들도 있어 지역의 역사와 이야기를 나누는 자리가 된다. "1960년대에는 군부대만 잔뜩 있었고, 친구들이랑 군인 차량 쫓아 다니면서 초코렛 받아먹고 했거든요. 그 뒤로 동네가 어떻게 변해서 이만큼 왔어요." 그런 자리에 다문화 가정 주민은 꼭 참석하도록 했다. 다른 나라에서 온 아기 엄마가 이야기하는 동안 애기가 울면 한 쪽에서 이웃 할머니가 아이를 얼러주곤 했다. 그런 가운데에서 편견을 넘어 이웃으로 서로를 받아들이는 모습을 본다. 기업인들도 참석해서 동네 역사이야기를 같이 하면서 앞으로는 지역아동센터 행사를 도와주거나 후원하겠다는 말을 한다. 동네에서 오래 살던 분들과 여기저기 떠돌며 살던 분들이 함께 모여서 두 시간 정도 이런저런 이야기를 나누다 보면, 좋은 일 하는 사람, 주변에서 협조 얻을 사람들을 알게 되어서 좋았다고 하는데 그럴 때마다 보람을 느낀다.

공무원들도 밀착현장행정으로

새벽부터 밤까지 뛰는 구청장 때문에 직원들도 고생이 많았다. 그래도 불만을 내비치기보다 보람을 갖는다고 해서 고마웠다.

"청장님은 매번 하는데, 저희들은 그래도 돌아가면서 하잖아요. 몸 관리 잘하세요"

직원들에게도 탁상행정이 아닌 현장행정이 되는 기회가 될 수 있었다. 사실 취약한 지역일수록 직원들이 한 번씩은 와 봐야 될 현장이었다. 청장이 와서 묵지 않으면 일부러 오기 어려운 곳인데, 내가 가서 자니까 동사무소는 물론이고 구청의 공무원들이 돌아가면서 주민들과 직접 접촉할 수 있었다. 특별히 해결할 민원이 있을 때는, 해당되는 과에서 돌아가면서 같이 오고 국장들도 한 번 씩 돌아가면서 왔다. 현장에 청장은 물론 국장, 과장, 일반 직원까지 한 번 씩 오는 것은, 형편 넉넉치 않은 사람들이 주로 사는 동네에서는 매우 드물던 일이었다.

끝까지 확인하고 책임지고

숙박행정에서 파악한 개선점들은 구청으로 돌아와서도 끝까지 확인하고 책임지고 챙겼다. '도로과에서 알아서 해' 라는 식으로 넘기고 잊어버리는 것이 아니라 작은 민원도 직접 관리했다. 여러 동에서 받은 민원들을 5~6개 동 씩 묶어서, 해당 부서와 각 통장등 주민대표와 함께 합동연석회의를 갖도록 했다. 인천시 소관 사항인 도시계획에 대한 민원은 바로 해결할 수 없었지만, 골목길 안전에 필요한 보안등은 금방 설치할 수 있었다. 교육청이 맡아야 할 학교신설 문제, 도로공사가 해결해야 할 외곽순환도로 먼지나 소음문제 등은 유관기관에 협조를 요청하여 해주는 방식으로 진행했다.

공감과 소통으로 만드는 생활정치

숙박행정은 책상에서 보고 받고 회의하는 것과는 다른 밀착행정이다. 주민들을 만나면서 "내가 왜 구청장을 해야 하는가?"에 대한 물음에 많은 답을 받았고 긍지를 갖게 되었다.

사실 한국에서 지방자치단체의 위상은 크지 않다. 부평구청에서 재량대로 쓸 수 있는 돈은 전체 예산의 고작 1%다. 자치구 권한도 작고 지역 예산을 자체적으로 늘리기도 어렵다. 그러니 지역을 크게 발전시킬 수 있는 경제계획을 짜기도 어려운데, 주민들은 이런 것까지는 잘 알기 어려우니까, 왜 문제를 방치해두나 불만이 쌓이고, 지방자치에 대한 회의를 가질 수 있다. 이런 부분을 주민들에게 잘 설명하니 잘 이해해주시고, 살기 좋은 동네를 만들기 위해 같이 고민하는 속에서 함께 시민의식을 키워갈 수 있었다.

이 과정 속에서, 지역의 문제들을 관과 민이 함께 해결할 수 있으리라는 자신감이 생겼다. 열악한 재정, 환경문제, 재개발에 따른 갈등 등 여러 가지 어려움을 푸는 것은 구청장 한명의 시야로 가능한 것이 아니다. 시민과의 공감과 소통 속에서 만들어진 힘이 진짜 생활정치를 만들어내고 사람 사는 세상을 일구어낼 것이다.

홍미영 FACE BOOK 2015년 7월 16일

숙박행정 다시 시작했다.

부평2동 경로당에서 잤다. 3년전 그곳이다. 구청 퇴근후 경로당으로 오니 주민들이 반겨 맞는다. 동네 얘기 해보시라 했더니 크고 작은 문제들 꺼내놓는다. 30여년째 이 동네에서 살고 있다는 김씨 아주머니는 오래된 골목길 경사가 매우 가팔라서 위험하니 계단을 고쳐달라하고 또 핸드레일이 필요하단다. 성추행사건 등이 일어난 산쪽 주택가에는 CCTV를 요청한다. 70년된 노후불량 주택(미쓰비씨 줄사택) 개선사업에 대해 여러 의견들을 내놓으신다.

4살 아기 있는 다문화가정 장씨는 한국어 빨리 배워 일다니고 싶다는 얘기하러 남편생일임에도 왔다 한다. 잘 알았으니 먼저 가서 가족들과 생일 챙기라 했더니 환경지킴이 반장아저씨가 벌떡 일어나 접시에 담긴 과자들을 모두 모아 싸서 쥐어준다. 아기 주라고…. 역시 따뜻한 정이 있는 동네다.

간담회 끝내고 치안이 걱정된다는 산쪽 주택가를 둘러봤다. 낮 더위에 비하면 밤바람은 제법 시원하긴 했지만 주민들과 한 시간 이상 걷다보니 땀이 삐질삐질 난다. 부평의 대표적 서민동네 경로당에서의 첫 밤은 이런저런 생각과 더위에 깊은 잠 못잔 채 지난다. 화장실에 바퀴벌레들이 지키고 있으니 새벽엔 동네 목욕탕 가야겠다. 그리고 통장들과 동네 한바탕 청소후 구청으로 출근 할 것이다.내 몸은 좀 고달파도 주민들 삶의 현장에 밀착한 행정이 된다. 청장 따라 국장도 오고 여러 공무원들이 함께 하고 함께 느끼기에 더 그렇다. 그래서 재정은 늘 부족해도 주민들이 견뎌주고 동네 미래는 조금씩 더 나아지고 있다.

파산 직전의 재정, 기후 재난, 사회적 갈등
답은 지속가능발전이다!

구청장실 문을 열자 줄줄이 나타난 재난들

부평은 전국 최초로 '지속가능발전'을 행정의 화두로 잡은 도시다. 지금이야 '지속가능성'이라는 말이 어느 정도 알려졌지만, 처음 이 말을 했을 때는 용어도 낯설고 개념도 생소해서 부평직원들은 머리 아프다고 하고 주민들은 고개를 갸웃하곤 했다.

그렇지만 '지속가능발전'이 우리에게 꼭 필요한 길이라고 생각했다. 당장의 오늘만 보고 달려온 악영향이 이미 도시 곳곳에서 나타나고 있었다. 2010년 7월 취임식장에서부터 민원인들이 몰려들었다. 지역에 해결 안 된 사안이 너무 많았고, 구청마당에는 수시로 시위가 있었다.

구 재정은 말 그대로 파산 직전으로, 공무원들 월급도 밀릴 지경이었다. 구청 직원들 월급을 주기 위해 은행에 가서 돈을 빌려와야 했다. 그런 판국에 수백억 수십억 규모의 각종 시설이 공사 중이었던 것이다. 공사 마무

오늘보다 내일이 기대되는
지속가능발전도시, 부평
함께 잘 사는
정의로운 경제로
토크
콘서트
| 진행 |
홍미영
(부평구청장)
| 패널 |
김은경
토크
교수와 함께 하는
11.(수) 오후 5시

리 비용이나 짓고 난 후의 운영비 부담까지 생각해보니 한숨이 나왔다.

무분별한 재개발 등으로 도시 공동체 내 갈등도 심각한 상태였다. 2008년부터 3년 사이에 50개 가까운 지역에 재개발 승인이 떨어졌다. 번갯불에 콩 구워먹듯 진행된 마구잡이 재개발 회오리 속에서, 옆집 사람이 아프면 가서 도와주고 같이 모여 나물 무치며 오순도순 살아온 지역민들이 분열되어 버렸다. 경찰에 고발당하지 않은 조합장이 거의 없을 정도로 지역 내 반목과 싸움이 심각한 상황이었다.

그해 9월 추석을 앞두고 부평에는 기록적인 폭우가 내렸다. 부평의 급속한 도시화는 급작스런 폭우에 대응하지 못했다. 아스팔트로만 덮이고 녹지 없이 개발된 부평에서 빗물은 땅으로 흡수될 수 없었다. 전체 22개 동 중에 2개 동을 제외하고 침수피해가 없는 동이 없을 정도로 막대한 피해를 입었다. 장비가 없어 하수처리를 제대로 못해 역류된 물로 노후된 주택이나 반지하 집들은 전부 침수되었다. 부평 4공단 단지 내 100여 개 업체가 입주해있던 아파트형 공장도 침수되어 큰 피해를 입었다.

취임하자마자 기후 재난과 사회적 갈등과 최악의 재정 상태를 한꺼번에 맞닥뜨려야 했다. '앞으로 부평구 발전은 어떻게 가능할 것인가?' 심각하게 고민하지 않을 수 없었다. 여러 가지 현안 문제와 대책을 이야기하는 과정에서 '보다 장기적인 체제와 비전이 없을까?' 그 고민 속에서 살아난 개념이 바로 '지속가능발전'이었다.

전국 최초, 지속가능발전 행정체계로

노무현 대통령 시절에는 청와대에 지속가능발전 비서관이 있었다. 지금 문재인 대통령이 환경부장관으로 임명한 김은경 비서관이 바로 그다. 그런데 이명박 정부시절 '지속가능발전' 개념이 '녹색'으로 바뀌었는데, 녹색은 하나의 상품은 되었지만 지속가능발전이라는 가치나 철학으로 발전하지 못했다.

보통 번쩍거리는 새 건물과 도로가 지어질 때 도시가 발전하고 있다고 생각한다. 그래서 많은 지자체에서는 욕심을 내어 무리해서 사업을 벌인다. 그러나 그런 관점을 바꾸어야 했다. 덴마크의 외레스타트, 스웨덴의 말뫼, 브라질의 꾸리찌바 등 '지속가능발전'을 중시한 도시를 보면 국민소득은 높지만 도로와 관공서는 수수하다. 대신 탄소배출감량 건물들, 다양한 빗물 채집 활용, 음식물 쓰레기 연료화, 주민참여 녹지사업에 집중하고 자전거 이용과 사람들의 보행이 편해지도록 한다. '도시 발전'을 바라보는 시각 자체를 바꾸어야 했다. 지금 같은 방식으로 한계가 명확하다는 사실이 속속 드러나고 있다.

나는 '지속가능발전이 우리 부평에 아주 적합한 시스템이 될 수 있겠다'고 판단하고, 김은경 전 비서관에게 적극적으로 자문을 구했다. 그를 비롯한 전문가에게 부평의 조직과 문제점에 대해서 조사를 하고 진단해

달라고 연구용역을 주었다.

연구결과를 받아보고 곧바로 행정체계를 개편했다. 지속가능발전의 가치를 담아 부서별 행정을 가치별 행정으로 전환했다. 예를 들어 청소분야는 자원순환과로, 하수분야는 기후변화대응과로 두고 큰 틀의 부서 배치를 달리 했다. 사업을 진행할 때 어느 부서 혼자 하는 것이 아니라 연계부서가 함께 하도록 했다. 예를 들어 자전거도로 사업은 도로과와 기후변화대응과가 협력하도록 하는 체제이다. '문화가 꽃피는 부평' 사업도 여러 부서가 협력해서 만들어 내도록 했다. 이렇게 전국 최초로 행정체계부터 지속가능 시스템을 만들어갔다.

공무원들, 조금씩 변화해 가다

초기에는 무엇보다 교육에 집중했다. 실제로 일하는 사람들의 의식이 바뀌어야 그 다음 걸음을 내딛을 수 있기 때문이다. 국장에서부터 9급 공무원까지 구청 전부서 직원 뿐 아니라 산하기관인 문화재단, 시설관리공단 직원들까지 그룹으로 나누어 교육을 지속적으로 실시했다. 어느 날 한 직원이 이런 말을 했다.

"처음에는 머리 아프고 나랑 상관없는 이야기 같은데 귀찮게 왜 이러나 했는데요, 차츰 생각해보니까 청장님의 비전이 맞는 것 같아요"

그 직원이 있는 부서는 특수한 전문부서라서, 승진 등에서 청장의 영향을 받지 않는 곳이었다. 그 말은 아부가 아니라 진심이었던 것이다.

"전에는 '의무'로 일했는데 이제 '의미'로 일하게 되었어요"

"방관자의 처지에서 잠시 넘기면 그만이라는 식의 안일한 대처로 일해왔던 거 같아요. 부평구가 희망이 있다고 느끼는 게, 지금 공무원 모습을 보면 정말 예전의 모습을 볼 수 없어요."

이런 말들을 들으면서 점점 희망과 보람을 느꼈다. 6년이 지난 지금, "지속가능발전 행정이 필요하다"고 생각하는 직원이 80%에 이르고, 이 개념을 부평구의 비전으로 가져가야 한다는 것에 동의하고 있다. 속도는 느리더라도 이러한 발전의 방향이 맞고 중요하다는 것을 알자, 주민들에게도 직원들이 지속가능발전에 대해 비전을 갖고 이야기할 수 있었다.

되살아난 굴포천이 보여주는 지속가능성

지속가능이라고 하면 흔히 환경 · 생태적인 면만 생각하기 쉽다. 하지만 지속가능발전은 경제 · 사회 · 환경을 모두 아우르는 이야기이다. 양극화, 실적주의, 마구잡이 개발의 지속가능하지 않은 행정의 반대편에 서서 통합의 새로운 비전을 그리는 것이다.

지속가능한 행정과 그렇지 않은 행정이 어떻게 다른지는 굴포천이 말해주고 있다. 20년 전, 굴포천 하수로가 냄새나고 지저분하다고 상류를 콘크리트로 덮어버렸다. 만약 그때 복개하는 대신 하수채집관을 설치해 정비했더라면, 덮개 밑 어둠 속에서 굴포천이 썩어 들어가지도 않았을 것이고, 나중에 다시 복원하기 위해 큰돈 들이지 않았을 것이다. 생태하천으로 만들기 위해 옛 물길을 되살려 낸 결과, 지금은 물고기 잉어가 상류까지 올라오고, 왜가리가 날라 오고, 청둥오리가 알을 낳는 곳으로 복원되고 있다. 음악도시 사업과도 연계되는, 주민들의 사랑받는 산책로가 되었다. 이후 부평 문화의 거리와도 연결되어 청년문화공간으로도 역할을 할 수 있으라고 기대한다.

풀뿌리민주주의를 빛내다, 주민참여예산제

지속가능행정의 또다른 성공적 사례로, 주민이 예산 편성 과정에 직접 참여하는 주민참여예산제를 말할 수 있다. 보안등 밝기 조정이나 하수시설 보강처럼 필요한 사업에 예산의 손길이 닿게 된 것도 큰 성과이지만, 참여과정에서 수평적 소통이 강화되는 의미도 깊었다.

'내년에 우리 동네에 무엇이 정말 필요한가, 예산 편성에 있어 무엇을 우선해야 하는가' 끊임없이 토론하고 연구하는 과정에서 주민들은 자연스럽게 주인의식을 갖게 되었다. 이전에는 주민들이 행정의 역할에 대해

참여와 나눔 더불어 사는 따뜻한 부평
주민참여예산 주민위원회 회의
일시 : 2016. 3. 21.(월) 10:00
장소 : 부평구청 중회의실
도시관리

'어디에 CCTV 달아 달라', '도로와 계단을 보수해 달라' 등 물량적인 시각에서만 보기 쉬웠지만, 주민참여예산제가 활성화되자 가치의 문제, 기후변화 대응과 지속가능성, 공동체의 문제로까지 보게 되었다. 단순한 시설개선을 요구하는 자리가 아닌 것이다. 함께 해야할 가치와 공동체를 위한 철학이 주민들 속에 자리 잡아가는 것을 보았다. 줄곧 보수정당을 지지해왔던 어르신들도 주민참여위원회를 하면서 생각이 바뀌었다고 했다. 민주적 시민의식을 갖게 된 것이다. 지속가능행정은 이처럼 풀뿌리 민주주의와 같은 길 위에 있다.

이러한 새로운 행정이 주민들의 참여 속에서 잘 자리매김된 것은 본디 시민운동의 기반이 있는 부평이었기에 가능했던 것 같다. 번듯한 겉보기에만 치중하는 토건사업 중심의 행정, 강제적이고 획일적인 행정 집행이 어떻게 도시를 병들게 하고 주민들을 힘들게 하는지 나를 포함한 많은 사람들이 지역에서 활동하면서 계속 경험해왔던 것이다. 그래서 지속가능한 행정에 절실하다는 결론에 다다른 것이다. 앞으로의 행정은 민주주의와 지속가능성이 함께 가는 발전을 향해야 한다.

광역지방정부에 더 필요하다

지속가능발전 행정체계는 사실 기초지방차지단체보다 광역지방정부가 더 적극적으로 도입하고 추진해야할 체계이다. 나는 인천광역시가 꼭 지속가능발전 행정으로 가야한다고 지속적으로 요구했다. 다른 지자체에도 같이 해보자고 권하면서 각 구청마다 공무원 데리고 스웨덴과 프랑스의 지속가능주간에 다녀오기도 했다.

마침 UN에서 2015년에 지속가능발전목표(SDGs)를 제시하고 세계지속가능발전 원년을 선포했다. 인천시는 2012년에 녹색기후기금(Green Climate Fund; GCF) 사무국이 송도에 들어오면서 UN 못지않은 영향력을 갖는 국제기구를 갖게 되었다. GCF는 세계적인 기후변화에 대응하는 통합적인 국제기구이다. 이런 상황들에 힘입어 인천시는 지속가능발전 행정체계를 도입하고 전환할 수 있는 계기와 동력을 얻을 수 있었다. 그런데 이명박 정부 시절에 GCF 유치를 '녹색발전'으로 상품화해버린 것이다. '지속가능한 기후변화 대응을 주도적으로 할 수 있다'는 자부심 보다 'GCF가 유치되면 경제유발효과와 수익이 얼마가 늘어난다'는 식으로 받아들여 지속가능발전 개념이 확장할 수 없게 되었다.

세계적인 도시라는 위상을 갖고 있는 인천시에 지속가능발전 행정체계가 반드시 도입되어야 한다고 생각한다. 그런데 지속가능발전은 선출직 단체장 입장에서는 성패가 빨리 안 나오고, 공무원 입장에서는 가시적인 성과를 수치로 보여줄 수 있는 것이 아니어서 정착하기가 쉽지 않다. 그 탓인지 아직 인천시는 지속가능발전 행정체계가 부족한 실정이다.

정해진 임기만 보고 가서는 안된다

나는 지속가능발전의 가치와 철학을 더욱 넓고 깊게 펼쳐나가려 한다. 부평구 행정을 하면서, 한 명의 리더가 "1년 안에 미군부대 이전시키겠다. 달동네 없애고 재개발 하겠다"고 단언하는 것보다 "이 사람은 우리와 같이 함께 책임지고 해나갈 사람이구나"라고 주민들이 느끼고 공유하는 것이 더 중요하다는 것을 깨달았다. "당장 잘 살게 해 주겠다"는 말보다 "우리 아이들의 안전과 풍요로운 삶을 위해 최선을 다하고 책임지겠다"는 태도에 시민들이 더 신뢰를 갖는다고 믿고 있다.

행정 책임자는 정해진 임기만 보고 가서는 안 된다. 5년, 10년 길게는 후세대까지 내다보면서 가야 한다. 인기 얻으려고 노인복지관 하나 더 짓겠다고 했다가 예산 없어 못 지으면 갈등만 커진다. 어르신들의 여가 활용 상황과 시설 건립 시 생길 여러 갈등까지 고려하고 주민들과 소통하면서 추진해야 한다.

노력이 쌓이면 어느날, 변화는 온다

신입직원들을 대상으로 하는 지속가능발전 교육의 마지막은 언제나 일본 고지마 섬의 원숭이들 이야기로 마무리한다.

"1950년 원숭이를 관찰하던 과학자들은 어린 암컷 원숭이 한 마리가 고구마를 바닷물에 씻어먹는 모습을 보게 됩니다. 고구마에 묻은 흙이 씻겨져 나가니 깨끗해지고 짭짤하게 간이 배어 더 맛있어진 거죠. 고구마를 씻어 먹는 습관은 어린 원숭이와 암컷 원숭이 사이에서 서서히 퍼집니다. 그러나 나이든 원숭이와 대다수의 수컷 원숭이들은 여전히 씻지 않고 그냥 먹었어요. 그런데 일년 정도 지나 100마리가 씻어 먹게 되자, 놀라운 일이 발생합니다. 순식간에 천마리가 넘는 고지마 섬의 모든 원숭이가 고구마를 씻어 먹게 된 거죠. '100번째 원숭이 효과'로 알려진 이야기입니다.

변화는 비례그래프처럼 나타나지 않습니다. 일정 기간 느리게 확산되다가 임계치를 넘으면 확 달라지게 되지요. 북유럽이 복지국가가 된 것도, 성평등 사회가 된 것도 그리 오래되지 않았습니다. 끊임없이 싸워온 기간이 일정정도 쌓이면 가속도가 붙어요. '어느 세월에 되냐'라는 말도 듣지만, 노력이 쌓이면 전망이 있습니다. 당장 나타나는 가시적인 성과만 볼 것이 아닙니다. 우리는 이제 고구마를 깨끗이 씻어 먹기 시작했습니다. 지속가능성과 같은 가치가 널리 퍼지도록, 좀더 많은 변화가 만들어지도록 계속 해갑시다"

홍미영 FACE BOOK

2014년 5월 2일

30년된 서민아파트, 산곡동 인우아파트의 옹벽 보수작업이 완료되었다.

작년 말 '찾아가는 현장민원실' 을 통해 접수된 민원.

몇달 전 본 통장 아주머니 얼굴은 붉고 걱정으로 그늘져 있었는데 오늘 표정은 부처님 얼굴처럼 환하고 편안하다. 주민들의 표정에, 함께 간 공무원들도 보람을 느끼는 듯 하다. 조금 더 뛰면 조금씩 나아진다.

이제 곧 구청장 4년이 된다. 전시행정, 치적행정이 아니라 풀뿌리 생활정치 정신에 맞게 서민들의 삶을 힘들게 하는 점들을 세심히 가까이 살피려고 노력했다.

'지속가능성' 을 화두로 부평 아이의 미래까지 멀리 보는 큰 밑그림을 안은 채 말이다. 물론 '지속가능발전' 은 하루아침에 뚝딱 눈에 보이는 결과를 내는 것이 아니다.

또 주민들의 민원과 안전을 현장에서 챙기는 일은 보기에 번듯한 건물 짓고 행사 유치하는 것에 비하면 작은 일이라 한다. 하지만 오늘 본 주민들의 안심한 얼굴이 바로 성과다. 우리 공무원들의 진정한 자부심도, 소위 '안정된 직장' 에서 오는 것이 아니라 공공을 위해 좋은 일을 한다는 것, 세상을 조금씩 더 낫게 만드는 일을 한다는 것에서 오는 게 아닐까.

보수 작업 같이 애써준 우리 부평 공무원들에게 감사하다.

힘들고 슬픈 뉴스에 연일 가슴을 치고 한숨 쉬고 악몽을 꾸지만, 우리, 주민들의 환한 표정을 위해 열심히 뛉시다.

할 수 있는 일을 부지런히 하는 모든 분들, 화이팅.

빚더미 부평, 채무 제로zero 도시로 거듭나다

빚으로 굴러온 도시

초기 부평구 살림살이의 가장 큰 어려움은 재정난이었다. 2010년 선거 당시 인천시에 수조 원의 빚이 있다는 사실은 잘 알려져 있었지만, 부평구의 재정난은 은폐되어 있었다. 구청장실에 들어가 보니 천이백억 원의 빚(부평아트센타 건축비 BTL포함)이 있고 예비비는 쥐꼬리만큼 있었다. 인천에서 빚이 천억 원이 넘는 자치구는 우리 구밖에 없었다. 그동안 부평구는 빚을 내어 운영해 왔던 것이다. 이런 방식으로는 더 이상 불가능했다.

투명하게, 알뜰하게 빚을 갚다

재정난 극복은 구민들의 이해 없이 어렵다고 판단했다. 우리 구의 열악한 재정 상태를 구민에게 공개하기로 하고 전국 기초지자체 중 최초로

'부평 가계부 및 현금 흐름 예산 계획표'를 작성해서 부평구청 홈페이지에 공개하고 부평 디자인고등학교와 폴리텍 대학교 학생들이 디자인한 그림책으로 만들어 배포하는 등 공감대 형성을 위해 노력했다.

그리고 구민의 이해를 바탕으로 각종 추진사업의 속도와 폭을 조절했다. 관과 관계가 좋았던 단체에 관례적으로 몇 백만 원, 몇 천만 원씩 지원하던 것을 소통을 통해 줄여 나갔다. 선심성 사업과 토목공사는 되도록이면 하지 않았다. 각종 네트워크를 통해 적은 예산으로도 효용성을 높이고 구민이 만족할 수 있는 사업발굴에 노력했다.

그렇게 취임한 이후 한 푼도 빚을 더 내지 않으면서 부평구를 운영해왔다. 1년에 거의 100억씩 부채를 갚았다. 인구에 비해 재정규모가 적은 구에서 100억씩 빚을 갚는다는 것이 쉽지는 않았지만, 결국 알뜰살뜰 해내어 모든 빚을 다 갚았다.

눈앞의 이익에 흔들리지 않고

자린고비처럼 무조건 허리띠를 졸라매지는 않았다. 당장 들어올 돈에 급급하지도 않았다. 눈앞의 이익이 아니라 앞날을 보면서 지속가능의 가치를 추구했다. 옛 노인복지관 건물을 매각하지 않고 어울림센터로 리모델링한 것도 그런 생각이었다. 내가 취임한 직후에 노인복지관이 새로 지어져서 옛 건물은 비워지게 되었다. 전철역 바로 근처로 입지가 좋았기에 매각하면 일시적으로 상당한 수익을 얻을 수 있었다. 그렇지만 어려운 재정에서도 팔지 않았다. 시민들이 함께 하는 생활자치로 도시를 운영하는 것이 더 중요하다고 과감하게 판단했다. 주민 공모로 '어울림센터'라는 이름을 지었다. 재정 여건 상 처음에는 자원봉사센터, 몇 개월 뒤에는 노인일자리센터를 들여오는 등 차츰차츰 진행해갔다. 졸업하거나 키가 자라서 못 입게 된 교복을 나누는 교복 나눔센터, 가난한 아이들이 희망을 가지고 성장할 수 있는 드림스타트센터, 여성 관련 사업을 하는 풀뿌리여성센터들이 들어오고, 공동커뮤니티센터가 만들어졌다. 초반에는 반대도 있었지만 막상 운영을 하니 시민들의 만족도가 높고 행정신뢰도도 좋아졌다. 전용공간들이 생기니 위축되었던 시민활동들이 활발해졌다. 이러한 변화를 이끌어내는데 들어간 예산은 건물 리모델링비 정도였다.

시민들의 이해와 공감 속에서 함께 해결하다

이렇게 재정문제를 해결하는데는 주민참여예산제가 큰 역할을 했다. 부평 살림이 이처럼 빚투성이로 유지되어 왔고, 그 결과 지금 우리가 할 수 있는 일이 이렇게 한정되어 있다는 것을 구청장인 나도 이해하기 어려웠는데, 시민들이 이해하기는 더 쉽지 않았다. 그런데 주민참여예산제를 통해 자신들이 낸 세금이 어떻게 쓰여지는가를 알 수 있게 되었다.

이 제도가 정착될 수 있도록 많은 노력을 기울였다. 전문가들이 동마다 찾아가는 예산학교도 열고, 22개 동 지역위원장과 분과 위원장들의 워크숍도 매달 있었다. 이전에는 의회에서만 볼 수 있던 재정 보고서를 함께 보면서 논의했다. 주민위원들은 직접 현장에 나가 지속가능한 사업과 정책이 채택될 수 있는가를 토론하고 고민했다. 주민위원으로 활동했던 부개동의 한 선생님은 이렇게 말했다.

"내가 부평에서 60평생 넘게 산 토박이인데, 뭐뭐 해달라고 하면 전임 청장 때랑 달리 예산 없다고 안 들어주는 게 뻥치는 줄 알았어요. 내가 사실 민주당이라면 좀 안 좋게 보는 게 있었거든. 그런데 알기 쉬운 교육을 받고 예산을 들여다 볼 수 있게 되니까, 어떤 상황인지 알겠더라구요. 가로등 하나 세울 때도 뭐가 중요한지 알게 되었어."

예산 펑펑 쓰면서 시민들에게 생색내는 것이 아니라, 시민들이 생활자치의 주인 역할을 하도록 끌어올리면서 효과적인 예산 편성과 집행을 해낸 것이다.

법과 제도가 바뀌어야 한다

그럼에도 재정 부족으로 마음만큼 하지 못하는 사업들에 대한 아쉬움이 컸다. 교장 선생님들이 말씀하시길, "학교에 체력단련실 하나를 만들어주면 오후에는 주민에게도 개방하겠습니다" 라고 했다. 좋은 방안이고 꼭 하고 싶었지만, 쉽지 않았다. 예산이 많은 구는 한 학교에 1억원 가까이 지원도 한다는데, 우리 구는 예산 자체도 부족하고 초·중·고등학교도 82개로 많아서 한 학교에 오백만원 투자하는 것도 부담이 되는 것이다. 가난한 지역이라고 교육과 복지의 질까지 낮아지는 것 같아서 마음이 많이아 아팠다.

서울시는 재정이 어려운 자치구에 균형예산이라는 이름으로 지원해주는데, 부평구를 운영해보니 균형예산 같은 것이 정말 필요하다는 것을 깨달았다. 어려운 동네일수록 행정 서비스가 더 필요하다. 치안이 어려운 동네라면 파출소에 순찰차 기름값이라도 더 주어서 치안행정서비스를 지원해주어야 한다. 그럼에도 상급기관에서는 형평성을 이유로 똑같이 나누어주려고 한다. 더 넓은 관점에서 실제 현장을 바라보고, 삶의 질의 균형을 맞춰야 한다.

그 외에도 지자체의 재정문제를 해결하기 위해서는 불합리한 법과 제도, 지방자치에 대한 잘못된 인식을 근본적으로 바꾸어가야 한다는 것을 알았다. 예를 들어 공모사업의 경우 부자구는 자체부담액수로 20억을 내놓겠다고 하고 어떤 구는 1~2억 밖에 못 내놓겠다고 하면 시는 20억 내놓는 구를 선정한다. 결국 가난한 구는 계속해서 더 나쁜 환경에 처하게 되는 것이다. 앞서 말한 것처럼 구청에서 재량대로 쓸 수 있는 돈은 전체 예산의 1%에 불과하다. 1% 재정으로 이룰 수 있는 자치란 사실상 앵벌이 자치, 껍데기 자치인 것이다.

이런 문제를 해결하기 위해 인천시 자치구 공동 재정진단을 통한 전문가의 진단과 대안을 듣는 자리를 마련했다. 관련법과 제도 정비를 위해 기자회견은 물론 인천시와 중앙정부에 건의문을 공식적으로 전했다. 이러한 노력의 결과로 지방자치법 시행령이 개정되고, 인천시 재원조정금 조례 개정시 조정교부금 산정방식이 개선되어, 필요한 조정교부금을 더 확보하게 되었다.

그런 여러 가지 노력 속에서 재정난을 조금씩 타개해갔다. 시민들과 함께 노력한 결과 이제는 안정적인 구 재정이 확보되고, 드디어 구 부담 채무 제로 도시가 되었다는 사실이 참 뿌듯하다.

홍미영 FACE BOOK

2012년 8월 11일

이렇게 재정을 알뜰히 투명하게 쓰고 있는데….

구재정을 시민들 알기 쉽게 그림책으로 만든건 우리 구가 전국 처음일게다. 지역내 폴리텍대 학생들이 디자인해서 더 의미 있다.

기를 쓰고 재정 위기를 극복해보려 애쓰지만 다음달도 또 적자. 시에서 교부금을 안주면 은행돈을 빌려야 한다. 가난한 청장 첫째 소원이 뭐겠는가. 가난한 집 가장이나 청장이나 똑같다. 주말 특근잔업을 하고 월요일 출근 준비에 바쁜 것도….

홍미영 FACE BOOK

2012년 1월 20일

직원들 명절 휴가비 등을 주기 위해 은행에서 돈을 빌렸다.

년초인데도 돈이 말라 50억 원을 이자 약 5%에 단기대출 했다. 무엇보다 시가 구에 내려줄 돈을 안주었기 때문이다. 다른 구도 시 지원금을 못받기는 마찬가지이지만 예비비가 200~300억씩 있으니 거기에서 급한대로 꺼내쓰면 되니까 우리 구처럼 예비비 40억 원밖에 없는 다급한 처지랑 다르다.

대출계약서에 서명을 하면서 참 씁쓸했다. 재정자립도 27%인 구청인지라 형님인 시가 안주면 이렇게 맥을 못춘다. 시도 형편이 안좋아 차입을 해서 구에 나눠준다지만 가난한 구는 이자비용까지 부담해야 되니 빈익빈이다.

조정교부금 개선해달라!

전국 최초 공공갈등조정관, 몇 해 묵은 갈등을 풀다

새로운 제도로 풀린 6년의 싸움

부평에서 전국 최초로 시작하여 많은 지역으로 퍼져나간 혁신 아이디어들이 여럿 있다. 그중 하나가 공공갈등조정관 제도로 지역 내 갈등 해결의 모범사례가 되어 지금 서울시를 비롯하여 성남시 등 많은 지역에서 벤치마킹을 하고 있다.

구청에 취임한 초반에는 지역 내 갈등문제도 매우 심각했다. 그 중 하나가 십정동 송전탑 이전을 둘러싼 갈등이었다. 부평구 3대 현안 중 하나로 6년간을 끈 문제였다. 그 송전탑 밑에 있는 몇 십 가구 사람들이 "집이 낡아서 새로 지어야 하니 송전탑을 옮겨달라"고 했다. 한전에서 송전탑을 옮기겠다고 하자 이번에는 옮겨갈 쪽의 사람들이 난리가 났다. 서로 고소 고발이 이어지고, 몇 년 동안 지역에서 경찰서 안 갔다 온 사람이 없을 정도로 다툼이 심했다.

고심 끝에 주민운동을 오래 해오고 갈등조정 과정을 배웠던 전문가가 객관적인 입장에서 갈등을 중재하면 어떨까 하여 그 제도를 도입했다. 주민들과 공무원만 만나서는 해결이 잘 안 되었는데, '주민들 시각에서 진지하게 이 문제를 같이 풀어낸다는 의지를 행정이 보여주고 있다'는 신뢰를 받으면서 실마리가 풀렸다. 갈등조정관이 들어가자 6년을 걸친 싸움이 3개월 만에 정리되었다. 양측 대표자와 관이 '서로 싸우지 않고' 신뢰와 인내를 가지고 충분히 논의하겠다고 협약하던 마지막 회의가 감동적으로 기억에 남았다.

그뒤에도 공공갈등조정관은 행정에 필요한 여러 역할을 세심하게 잘 해내었다. 특히 재개발 관련해서 '정비사업 추진 지연에 따른 갈등요인 길라잡이'라는 책자를 펴내기도 했다.

주민의 눈높이에서 소통하다

공공갈등조정의 영역이 점점 커지면서 처음엔 조정관 한 명이 담당하던 일이 지금은 담당직원도 늘고, 어렵고 예민한 사항일 때는 갈등조정위원회가 구성되어 해결하게 되었다. 노인문화센터 하나를 지을 때도 "가까운 곳에 주택이 있고 골목이 좁은데 꼭 여기에 지어야 하느냐? 저 동네 보내라" 하는 이야기들이 한 10여 건 정도 나오기 마련이다. 그렇기에 공사가 시작되기 전부터 갈등조정위원회에 안건에 올린다. 갈등조정위원회에서는 "이런 저런 갈등에 대해 조정해가면서 합시다"고 사전 조정한다. 비록 시간은 느리지만 끊임없이 소통하면서 공사를 시작하면 문제가 발생하지 않는다. 그동안 민과 관을 서로 당황스럽고 힘들게 한 과정에서 갈등조정위원회는 좋은 행정의 방향을 잡아주었다.

이 제도는 민주주의나 지방자치 역사가 오래된 나라보다 우리나라에 특별히 필요하다. 식민지배와 독재정치를 겪고 늘 흑백논리 속에서 살아오다보니, 시민도 관도 진정한 민주주의를 익히고 실천한 적 없이 형식만 취하다보니 갈등은 누적된다. 또 한국경제가 워낙 급격하게 압축성장을 했기에 서로 이해하는 부분이 무척 좁다. 상황을 이해하지 못하면 사람들은 목소리를 거칠게 내고, 그럴수록 관도 불편한 태도를 취한다. 그때 공공갈등조정관은 주민들의 눈높이에서 이해관계를 조정하면서 행정시스템이 사회 통합적으로 운영될 수 있게 한다.

격무에 지친 직원들의 힐링까지

또 공공갈등조정관은 구체적인 갈등 사안만 담당할 뿐 아니라 격무에 시달리는 직원들의 힐링 교육도 맡아 했다.

부평구는 공무원 1명 당 500명을 담당하는 열악한 환경에 놓여 있다.

참여와 소통에 의한
2017년도 갈등관리
2017.4.6(목) ~ 11.30(목) 부평구

전국 228개 기초자치단체 중 네 번째로 공무원 수가 부족한 지역구다. 서대문구는 인구가 32만인데 공직자가 1200명이고, 부평은 인구가 57만인데 공직자가 1000명이다. 특히 최근에는 단독세대나 이주노동자가 많아지고 있어서 인구에 비해 세대 수가 증가하여 행정수요가 더 많이 필요하다. 채무자나 기초수급자가 많이 몰려사는 동네의 동 주민센터는 밤 10시까지도 일하는데 근무 중 커피 한 잔 마시거나 눈 마주칠 시간도 없다고 한다. 직원 한 명 더 증원해주는 것 외에 더 할 수 있는 일이 없어서 안타까웠다. 사실 이는 힐링교육만으로 해결되는 것이 아니라 구를 넘어선 더 넓은 차원의 제도적 뒷받침이 필요하다. 그러나 일단 이 열악한 환경 속에서 스트레스를 받고 있는 직원들을 위해 할 수 있는 일을 해야 한다고 생각했다.

직원 힐링을 실시한 첫해 이후 무척 감사하다는 인사와 편지들을 받았고, 이후에도 이 영역을 확대해갔다. 이 직원들이 만나는 더 많은 시민들을 위해서도, 행정의 질을 높이기 위해서도 꼭 필요한 사업이라고 생각한다.

사람의 가치가 우선되는 도시를 위해

2017년 봄에는 청천동 나비공원에 부평구 갈등관리힐링센터가 문을 열었다. 햇빛 따듯하고 평화로운 공간에서 지역주민과 공무원들의 갈등을 풀고 심리적 트라우마를 해소하기 위해 다양한 갈등관리 힐링프로그램을 운영하고 있다. 어느 지역이나 갈등 요소들은 곳곳에 있고 그로 인한 사회적 경제적 손실이 크다. 이러한 손실을 줄이고 사람의 가치가 우선되는 행복한 지속가능미래도시를 만들기 위해 행정이 적극적으로 나선 부평의 사례는 다른 지역에도 좋은 영향을 줄 것이라고 기대한다.

홍미영 FACE BOOK

2013년 7월 11일

부평구가 전국 기초단체장 매니페스토 경진대회에서 우수상을 받았다.

'법도 해결 못한 대못빼기 공공갈등조정관제도' 란 제목으로 사례발표를 해서 높은 평가를 받은 것.

취임 후 최대 현안인 송전탑 이설문제는 지난 몇 년동안 고소·고발이 계속된 아주 예민한 사안이었는데 공공갈등조정관을 전국 최초로 투입한 결과 '서로 싸우지 않겠다' 라는 첫 조항의 합의서를 작성하게 된 성과가 있었다.

그 뒤에도 지하상가 상인들이 반대하는 자전거도로 개설 관련 갈등, 주택재개발 관련 갈등을 비롯하여 거친 민원으로 고통받는 직원들의 심리치유 힐링교육 등 많은 역할을 하고 있다.

박원순 서울시장도 이 제도를 우리 구에서 벤치마킹 했다고 말하고 성남시 등 여러 도시에서도 문의 한다.

이번 우수상은 우리 구가 풀뿌리 민주주의 실현에 필요한 역할을 하고 있다는 자부심을 높여준 것 같아 뿌듯하다.

김미경 조정관을 비롯한 감사관실, 비전기획단의 수고에 감사하며…!

모두가 행복한 도시,
여성친화도시 부평

부평, 낡은 추리닝을 입은 50대 아저씨?

취임 초기 부평구민들을 대상으로 도시 이미지를 설문조사했을 때 '낡은 추리닝을 입은 50대 아저씨'라는 결과가 나왔다. 다른 도시보다 젊은 사람들이 더 많이 살고 있는데도 이런 이미지를 갖고 있는 것이다. 좋게 말하면, 제조업 중심의 굴뚝 산업이 발달했던 역사가 있는 오래된 산업도시라는 뜻일 것이다.

하지만 아저씨들의 도시라는 말은 성인 남자가 아니면 살기 어려운 도시라는 뜻이기도 하다. 예를 들어, 부평역 앞 6차선 대로에는 건널목이 없어서 차들은 지상으로 다니고 사람들은 지하상가가 있는 땅 밑으로 다녔다. 36개 출구가 있는 아시아 최대 규모의 지하상가인데, 밤 10시가 넘으면 지하도의 에스컬레이터와 엘리베이터가 멈추었다. 임산부나 장애인, 노인들은 다니기 어려웠다. 건강한 남자가 아니면 보행도 불편할 수

있는 도시였다.

'여성이 편안한 걸음 500보'

모두가 행복한 도시를 만들어야 한다는 생각에, 구청장에 취임하자마자 여성친화도시 사업을 신청했다. 여성친화도시는 사회적 약자를 배려하는 도시라는 의미이다. 그러나 아쉽게도 여성가족부는 예산이 제일 부족한 부처라서 여성친화도시 신청을 해도 사업지원비는 거의 없었다.

결국 공모를 통해서 3천만 원 지원비를 받은 사업이 '여성이 편안한 발걸음 500보'였다. 버스정류장이나 공공시설에서 자기 집까지 대개 500걸음 이내라는 점에 착안한 이름이었다. '여성이 편안한 발걸음 500보'는 구청과 동주민센터 행정은 물론 경찰 등 관련 기관 그리고 주민과 학생이 모두 참여하는 사업이었다. 골목 안전을 강화하고, 도시공간을 바꾸면서, 환경을 주민 스스로 가꿔나가도록 하는 사업이었다.

골목을 밝히고 공동체를 살리다

2013년 첫 해는 청천 1동에서 시작했다. 청천 1동은 재개발 사업이 추진될만큼 노후한 동네라 보안이 취약해서 여성들의 불안과 공포가 큰 지역이었다. 처음에는 동네사람들이 "뭐 이런 일을 하느냐, 구청에서 알아서 도로 포장하고 보안등 달면 되지?"하는 반응이었다. 그러나 신청받을 때부터 주민과 함께하는 사업이라고 강조하고 약속받고 꾸준하게 6개월을 했더니 결과는 많이 달라졌다.

낡은 담장을 산뜻하게 개선하는 '서정 벽면'을 만들었다. 또 단절된 이웃관계를 개선하고 이웃을 알아가는 매개공간이 될 수 있는 '소통 평상'을 설치했다. 골목의 위험상황에서 비상등이 바로 켜질 수 있도록 치안장치를 잘 배치했다.

담벼락을 그리는데 대학생들이 자원 봉사하고, 주민들은 자발적으로 화단을 만들고 꽃을 심기 시작했다. 골목길 어귀에 마을안내지도가 세워지고 도로포장도 더해졌다. 시작하기 전에 비해서 동네가 한경 밝고 환해졌다.

첫 번째 500보 사업이 잘 끝나자 옆 동네서 "우리도 꼭 하자"고 나섰다. 1년에 한 개밖에 지원을 할 수 없는데 동네에서 경쟁이 붙었다. 그래서 선정위원회를 구성해서 선정했다. 산곡동, 부개동에서 진행되었고, 2017년은 산곡3동 사업을 마무리하고 십정1동에서 시작하고 있다.

산곡3동의 '500보 사업'은 치안문제 해결이나 좋은 쉼터를 만드는 이상의 의미를 가졌다. 산곡3동에는 매년 가을에 골목길 축제가 열린다. 동네 길이 정돈되고 작은 장터들이 꾸며지면서 마을 축제공간이 훨씬 넓어

대승주택
POLICE

졌다. 매년 작은 잔치를 벌여온 동네에서 500보 사업은 지역공동체를 확산하는 의미까지 갖게 되었다.

횟수를 거듭하고 성과가 알려지면서 구청 직원과 주민들뿐만 아니라 전문가들도 함께하게 되었다. 카톨릭대학교 산업디자인과 교수와 학생 60여 명도 함께 했다. 사업을 시작하기 전에 "이 동네를 어떻게 꾸밀 것인가?"를 놓고 사전에 토론하고 설계도를 만들었다. 주민들의 의견, 어르신들의 요청 등을 함께 결합했다. 학생들이 디자인하면 주민들이 색칠하는 식으로 협력하면서 진행하는 것이다.

사람들을 더 많은 참여공간으로 끌어내어 공동체가 살아나는 계기가 되는 사업. 그래서 '여성이 편안한 500보' 사업은 단지 여성친화도시 비전의 한 부분을 넘어 공동체도시로 확산시키는 역할을 하는 부평구의 특색이 되고 있다. 이러한 면을 인정받아 여성친화도시조성 최우수 자치단체로 평가를 받아 국무총리상도 받고, 인천시로부터 표창장을 받기도 했다.

왕초보 엄마를 위한 육아 활동가

도시공간의 변화를 만든 '여성이 편안한 걸음 500보'와는 또 다른 형태로, 여성친화도시 2단계 사업들도 진화시켜 나가고 있다. 특히 주력하고 있는 사업은 '초보엄마를 위한 육아활동가' 사업으로, 50~60대 여성의 경험을 살려서 육아에 어려움을 겪고 있는 핵가족 시대의 젊은 어머니를 돕는 프로그램이다. 지금 중장년 여성들이 선택할 수 있는 일자리는 마트 캐셔 등으로 극히 한정되어 있다. 그러한 중장년 여성들에게는 본인의 경험을 살릴 수 있는 가치있는 일자리를 주고, 젊은 어머니들에게는 육아 부담과 불안을 덜어주는 사업으로, 세대간 결합도 높일 것이라고 기대한다. 지금은 초보엄마 대상의 사업이지만 이후로는 '초보 아빠를 위한' 사업으로까지 범위를 넓힐 생각이다. 이를 통해 부평이 질적으로 진화하는 여성친화도시가 될 것으로 기대한다.

부평구 공무원의 성평등 의식 향상

여성친화도시 사업을 진행하면서 공무원들 사이에서 성평등한 직장 문화도 함께 만들어갔다. 공무원이 바뀌어야 여성친화도시 정책과 조성사업도 시작된다는 마음으로 전직원 대상 교육에 힘썼다. 특히 성별영향분석평가 교육을 신규 직원 및 사업담당, 일반직원, 간부공무원 등 대상을 세분화해 꾸준히 실시했다. 성별영향분석평가란, 구의 주요 정책을 세우고 시행하는 과정에서 성평등에 미칠 영향을 분석하고 평가해서 성평등 실현에 기여할 수 있도록 하는 제도다. 그 덕분인지 2017년 실시한 설문조사 결과, 부평구 공무원들의 성평등 의식 수준은 매우 높게 나타났다.

전국 최초 성인지 통계가 나온 자치구

부평은 전국 최초로 성인지 통계가 나온 자치구이기도 하다. 당선된 첫해부터 경제활동인구 관련해서 성인지 통계를 냈고, 2014년부터는 항목을 11개 영역으로 세분화하고 전문화하여 매년 체계적인 성인지 통계집을 발간했다. 성인지 통계집을 발간한 것도 전국기초지자체 중 처음이었고, 이러한 통계는 구정에 다양하게 활용되어 성평등 정책 추진에 많은 도움을 주었고, 부평구민의 삶의 질을 높이는 데 기여했다.

아직도 성인지 통계를 내는 자치구는 몇 없다. 자치구에서부터 성별 통계가 나와야 광역 통계가 나오고 전국 통계가 나오는데, 정부에서는 기초 통계가 없으니 어느 정도 연령의 여성들이 얼마나 많이 어떤 사업에 참여하는지, 어떤 것들을 필요로 하는지가 알기 어렵다고 한다. 부평구를 넘어 대한민국 여성정책에 있어서 무척 도움이 되는 자료라는 평가를 받았다.

전국 유일, 남녀 위원 수가 같은 평등도시

구청 소속 80개 위원회의 여성비율이 몇해 연속 남녀 동수인 것도 자랑거리다. 이런 지자체는 부평구가 전국에서 유일하다. 전국 광역시도와 기초 지자체에 속한 각종 위원회는 소속 위원 중 여성이 10명 중 3명에 불과하다. 심지어 여성위원이 한명도 없는 위원회들도 있다. 한쪽 성의 시각으로만 결정되는 정책은 결코 모두가 살기 좋은 세상을 만들 수 없다. 또 위원회에 여성들이 많아지면 공무원들의 사고도 달라진다. 사람이 없어서 못하는 것이 아니다. 단체장이 의지를 갖고 행하면, 세상의 절반인 여성이 위원의 절반이 되는것은 충분히 가능하다.

다른 지자체들의 경우로 볼 때 여성친화도시는 만만치 않은 사업이라고 한다. 주민들과 공무원들의 호응이나 공감대를 확산하기도 쉽지 않을 뿐 아니라, 지역 특성을 살린 사업을 발굴하기도 어렵다는 것이다. 그러나 부평의 여성친화도시 사업은 도시 이미지를 바꾸고 성평등한 문화를 공무원 내부나 지역 사회에서 만들어가는 변화를 가져왔다. 부평의 많은 여성단체 활동가들과 전문가들, 공무원들이 함께 한 자랑스러운 결과이다.

홍미영 FACE BOOK

2017년 7월 14일

양성평등주간이 있는 7월에 꼭 얘기하고픈 여성친화도시 부평의 우수사례 2가지.

각종 위원회의 여성 참여율이 3년 연속 50%, 전국 최고 수준이라는 것. 여성 찾아내기에 시간이 걸리고 번거롭지만 꾸준히 노력했다. 양성의 시각과 관점으로 만들어지는 더 좋은 세상을 위해….

여성가족부 보도자료에 당당히 올랐다.

여성이 편안한 발걸음 500보사업.

그 다섯 번째 마을이 십정동에서 추진된다.

주민추진단 · 대학 디자인학과 학생들을 중심으로 서포터즈 · 전문가 · 경찰 각 협력자들이 함께 모여 사업준비에서부터 마무리까지 같이 한다.

과연 이번 동네는 어떻게 안전하고 멋지게 디자인 될 지 궁금하고 기대된다.

모두가 존중받는 도시, 청소년이 웃는 도시

달동네 공부방 선생님으로 시작한 정치

나의 정치는 인천 달동네 공부방에서부터 시작된다. 가난한 여성과 아이들을 위해 할 수 있는 일을 찾았을 때, 부모들이 일을 나간 동안 아이들을 돌보아주는 비영리 공부방이 그때 내가 할 수 있는 일이었다. '공부방 홍선생님'으로 있으면서 여러 청소년들을 만났다. 청소년의 삶은 단지 어리다는 이유로 무시되기 쉽고 행정의 사각지대에도 놓이기 쉽지만, 청소년도 한 사람의 시민으로 존중받을 수 있도록 정성을 기울여야 한다고 생각해왔다.

가난한 여성 청소년도 생리대를 가질 권리가 있다

그러기에 2016년 여름, 생리대를 구입하지 못해 수건과 운동화 깔창

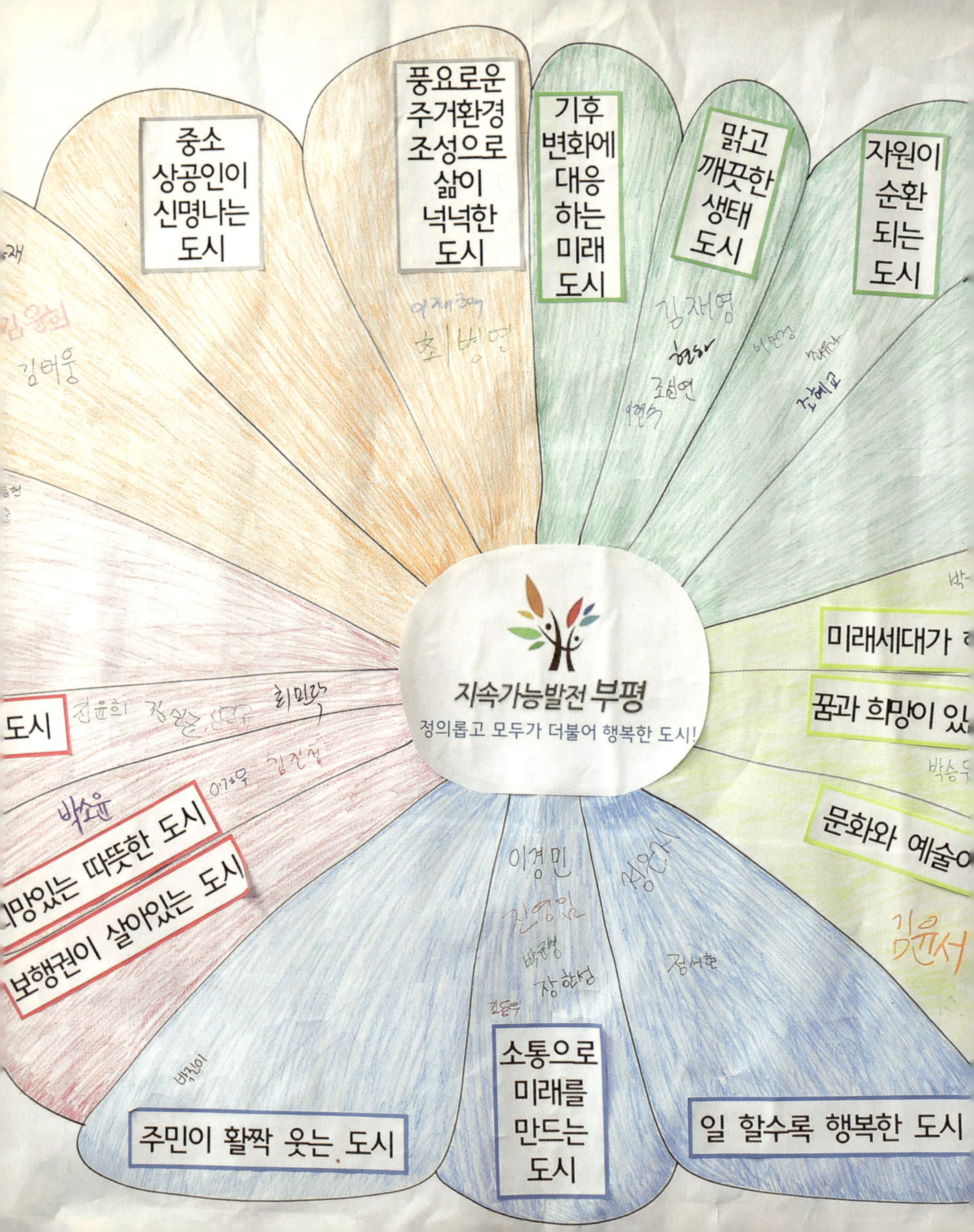

중소 상공인이 신명나는 도시
풍요로운 주거환경 조성으로 삶이 넉넉한 도시
기후 변화에 대응하는 미래 도시
맑고 깨끗한 생태 도시
자원이 순환되는 도시
미래세대가
꿈과 희망이 있
문화와 예술이
지속가능발전 부평
정의롭고 모두가 더불어 행복한 도시!
도시
망있는 따뜻한 도시
보행권이 살아있는 도시
주민이 활짝 웃는 도시
소통으로 미래를 만드는 도시
일 할수록 행복한 도시

등을 사용하는 여성 청소년들의 사연이 알려졌을 때 '충분히 있을 수 있는 일인데, 내가 놓친 부분은 아니었나' 반성했다. 신속한 조치가 필요했다. 우리 부평구 현장은 어떠한지 파악하는 것이 먼저였다.

청소년 자립 쉼터, 상담센터 등 10여개 단체들과 사회보장과, 보육아동과, 여성정책과 등 연계부서들의 모임을 긴급히 진행했다. 여성 청소년들의 위생용품 문제는 사각에 있었다는 것을 확인했다. 이 문제의 중요성에 공감하지 못하는 몇몇 시설과 단체를 보면서, 단지 물품의 문제가 아니라 인권의 문제라는 인식의 전환이 중요하다고 느꼈다.

바로 사업 집행에 들어갔다. 우리 예산만으로는 어려워서 교회나 기업 등 후원기관을 찾았다. 주민자치센터와 지역아동센터를 통해 수요를 파악했다. 가장 좋은 물품으로 1,600박스를 마련하고, 복지리더 교육을 10시간 별도로 받은 여성통장이 찾아가서 전달하도록 했다. 청소년들이 수치감을 느끼거나 수혜대상으로 낙인 찍혔다고 느끼지 않도록, 이는 당연한 권리라고 느낄 수 있도록 주의를 기울였다.

또한 부평구 직원들은 이 사안과 관련한 국회 토론회에 참석하여. 현장 의견을 수렴해서 개선되어야 할 점과 중앙정부와 국회가 해야 할 일에 대해 자료도 준비하고 의견을 전달했다.

부평구의 생리대 지원사업은 꼼꼼한 준비와 시행으로 전국 지자체 중에서 가장 모범적으로 진행되었다는 평가를 들었다. 이러한 사례가 다른 지자체나 전국으로 확산되지 않았던 점이 아쉽다. 어른들에게는 절실한 우선순위의 일이 아니고, 청소년은 유권자가 아니기에, 또한 여성 청소년은 더욱 관심대상이 아니기에, 이러한 사업에 대한 고려가 적은 것은 아닌지 추측해본다.

청소년의 눈으로 예산을 보다

청소년은 단지 돌봄의 대상이 아니다. 청소년 역시 우리 지역의 주인, 자기 삶의 주인이기에, 이들이 지자체에 대해 주인의식과 시민의식을 갖도록 하는 것은 중요한 일이다. 또한 청소년들을 행정의 파트너인 한 사람의 시민으로 대하도록 관의 자세도 변화해 나가야 한다.

이에 좋은 역할을 한 것이 3년째 시행하고 있는 청소년주민참여예산제이다. 부평구는 주민참여예산제를 초기부터 시행했기 때문에 상당히 정착되어 있었다. 이를 바탕으로 청소년에게도 확대한 것이다. 2015년 이듬해 시행할 예산투입을 앞두고 여름방학이 끝날 무렵 첫 청소년주민참여예산제가 진행되었다.

"우리들의 삶을 변화하게 하고, 생활을 운영하게 하는 행정과 예산을 이해할 필요가 있어요. 그 속에서 우리가 살고 있는 부평이 어떤 곳인지도 알게 됩니다. 청소년의 문제를 직접 이야기하고 대안도 생각하며 예산

수반 계획을 세워봅시다"

학교도 학년도 다양한 청소년들이 그룹별로 모였다. 예산과 행정에 대한 교육에 이어 토론이 이어졌다. 정책과 예산안을 제안하고 사례를 들어 보완설명하는 이들의 발표를 보면서, 그동안 행정에서 놓친 부분이 많았다는 것을 깨달았다. 부평구가 6,000억원 가까운 예산을 집행할 때, 주민들의 10%에 해당하는 청소년들이 배려받을 수 있는 예산과 행정이 되도록 했어야 하는데 그 부분을 보는 안목이 부족했던 것이다.

특히 학교 밖 청소년들에 대해 그동안 얼마나 소홀했는가를 느끼는 계기가 되었다. 한 청소년은 '학생 대상으로 하는 청소년 수련관 프로그램들을 학교 밖 청소년도 함께 할 수 있게 해 달라'고 강하게 요청했다.

청소년 알바생에 대한 착취가 심각하다는 말과 함께 "업주들이 청소년들에게 임금을 적게 주고 함부로 대하지 않도록 구청에서 가이드라인을 만들어서 지도해달라" 는 제안도 들어왔다. 그동안 사각에 있었던 부분들을 청소년 당사자의 눈으로 보게 된 것이다.

청소년을 한 사람의 시민으로

인구 50만이 넘는 부평구에는 다양한 사람들이 모여 산다. 관성적인 행정은 힘있는 주류를 대상으로 사업을 하게 된다. 청소년 등 사회적 약

2017년 부평구 청소
2조, 가능(I'm Possible)
ONLY 부평구 청년 알바

예산학교
3층 중회의실
도서관 운영시간 확대 및 열람실 설치
정책제안명 부평
·청소년문화지원확대
<현황 및 문제점>
<제안 내용>
① 청년을 위한 문화시설 이용료 할인 30%
<예산>
① 산출필요
② 1000(명) X 10000(원) X 4(회)
= 40,000,000

자가 겪는 일들은 눈길 밖으로 비껴난다. 그런데 청소년주민참여예산제를 운영하면서 행정의 자세도 바뀌었다. 사소하지만 주민참여홍보지를 만들 때도 청소년도 대상으로 두고 한번 더 검토하는 식의 안목을 갖게 되었다. 주민들도 부서의 공직자들도 청소년에 대한 마음이 조금씩 열리고 있다. 세대통합의 의미도 있는 것이다.

참여한 청소년들은 "주민참여예산제를 통해 부평구 시스템이 돌아가고, 나도 그 일원이 되어서 좋다"고 했다. 참여를 통한 주인의식은 우리 사회를 천천히 발전시킬 힘이라는 것을, 나는 오랜 활동을 통해 신념으로 가져가고 있다. 청소년들을 포함한 모든 시민들이 함께 만들어가는 도시를 기대한다.

홍미영 FACE BOOK 2015년 7월 30일

부평 청소년들의 정책제안은 역시나 새로웠다.
중 · 고등학교 방학이 시작되자 열린 '청소년 참여예산학교' 가 3일간 교육을 끝내고 제안서를 발표했는데 등교시간 버스이용 문제, 밤길 안전 문제, 어른들의 길거리 흡연문제 등에 대해 나름대로 대안을 제시했다.
예를들어 등교시간이 늦어져 어른들 출근시간과 겹쳐서 버스이용이 더 어려워졌으니 학교와 학생만 이용하는 버스를 등하교시간에 마련해달라거나 교통카드 환승시간을 30분에서 한시간으로 연장해달라는 것.
또는 밤길 안전을 위해 가로등에 번호를 붙이고 스마트폰으로 야간민원을 받거나 길거리 흡연자 신고를 위해 금연벨을 설치하거나 감시 자원봉사자들을 많이 위촉해 활동하게 해달라거나 길거리에 흡연부스는 물론 금연교육 버스를 운영해달라는 것.
또 특별한 것은 캔, 페트병 빈통을 넣으면 금품으로 환산되는 자동판매기를 설치해달라는 제안이었다. 그 자동판매기 사진이 담긴 외국 사례를 PPT자료로 보여줄만큼 적극적인 제안이다.
우리 구 재정이나 권한이 매우 미약하여 다 들어주기는 어렵지만 청소년 현실 문제점 착안과 대안이 참신하고 창의적이어서 자못 든든하다.
더운 여름날, 청소년들의 생각과 제안은 시원한 바람같다. 이런 청소년들이 있어 미래는 희망적이고 어른들은 힘이 솟는다.
고달파도 더 좋은 세상 만들어야 할 의무와 책임이 깊이 자각된다.

홍미영 FACE BOOK

2016년 6월 13일

저소득층 청소녀 생리대 문제는 정말 사각지대였다.

실태파악도, 대안마련도 세심할 필요가 있다. 일단 우리 구 관련부서들(복지, 청소년)이 대책 마련을 위한 기초자료를 만들었지만 미흡했다. 마침 몇몇 국회의원들이 현안 간담회를 마련했기에 우리 구 직원들도 참석해 참고 했지만 그래도 현장 적용엔 아쉬운 부분이 있다. 그래서 우리 구에서 활동하는 9개 청소년단체 대표들과 합동간담회를 긴급히 열었다.

'청소년 친화도시 부평' 을 꿈꾸며 현장 활동을 해온 이들 단체의 조언은 소위 공무 집행에서 자칫 놓치기 쉬운 점들을 보완해주었다.

저소득층 청소녀들의 감수성, 자존심, 낙인감 등을 고려하고 단지 복지적 관점뿐 아니라 인권·성교육적 차원의 접근이 필요하다는 것에 동의.

가능한한 택배 전달방법은 피하기로 하고 제안된 의견을 더 세부적으로 모색하기로 했다. 한시간 반동안의 열띤 토론 덕분에 좀더 가닥이 삽힌다.

관련 비용도 걱정이었는데 부평교회와 기업에 부탁해 후원을 받고 관내 생리대 생산업체도 제품을 후원하기로 해서 우선 사업시행이 가능하게 되었다. 고맙다.

내년엔 국회를 통해 법과 예산으로 반영된다니 다행이지만 그 이전이라도 현장밀착, 섬세한 추진으로 고통받는 청소녀들을 잘 살피는 부평구가 되자.

지역경제를 살린다!
청년마켓과 사회적 경제

텅 빈 상가, 어떻게 살릴까

부평 로타리 지하상가는 전국에서 규모가 가장 큰 지하상가 중의 하나로 한때는 매우 활발한 상가였다. 그러나 점점 방문객 수가 줄어 2000년대 후반이 되자 상가 300개 중 공실이 100개가 넘게 늘어났다. 텅 빈 가게들이 늘어나니 사람들의 발길은 더욱 뜸해졌다.

'로터리 가까이 청년들이 많이 모이는 거리가 있는데, 청년들의 감각과 문화를 살리는 점포들을 열면 상가도 살고 청년들에게도 도움되지 않을까?' 청년 창업활동을 매개로 상인과 지역주민, 방문객이 소통하는 플랫폼으로 키울 수 있겠다 판단했다.

무분별한 개발보다 사람 위한 재생을

그런데 지하상가를 허물고 그 자리에 대규모 개발을 해서 수익을 내고

싶었던 업자들이 있었다. 지하상가를 재생한다 하니 개발업자들은 온갖 로비를 진행했다. 인천시장을 찾아가고 내 주위 아는 사람을 찾아 압박하기도 했다. 그러나 그런 식으로 개발해도 지역에서 살고 있는 시장 상인들이나 주민들에게 도움될 것은 하나 없었다. 몇몇이 큰돈 벌 욕심에 번쩍번쩍하게 지어서 분양권 팔아놓고 막상 파리 날리는 흉물이 되어 소상인과 주변 주민들만 고통받는 경우도 여러 번 보아왔다. 미래의 도시공간은 어떤 곳이어야 하는지, 우리가 지향하는 지속가능발전은 어떤 모습인지 고민하면서 무분별한 개발을 막아내고 재생을 선택했다.

청년의 활기를 모으다

청년 창업자들을 모아서 창업자 마케팅 교육을 실시하고 점포를 임대하고 운영할 수 있는 최소한의 비용을 지원했다. 우리 예산만으로는 쉽지 않았지만 소상공인진흥공단의 지원을 받았다. 좋은 아이디어와 열정을 가진 청년들이 많았다. '비보이가 커피 내리면서 공연을 한다면?' '마술사와 영화감독이 만나서 협업을 한다면?' '상인어머님들과 디자이너가 콜라보레이션을 한다면?' 새로운 상상력들이 펼쳐지는 것을 보았다. 기존 상인들과 안 겹치는 업종으로, 그리고 청년들이 직접 많이 고민하고 실제로 전망 있는 가게들로 선정했다.

시장 상인들은 적극 반겼다. 점점 더 쇠락해가는 상가에서 걱정이 컸는데, 청년들이 들어와 젊은 감각으로 공간을 바꾸고 활기를 불어넣는다는 소식에 반가웠던 것이다. 상인회도 창업을 적극적으로 도왔다.

개성 가득한 가게들, 문을 열다

2014년 7월 청년문화상점 로터리마켓이 문을 열었다. 색색의 벽화가 그려진 계단을 따라 내려가면, 손수 만든 천연화장품 가게, 독립출판서점, 새로운 독립영화를 볼 수 있는 6인 미니극장, 개인맞춤형 해독주스 등 아이디어와 개성 만점의 작은 가게들이 이어졌다. SBS라디오와 전화 인터뷰를 하면서 이렇게 말했다.

"우선 이 점포들이 잘 되어야 앞으로의 일도 잘 될 거라고 보는데요. 한 번 꼭 와서 보세요. 비보이 청년들이 운영하는 커피숍도 있고, 세상에 하나 밖에 없는 그림이 그려진 가방들도 있고요. 침체된 상가 활기를 찾고, 진짜 경제가 살아나는, 지속가능한 도시 - 우리 부평 만들겠다 하는 것입니다. 상공인들이 인천에서 제일 많은 지역이 부평인데, 상공인들이 잘 사는, 걸어서 소비하는 부평 만들겠다는 그런 약속을 4년 동안 실천해보이겠습니다."

입소문 난 청년로타리마켓, 롤모델이 되다

30~40개의 청년마켓 점포가 들어서자 입소문이 났다. 재미있는 가게가 많아 보러가기 좋은 곳이라고 사람들이 찾아왔다. 인천소상공인진흥원도 더 해보라고 지원을 했다. 모두 3차례 걸쳐 모집을 하니까 100여 개의 공실 중 5개밖에 안남을 정도로 성공적이었다. 빈 점포 없이 2년, 3년이 지나니까 침체되었던 주변이 활기를 띄었다. 주변 가치도 덩달아 상승했다.

낡은 가방에 미대생들이 직접 그림을 그려 되살리는 업사이클링 가게의 사장은 이렇게 말했다.

"처음 점포 공사할 때는 지하상가가 굉장히 썰렁해서 사실 걱정도 됐거든요. 버려진 곳 같은데 여기 누가 오긴 오는 걸까. 그런데 청년상점이 가오픈한 순간부터 젊은 고객들이 늘어났어요. SNS나 언론 등을 통해 홍보가 되니까 일부러 구경하러 오는 사람들도 많아졌구요."

얼마 전 로터리상가에서는 칵테일 가게 청년들이 중장년 분들에게 칵테일 만드는 법을 가르쳐주는 프로그램이 진행되었다. 젊은 여성사장은 행복한 얼굴로 말했다.

"몇 년 전에는 진짜 어렵게 노점 하고 있었거든요. 청년마켓 자리가 생겨서 꿈을 이루고 다른 분들에게도 가르쳐줄 수 있어서 너무 좋아요. 저,

창년창업 성공사례로 청와대 초청받았어요."

이 사업은 청년창업의 롤모델이 되어 전국 58개 전통시장으로 확산되었다. 그 이전에 전주 남부시장에 청년 몇몇이 자발적으로 들어가서 상인들에게 활기를 준 경우는 있지만, 부평처럼 지자체가 적극적인 역할을 하고 청년들이 규모있게 운영하고 있는 사례는 없었고, 지금도 찾기 힘들다.

단지 침체된 지하상가에 공실을 채우는 것 뿐 아니라, 주말에는 지상에 프리마켓을 열고 버스킹 행사들을 기획하면서 다양한 문화가 흐르는 부평을 계획했다. 그러자 '문화관광형 시장'이 되어 사람들이 찾아왔다. 굴포천 옛물길이 자연형 생태하천으로 복원되면 부평 문화의 거리와 연계해서 청년 문화공간으로 활성화할 예정이다.

사람 사는 경제, 사회적 경제를 키우다

이런 경험을 거치면서 사람이 사는 진짜 경제, 새로운 경제에 대한 고민이 깊어졌다. 민선 5기 후반부터는 월례조회 때도 직원들의 인식 확대를 위해 사회적 경제를 많이 강조했다. 캐나다 사회적 경제운동 지도자 낸시 님탄을 초대하여 공직자들이 강연을 들을 수 있게 했다. 일자리 기획과 안에서 사회적 경제팀을 만들고 전담직원을 채용해서 부평에 새 싹을 틔우는 사회적기업들에 물도 주고 거름도 주고 하나의 화단에서 서로

도와가며 성장할 수 있도록 잘 엮어갔다. 그 결과, 2015년 9월 부평에 있는 사회적 기업, 마을기업, 협동조합 등 다양한 사회적 경제조직들이 함께 모여 사회적 경제협의회를 인천 최초로 창립했다. 이 '부평협동사회적경제협의회'는 지금까지 사람과 사회를 이어주며 잘 운영되고 있다.

튼튼하게 자라난 사회적기업과 자활조직

2017년 2월에는 부평사회적경제마을센터를 만들었다. 사회적 경제 영역에서 일어나는 다양한 일들을 지원하고, 지역의 다른 자원을 서로 연결해 주민들의 필요를 해결하는 연결자 역할도 하는 중간지원조직이다. 사회적기업 제품의 품질들은 우수한 편이라 백화점이나 마트에서 팔 수 있도록 지원하니 상당한 판매성과를 내었다. 판매망 확보를 위해 대기업과도 연계했고, 시민단체들도 적극 도왔다. 온실 밖으로 나가면 쓰러지기 쉽다던 사회적기업들도 이제는 어디 내놓아도 잘 성장할 수 있는 기반을 갖게 되었다.

노인, 한부모 가족, 저소득 주민 등 사회적 약자들의 자활을 위한 경제조직도 집중 지원했다. 안심하고 활동할 수 있는 공간이 필요하기에 행정공간을 내주었다. 어떤 자활기업은 구청 산하 기관에 정식 입주하도록 했고, 어떤 기업은 동사무소에 자리를 마련했다. 부평구청 1층 넓은 로비공간에서 일부 공간을 내어 부평자활센타의 카페 자리로 열어주었다. '성실히 노력해 상생을 꿈꾼다'가 모토인 이 카페는 현재 사회적기업으로 성장해 안정적인 수입을 올리고 있으며, 어려운 학생들의 장학금과 교육비, 소외계층을 위한 난방비를 지원하고 있다. 그 속에서 자활조직들은 시장형 기업으로 모범적으로 변화되어 갔다.

시와 국가 차원에서 사회적 경제를 뒷받침해야 한다

사회적 경제를 지원하고 활성화하면 경제와 복지 문제를 함께 풀 수 있다. 인천에서는 부평구와 남구가 사회적 경제 지원에 적극적이다. 지금 현재 구청의 일상생활에서 쓰는 물건은 장애인들이 생산하는 사회적 경제단위의 물품들을 많이 쓰고 있다. 행사용품, 청소용역 등도 사회적 기업에서 공급하도록 하고 있다. 그 결과 기초단위에서는 어느 정도 성과를 내고 있지만 광역단위로 수렴이 안 되고 있다.

사실 사회적 경제와 관련해서는, 기초지자체가 아니라 광역단위에서 같이 사업을 추진해야 제대로 경제적 효과를 볼 수 있다. 전체적으로 광역시 단위에서 기획하고 기초지자체가 공동으로 일해야 규모의 경제 범위를 넘어설 수 있기 때문이다. 서울시는 민선5기 초반부터 꾸준히 해왔기 때문에 산하 기초지자체가 사업하기 수월하다고 한다. 반면에 인천은 최근 2~3년간 시들어가는 느낌이다. 직원들도 인천시 관계부서와 이야기 하는 과정에서 힘들어한다. 인천시의 사회적 경제에 대한 자원 조사를 했는데 그 수요는 상당히 많은 편이다. 그럼에도 인천시 차원에서 사회적 경제에 대한 관점이 부족하다는 점이 늘 아쉬웠다.

무엇보다 국가적 차원에서 사회적 경제를 실질적으로 뒷받침할 수 있는 법제도의 안착이 필요하다. 지난 19대 국회에서 더불어민주당과 바른정당 등 중량감 있는 인사들이 「사회적 경제기본법」 제정을 추진했지만 통과되지 못했다. 의원시절에 사회적가치기본법을 추진한 문재인 정부가 출범했으니 20대 국회에서는 반드시 제정될 것이라고 기대하고 있다. 척박한 토양에서 몇몇 현장단위에서 성장해온 사회적 경제가 말라죽지 않고 행정의 지원 속에서 제 가능성을 활짝 펼칠 수 있기를 기대한다.

홍미영 FACE BOOK

2014년 3월 6일

심각한 양극화와 공동체 붕괴로 우리사회가 위기를 겪고있는 이때, 뜻있는 모임들이 열렸다. 오늘 '전국 사회적경제 매니페스토 실천협의회' 가 창립했고 어제는 인천에서 '사회적 기업 · 협동조합 통합지원센타' 가 개소식을 했다.

부평구는 이미 앞서 일자리기획단에 사회적 경제 지원팀을 조직해 수십 개의 기업과 조합을 지원하고 며칠 전에는 수백 명의 직원교육도 했다.

오늘 '전국 사회적경제 매니페스토 실천협의회' 가 '국민에게 드리는 약속' 은 내용이 참 좋다. 요약해서 전하고 싶다.

공동체의 붕괴를 막는 것은 이 시대의 과제입니다.

역사적 소명의식을 갖고 한국경제의 체제를 개혁해야 합니다.

우리는 건강한 공동체를 만들기위한 사회적 가치에 주목합니다.

… 사회적 경제는 '사회적 가치를 추구하는 경제' 입니다. 한국경제의 새로운 대안이 될 수 있다고 믿습니다. 우리는 보수와 진보, 보편적 복지와 선택적 복지의 대립을 넘어서 사회적 경제의 지속적 확산을 추구합니다.

또한 협의회는 6 · 4지방선거 출마자들이 사회적 경제의 발전을 중요 공약으로 채택하도록 노력하겠다고 하는데 여 · 야 국회의원, 단체장, 시민단체들이 함께 만든 약속이라 그 의미는 크다.

부평에서도 지난 겨울, 3개월 동안 생활고 자살과 독거사 등이 10건에나 이른 상황에서 이런 모임에 적극 참여해야 마땅할 것이다.

홍미영 FACE BOOK 2017년 12월 29일

문재인 대통령으로부터 1등 상을 받았네요.

2017년 자활사업 우수지자체로 선정돼 대통령상을 받은 건데요. 부평은 전국에서도 워낙 기초생활수급자분들이 많아 자활센타도 2군데 되는데요. 그동안 안정된 사무실과 구청로비 카페 마련, 자활기금 지원 등 일자리와 수익 둘다 얻도록 실천한 '자활' 사업이 평소에도 잘했지만 금년엔 상도 받고 성과도 얻으며 부평이 최고라는 명예까지 인정받아 눈물겹기까지 합니다.

'자활' 은 경제적으로 빈곤한 사람이 스스로 삶을 개선시킬 수 있도록 하는 것이라는 점에서 이번 대통령 표창은 부평구의 자랑이면서 또한 자활사업 참여자와 그들을 도운 직원들이 박수를 받을 주인공들입니다.

얼마전 실업극복인천본부 송년회에 '유일한 초대자^^' 로 참석했었는데요. 자활과 밀접한 관계에 있는 실·본 식구들에게 '늘 민초와 함께 해왔다' 는 고마운 평가와 환대를 받았습니다.

항상 어려운 사람과 함께 한 동지들을 볼 때면 든든합니다. 사람은 이렇게 사람 때문에 행복하고, 사람을 통해 힘을 얻나 봅니다.

제가 '달동네에서 정치' 를 시작한 이유, 그리고 이제 '인천을 바꿀' 각오로 새로운 도전에 주저하지 않는 이유가 바로 '사람' 입니다.

'사람사는 세상' 을 만들기 위해서 입니다.

'사람 중심 부평' 이 촛불정부 시대를 만나 큰상도 받고…

문재인 대통령님, 감사합니다!

‘음악·문화도시 부평’의 물길을 열다

군사도시 이미지 뒤에 숨겨진 가치를 찾다

부평은 기초지자체 중에서 독자적인 문화재단을 갖고 있는 몇 안 되는 자치구 중의 하나다. 엘리트 중심, 관 주변부적인 문화활동보다 주민이 향유하고 시민생활에 공유되는 문화활동을 할 수 있도록 지원했다. 부평은 앞으로 어떤 문화를 지향할 것인가? 부평이 문화도시로서 변화해나갈 수 있는 가능성은 어떤 것인가? 전문가들이 모여서 연구하고 토론하면서 문화재단이 변화의 플랫폼 역할을 충분히 할 수 있도록 했다. 구청이 나서고 예술인들과 관련 전문가들, 문화를 후원하는 사람들을 엮었다. 군사도시 부평의 이미지 뒤에 숨겨져 있던 문화적 가능성을 발견해 갔다.

대중음악의 산실, 부평

부평은 우리나라에서 가장 오래된 미군기지가 있던 곳이다. 70년대 초까지 미군부대가 전체 면적의 3분의1을 차지했다. 해방 이후 부평을 '애스캄(ASCOM : Army Suppprt Command Korea) 시티'라고 부를 정도였다. 애스캄은 전투부대가 아니라 군수지원사령부 즉, 보급지원부대였다. 전쟁무기보다 미국문화를 직수입하는 통로가 되었고, 신촌일대에는 미군을 상대로 한 상업지구가 발달했다.

당시 부평 이미지를 보면 미군부대 기지촌과 양공주, 주먹들, 전쟁 고아원 등 어두운 면이 많다. 그러나 음악은 달랐다. 이런 환경은 미국의 음악과 팝문화를 직접 접할 수 있는 기회를 주었다. 위문공연 부대가 헬기타고 미국에서 직접오기도 했다. 클럽에서 음악을 연주해서 먹고 살던 악사들은 부평 2동에 방을 얻어 모여 살았다. 이봉조, 현미, 신중현, 윤복희, 조용필 등 내로라하는 음악인들이 여기서 활동했다. 부평은 한국 대중음악이 성장할 수 있는 근거지가 되었다. 음악평론가 임진모씨는 "1950~60년대 부평의 애스캄 부대 주변 50여 개 음악클럽에서 가장 많은 밴드와 가수들이 활동하였다. 이는 대중음악의 성장 거점이자 한국 대중음악 60년의 뿌리가 되었다"고 말했다.

지역재단의 창작음악극 <당신의 아름다운 시절>

2014년 겨울, 부평문화재단 주관으로 부평아트센터에서 〈당신의 아름다운 시절〉이라는 창작음악극을 공연했다. 대중음악의 성장을 이끌었던 당시 부평 음악인들의 뜨거운 열정과 치열했던 삶을 담아낸 음악극이다. 지역문화재단의 한정된 예산과 인력으로 자체 제작 공연을 무대에 올리기까지 많은 우여곡절이 많았지만 결과는 대호평이었다. 2016년에는 국립극장에서 막을 올렸고 예술경영지원센터 우수사례로 선정되고 대표상을 수상했다. 지방 투어도 성사되어 전국을 누비며 좋은 반응을 얻었다. 지역의 문화적 자산을 통한 도시 브랜딩의 모범사례로 인정받았다.

역사를 이은 부평 밴드 페스티벌

2016년 10월에는 "2016 부평밴드페스티벌 Bupyeong Band Festival"을 열었다. 신중현, 조용필 등과 같이 음악했던 사람들이 올스타 밴드를 만들어서 연주했다. 70살 넘은 어르신도 트럼펫 공연을 멋지게 마쳤다. 부평의 이러한 음악과 문화적 자산을 다시 부활시켜야 한다는 요구가 높았다. 적극적으로 추진한 결과 문화체육관광부에서 부평밴드페스티벌을 위한 37억 원의 예산을 지원받을 수 있었다. 2017년 부평 밴드페스티벌은 최신 국내외 밴드뮤지션의 공연과 미국, 일본, 독일, 스웨덴 등 해외음악도시 음악산업 전문가, 국내 음악창작소 관계자들이 참가하는 'BP뮤직 컨퍼런스'로 구성했다. 국내외 음악도시 현황과 정책을 분석하고 비전을 모색하는 시간을 가졌다. 부산, 대구, 충남, 울산, 전북 등 전국 음악창작소 관련 기관들의 네트워크 형성과 '음악도시 부평'과의 협력도 모색했다.

음악도시 부평으로 흐른다

지금 부평 미군부대에는 전국 미군에 공급하는 빵공장만 운영하고 있을 뿐 백여 개 막사들은 텅 비어 있다. 이 시설들도 2018년 내에 모두 이전할 예정이다. 이를 계기로 부평은 미군 군사도시라는 어두운 이미지를 벗고 이제는 대중음악의 산실이었던 역사를 바탕으로 문화도시로 거듭나고 있다.

미군부대 앞 굴포천 뚝방길에 예전에는 클럽이 있었고 음악이 같이 흘렀다. 지금은 콘크리트로 복개된 굴포천 상류구간이 국비 지원으로 생태하천으로 복원할 수 있는 길이 열렸다. 구청 로비에 있는 굴포천 복원 모형에는 부대 이전 후 앞으로 조성될 음악도시 구간이 있다. 옛 클럽 모습을 전시해 놓은 카페도 들어섰다. 시내버스에 '뮤직시티 부평'을 알리는 안내판을 부착했다. 부평 주민들에게 '새로운 부평으로 가는구나'라는 공감대를 넓혀가고 있다. 음악 · 문화도시 부평으로 가는 길에 굴포천 옛 물길도 활짝 열린 것이다.

홍미영 FACE BOOK

2016년 10월 16일

10월의 주말은 정겹고 아름다운 행사들로 가득하다.

문화체육관광부 지원받아 음악도시사업으로 진행된 부평밴드페스티발이 부평공원 달빛 아래 멋지게 열렸다. 1960년대 미군부대 주변 라이브클럽을 중심으로 활동했던 올드 밴드를 비롯 '사랑과 평화'의 옛 노래들도 공연되어 추억과 아름다운 선율이 함께 어우러졌고, 데이브레이크 등 요즘 즐기는 음악의 젊은 밴드들의 공연도 그야말로 부평공원을 '들었다 놨다' 했다. 많은 사람들, 특히 젊은이들이 모여 흥겹게 즐기는 모습에서 부평음악도시의 멋진 미래를 본다. 부평이 한국대중음악의 메카로서 자리매김될 것이다.

공연 관람중에 허술한 옷차림의 노인분이 내 손을 잡고 마냥 웃는다. 예전 네잎클로버들을 모아 전했는데 이제 만나서 반갑다고. 그랬다. 누군가 행운의 상징 네잎클로버를 편지봉투에 넣어 보냈길래 소중히 간직하고 있었는데… 바로 그 분이었다. 따뜻이 감사인사 드렸더니 얼마 후에 무엇인가를 내게 또 전해준다. 낡은 신문지에 쌓인 여주 3알과 메모지 속 네잎클로버! 아마 매우 가난하신 분 같았는데 아낌없이 행운의 상징을 내주시는 그 분 덕에 마음은 로또 맞은 듯 기뻤다.

존경하고 사랑하는 부개동 성당 호인수 신부님의 퇴임에 앞서 헌정음악회가 열렸다. 우리 사회 문제, 특히 약자의 아픔을 외면하지 않고 평생 정의로운 활동을 실천해온 신부님. 신자들과 후배들의 존경과 사랑의 헌정음악회가 참 아름다웠다. 신부님, 늘 건강하시고 언제나처럼 이끌어주세요~!

무너진 집 앞에서 함께 살며 길을 찾다

- 십정동 주거환경 개선사업

낡고 위험해진 달동네, LH는 줄자 한번 긋지 않았다

십정1동 달동네는 1970부터 이곳저곳에서 밀려온 철거민들이 야산에 흙벽돌집을 짓고 살아온 곳이다. 인근에 수출공단이 들어서면서 많은 노동자들이 싼 방값에 들어와 북적북적 살기 시작했다. 비만 오면 진흙탕 되던 동네 골목길이 포장되고 하수도가 정비되고 제법 동네 모습을 갖추어간 것이 1990년대 초다. 그 모습이라도 갖추게 하기 위해서 나는 동네 아주머니들과 함께 구청과 동사무소 문턱이 닳도록 돌아다녔다.

하지만 그 후에도 동네는 크게 변하지 않았다, 아니, 시간이 흐르면서 더 낡아서 위험해졌다. 주민들의 많은 노력 결과 2007년에 LH(한국토지주택공사)가 전체 주거환경을 바꿔주기로 협약을 맺었지만 수익성이 없다는 이유로 2010년까지 삽질은커녕 줄자 한번 긋지 않았다. 그 사이 집과 축대는 금이 가고 주저앉고, 하수도나 도로, 골목길 계단은 더 이상 지탱되기 어려울 정도로 훼손되었다. 행정에서는 곧 철거될 지역이라고 하수도나 도로 등의 보수에 더 이상 예산을 쓰지 않았다.

하루만 대책이 늦었어도

2011년 여름. 장맛비에 산비탈 쪽 노후된 집 한채의 벽에 십자형으로 금이 가고 곧 무너질 위기가 되었다. 그래도 LH는 아무것도 하지 않았다. 주민들은 발을 동동 굴렀다. 구청이 LH 대신 비용을 대주는 것도 법규위반이 될 수 있었지만, 나는 예산 집행에 서명했다. 문제가 생기면 내가 다 책임질 생각이었다. 주민들을 대피시키고 위험한 집 벽에 안전망을 두르고 다음날 아침부터 본격적인 공사를 하기로 한 바로 그날, 빗속에서 집 한 채가 끝내 무너졌다. 만약 그날 안전망이라도 두르지 않았더라면, 불과 몇 시간 전 위험가옥의 주민들을 미리 대피시키지 않았더라면, 산비탈의 집들이 차례로 무너져 많은 인명사고가 났을지도 모르는 일이다.

상황이 이런데도 LH는 사업성 운운하며 대책을 내놓지 않았다. 인천시조차 별 관심이 없다는 이야기를 듣고는 '내가 이 동네를 지키지 않으면 아무도 신경쓰지 않겠구나. 더 이상 책상에 앉아서 기다릴 수 없다'는 생각이 들었다. 구청장인 내가 그 동네에 들어가 살면서 동네 안전을 점검하고, LH에 조속한 사업이행을 촉구하기로 했다.

공부방에서 잠자며 동네를 지키다

살림집도 아닌 공부방 '해님방' 바닥에 이불을 펴고 100일 정도 거주했다. 씻을 곳이 마땅치 않아 양변기 위에 대야 놓고 찬물로 머리 감고 다녀야 했다. 하지만 아침과 밤이면 해님방 섀시문을 조심스레 두들기면서 이런저런 이야기를 전하고, 내가 몸 성히 잘 있나 챙기던 주민들 덕분에 마음은 언제나 훈훈했다. 골목길 스티로폼 박스에서 키운 토마토, 오다가다 슈퍼에서 산 우유 한병, 집에서 부친 부침개 등 자잘한 먹을거리를 건네주고 가셨다. "그래도 구청장이 동네에 들어와 사니 한결 안심되네요" 라고들 좋아했다. 또 구청장이 사는 덕분에 그 동안 방치되어 있던 동네 사정들을 행정부에서 관심 갖게 되고 언론에도 보도되었다며 속시원해했다.

사업재개 약속을 받아내다

십정동에서 내가 잠자며 출퇴근하며 살고 있으니 LH 사장이 직접 찾아왔다. 비탈진 동네길과 위험한 축대를 보여주었다. 사장은 돌아가서 바로 사업을 재개하겠다고 했고, 이후 11월 중 지장물 조사 및 이후 일정이 확정발표되었다.

붕괴위험 가옥에서 대피명령을 받아 이사한 은정엄마는 "챙겨주어 고

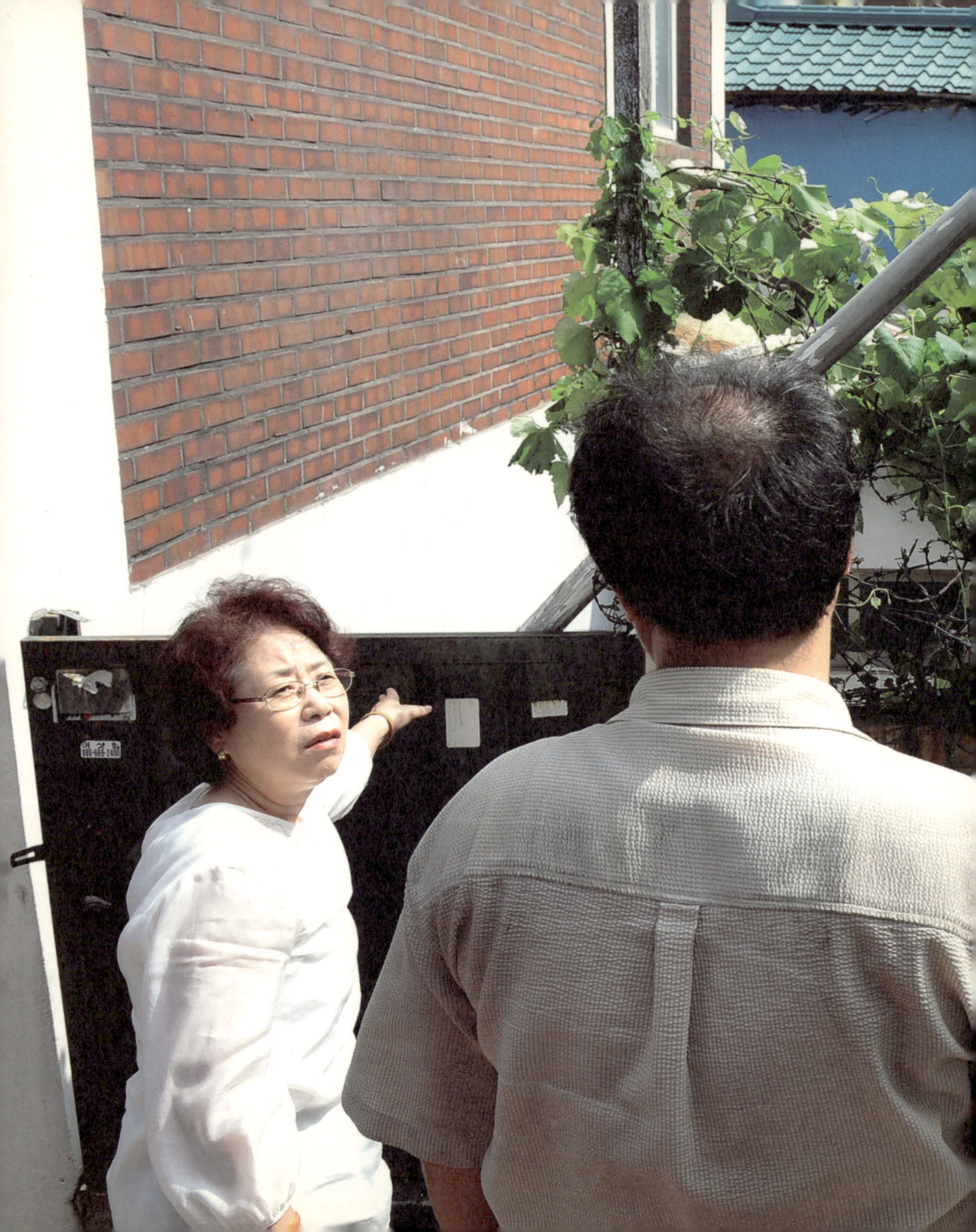

맙다"고 눈가를 적시고, 승아 아빠는 쌍화탕 한 박스를 가져와 손에 쥐어 주고, 남도방앗간 아주머니는 손가락으로 V자를 그리며 함박웃음으로 달려왔다. 그렇게 늦가을 볕 아래 익은 수확물처럼 '사업 재개' 결과를 얻어낸 뒤 주민들의 정겨운 배웅을 받으며 십정동 살이를 접었다.

가장 위험한 곳 가까이, 단칸방 월세를 살다

그런데 사장이 바뀐 후 사업 추진은 다시 지지부진해졌다. 구청 조사 결과, 붕괴 우려가 있는 위험 건축물은 무려 68곳에 달했다. "비만 와도 집이 무너지는 것은 아닌 지 가슴이 철렁하다"고 주민들은 말했다. 주민들은 불안해 하는데 나 혼자 편안한 곳에서 잘 수 없었다. 2014년 3월, 다시 십정동에 20만원 월세 단칸방을 얻어 들어갔다. 쪽문을 열면 2011년 여름 폭우로 무너진 집이 보였다. 가장 위험한 곳 가까이에서, 앞서 거주까지 합치면 1년 365일을 채우면서 살았다.

당시 국토교통위원회의 국회의원들도 찾아오고 '달동네 월세살이 구청장'이라는 이유로 여론이 확대되면서 LH를 향한 압박 강도가 높아졌다. 그동안 LH가 주거개선사업을 한다면서 전국 열댓개 지역개발을 추진해놓고, 부동산 경기 침체로 인한 수익 손실 등을 이유로 아예 취소된 곳이 많았다. 십정동도 취소되게 할 수는 없었다.

부디 주민들이 안전한 집을 가질 수 있기를

2015년 들어 다행히 새로운 방식으로 방향을 틀 수 있었다. 수익성 문제를 해결하면서 주민들은 안전한 새 주택을 가질 수 있는 뉴스테이 (기업형 임대주택) 방식이 채택되었다. 사실 그 길밖에 없었다. 주민의 생명과 안전을 고려하는 것이 가장 우선이었다. 하루하루 붕괴 위험이 높아가고 있는 달동네의 재난을 막으려면, 뉴스테이를 진행하면서 동시에 국토교통부와 인천시, 부평구가 공익적 보증을 서는 것 외에는 방법이 없었다. 시행사도 LH에서 인천도시공사로 넘어왔다. LH에서 지자체로 넘어온 것은 십정동이 유일하다. 십정동 주거환경 개선 사업, 올해는 마무리될 것이다. 그동안 있었던 여러 가지 문제가 잘 해결될지, 그동안의 어떤 재개발보다 원주민이 가장 많이 입주하고, 안전한 주거환경을 마련하는데 도움을 준 사례가 될지 예의주시하고 있다.

홍미영 FACE BOOK
2011년 8월 27일

십정동 5일째. 해님방 거처가 불편한 것은 방이 덥고 씻기 어렵다는 것.
아침 일찍 동네를 둘러보는데 '홍미영 왔네' 하며 굳이 커피 한 잔 먹고 가라는 인정에 눌러앉았다. 독거노인이지만 보잘것 없는 마당에 꽃을 예쁘게 키우며 이웃과 더불어 산다 하신다. 축대 무너지고 있는 옆집을 걱정하는 어르신과 현장도 보고, 못 먹는 아침커피도 먹으며 시작한 하루.
오래만에 간 열우물목욕탕 주인은 한사코 목욕비를 받지 않고 오히려 쥬스를 내민다. 마침 목욕탕에는 무너진 집 때문에 대문이 박살나고 탈모증 생겼다는 뒷집 아주머니가 와 계셨다. 야단하면 어쩌나 쭈뼛하고있는데 박카스 한병 사다가 준다. 아침에 박카스 먹기도 처음이지만 보약으로 생각하고 감사히 먹었다. 머리하러간 명진미용실에서도 동네 와준 것만도 고맙다며 한사코 돈을 안 받는다. 친정온 듯 따뜻하다. 이런 곳을 아직도 가난하고 위험하게 두어서 미안하다.
어제 취재해간 이 동네 사정이 오늘밤 KBS뉴스에 나왔다. 마침 어제 LH공사 담당 국회의원들에게 찾아가 부탁했는데 뉴스를 보았다면 좀더 노력해주리라 기대해본다. 많은 사람들의 관심이 힘이 되길 바란다. 그래서 빨리 상황이 변화되길 고대한다. 그럴 수 만있다면 지금의 내 불편은 아무것도 아니다.

홍미영 FACE BOOK

2016년 9월 3일

부평에서 가장 낡은 집들이 많은 십정2지구. 비나 바람이 많은 날이면 그 집들이 걱정된다. 동장, 구청 재개발팀장과 함께 산동네 골목들을 돌아봤다.

이 지역 뉴스테이 주택사업을 맡은 인천도시공사에선 정비 협조를 안하니 결국 구청 건축과 자원봉사자들과 동사무소 복지사업으로 추석 전에 지붕을 수리하기로 했다. 아침부터 길목에 나와앉은 동네분들도 고맙다 반긴다.

골목 안 산등성이 귀퉁이집 홍씨 어르신(82세)네는 상태가 훨씬 심각하다. 집 뒤 건물 옹벽도 붕괴우려가 있는데 이번 비엔 마당의 축대 일부가 주저앉았다. 허름한 이 집에서 52년 살며 자식들 키우고 결혼시킨 뒤 손바닥만한 옥상에 채소를 키우며 홀로 사시는 홍씨 어르신. 구청장이 찾아와 걱정하고 안전조치 해주는게 너무 고맙다고 한사코 옥수수수염차 한병을 손에 쥐어주신다. 뭔가 대접하고 싶은데 가진게 그것 뿐이라며…. 가슴이 찡했다.

가난한 동네, 이 분들 편하고 안전하게 살도록 해야겠다는 마음으로 그간 오랜 정치와 행정을 해왔는데 아직도 이런 위험한 곳에 살고, 오히려 내가 고맙다는 인사와 정성어린 대접을 받으니 미안하고 죄송하다.

돌아가는 길목의 경로당에 들러 인사하니 어르신들이 반긴다. 감자를 삶아 먹자고 붙잡지만 추석 지나 열우물 노래자랑잔치 때 다시 만나기로 약속하고 대신 사진 한 장 같이 찍었다. 뉴스테이 사업이 예정대로 진행되면 몇 개월 뒤 이사와 철거가 시작되지만 아직도 따뜻한 정이 넘치는 곳. 아, 그때가 되면 정말 눈물이 날 것 같다. 마지막까지 안전하고 무탈하기를 빈다.

30
34
HO BAN
중도금 무이자
가정 호반베르디움
1599-1922
컨벤션웨딩
5F
우리의 삶의 터전은 우리가 지킨다.
통합예비군훈련장 부평이전 결사반대
부평3동 통장자율회
통합예비군훈련장
부평이전
결사반대
우리의 삶의 터전은 우리가 지킨다.
통합 예비군 훈련장 부평이전 결사반대 !!
청천2동 통장자율회

안보의 명목으로
일방통행식 주민희생은 이제 그만!
-도심 한복판 통합예비군합동훈련장 건설을 막다

팔십 년간 군부대로 인한 도시발전 피해를 감수해 온 부평

지금 인구 56만의 대도시 부평 한가운데 거대한 군부대가 있다. 부평이 군사도시가 된 것은 일제강점기 때까지 거슬러 올라가야 한다. 일제는 대륙침략을 위해 부평에 군수품공장과 병참기지를 세웠다. 해방과 함께 미군이 인천지역을 점령하면서 당시 부평에 있던 일본군 병참기지를 차지해 주둔했다. 인천 대부분의 미군기지가 70년대 초반 이전하거나 철수했지만 부평의 캠프마켓은 그대로 남아있었다. 2000년대 들어서야 미군부대의 상당부분이 이전하면서 그 땅에 넓은 공원과 아트센터가 지어지고 군부대의 거친 후방동네 이미지에서 벗어나기 시작했다. 하지만 아직도 14개 군부대가 부평에 주둔하고 있고, 국방부는 땅 약 백만 평을 사용하고 있다. 백년에 가까운 시간 동안 부평은 군부대로 인한 재산권 상승 제한, 도심 개발 제한, 환경오염 등의 피해를 국가안보를 위해 감수해왔다.

도심 한복판에 통합예비군훈련장을?

그런데 2016년 1월 국방부는 또다른 일방통행식 희생을 부평에 밀어붙였다. 경기도 김포와 부천, 인천 계양, 주안, 공촌, 신공촌의 6개 예비군훈련장을 부평 도심 한복판인 산곡동에 통합이전한다는 계획이었다. 통합해서 운영하면 세금도 절감되고 운영도 편리하다는 논리인데, 주변에 살고 있는 수십만명 사람들의 삶은 생각하지 않고 여기 국방부 땅이 있으니까 만들겠다고 한 것이다. 그야말로 탁상 위에서만 결정한 행정편의적 발상이다. 이 계획을 국방과 관련된 모든 정보는 비공개로 진행하는 것이라면서, 지역 주민들과는 어떠한 대화도 소통도 없이 일방적으로 추진했다.

2만명 학생들에게 매일 총소리 들으며 수업하라고?

부평은 인천시 전체 지역의 3%에 해당하는 작은 면적에 20%에 달하는 인구가 밀집해서 살고 있는 생활권 도시다. 통합예비군훈련장 대상지인 산곡동은 3㎞ 내에 40여만명이 살고 있는 아파트 밀집지역이다. 출퇴근 시간이면 주차장을 방불케 하는 산곡동에 하루 1,500명이상이 넘는 예비군들이 오가게 되면 산곡동 뿐 아니라 부평 전 지역에 극심한 교통혼잡이 벌어질 것은 불보듯 뻔한 일이었다.

또한 부대 1㎞ 반경 내에 있는 초·중·고교는 모두 10여개나 된다. 훈련장이 생기면 2만명의 학생들이 매일 총소리를 들으며 수업을 받아야 한다. 훈련장 대상지와 가까운 아파트단지는 불과 30m 밖에 떨어져 있지 않다. 아이들이 가족들과 먹고 자고 생활하는 곳에서 걸어서 1분도 안 되는 곳에서 무기와 화기들을 다루겠다는 것이다. 어떻게 이런 생활 공간 한복판에 거대한 예비군 훈련장을 만들 생각을 할 수 있는가?

전국적으로 군사시설은 도시 외곽으로 이전하는 추세인데, 인천은 물론 김포와 부천의 훈련장까지 통합하여 인천에서 가장 복잡하고 인구밀도가 높은 부평으로 이전하겠다는 계획에 구민 모두가 분노와 당혹을 감추지 못했다.

이 어이없는 계획을 당연히 철회시켜야 했지만 힘든 싸움이 될 것이라고 생각했다. 국가안보를 무엇보다 중대한 사안으로 여겨온 분단국가에서 국방부와 싸워 국방관련 계획을 철회시키는 것은 결코 쉽지 않은 일이었다.

부평구민이 똘똘 뭉쳐 이뤄낸 결과

그러나 나는 우리 구민 모두와 함께 2년 동안 열심히 싸워나갔다. 민·관이 함께 하는 '통합예비군 부평 이전 반대협의회'가 결성되었다. 짧은

시간 안에 24만 명이 넘는 서명이 모였다. 집회와 1인 시위가 이어졌다. 나도 구청장으로서 17사단을 직접 방문하여 의견수렴 없이 비밀리에 추진한 계획에 대해 강력하게 항의하고 이전 계획의 재검토를 요청하며 인천시에 부평구의 입장을 전달하고 함께 할 것을 계속 요구했다.

이렇게 똘똘 뭉쳐 함께 싸운 결과, 예비군 통합 및 이전 예산 약 1130억이 2017년도 본예산으로 기획재정부에 상정되는 것을 막았다. 이에 따라 국방부의 예비군훈련장 통합이전 계획은 추진이 어렵게 되었다. 또한 촛불 시민의 힘으로 새 정부가 탄생하면서 더 이상 예전처럼 시민들을 무시하고 기존 계획을 고수하기는 힘들 것으로 보인다. 하지만 아직까지도 국방부는 이와 관련된 명확한 답을 내고 있지 않다. 훈련장 통합이전계획이 완전 백지화가 되는 날까지 최선을 다해 싸울 것이다.

사람이 우선인 세상을 향해

최근 통합예비군훈련장 부평이전 반대협의회 2년간의 활동보고서가 나왔다. 첫장에는 이렇게 적혀있다.

"'안보'라는 이름 하에 구민의 희생이 요구되는 엄중한 정책을 일방통행 식으로 강행하려던 낡은 관행에 맞서 삶의 터전을 지키고 공동체의 운명을 스스로 결정하고자나섰던 부평구민의 빛나는 풀뿌리 자치정신과 아름다운 연대, 그리고 희망의 이야기를 전합니다"

이 문장처럼 2년의 싸움 속에서 부평구민들은 힘을 모아 연대했고, 그 속에서 좋은 동네 리더들이 발굴되기도 했다. 위기 속에서 풀뿌리 민주주의가 더 빛났다. '사람'이 우선인 세상, 권위적인 행정에 눌리지 않는 지속가능발전 도시를 향해 앞으로도 시민들과 함께 해나갈 것이다.

홍미영 FACE BOOK 2016년 2월 23일

정월 대보름날 소원은 무엇이었나요?

비록 구름 속 달이 보이진 않았지만 보름달 정기 그득한 날에 부평 구석구석 액은 물러가고 복은 가득 들어오라 빌었습니다. 구청 마당에서 22개 동 풍물단과 함께 빌었고, 삼산동 체육공원에서 달집을 태우면서 주민들과 함께 빌었습니다.

산곡동 통합예비군훈련장 계획은 사라지고 부평에서 살고 일하는 모든 주민들 건강하고 행복하시라 빌었습니다.

부평에서 공부하는 학생들 튼튼하고 지혜롭게 성장하길 빌었습니다.

어르신들과 가난한 사람들 평안하고 무탈하길 빌었습니다.

고생많은 우리 직원들 바라는 것들 이뤄지도록 빌었습니다.

노후되고 열악한 도시환경이 새롭고 안전하게 재생되어 즐거이 사는 도시되길 빌었습니다.

국민이 편안하고 나라가 안정되고 정의가 실현되는 지속가능한 도시 부평되도록 진심으로 빌었습니다.

2016년 꼭 그렇게 되었으면 좋겠습니다!

홍미영 FACE BOOK 2016년 6월 5일

오늘 아침 OBS 경인포커스에서 통합예비군훈련장 문제와 재선 구청장 2년 활동을 집중 이야기 했다.

모처럼 TV를 통해 그 문제를 알릴 기회가 되었으니 청장으로서 열 내며 이야기 했고 함께 토론한 MC와 기자들도 인정했다. 부평처럼 조밀한 도심 한복판에, 더구나 80여 년간 군부대가 머물러 있어 피해의식이 높은 산곡동에 이제 또 이십여 만 통합예비군훈련장이 들어오는 것을 어느 주민이 반대하지 않겠냐고….

미처 시청하지 못한 분은 재방송 또는 인터넷 다시보기로 시청하시 길 부탁하고 싶다. 조금이라도 더 힘을 모으고 싶다!

대재벌 쇼핑몰 건립 위기에서 상권과 사람을 지켜내다

공룡과 싸워 이긴 부평 사람들

2016~2017년 부평에서 다윗과 골리앗의 싸움은 둘 있었다. 하나는 국방부를 대상으로 한 통합예비군훈련장 싸움이었다면, 하나는 유통재벌을 상대로 한 민초들의 싸움이었다. 결코 쉽지 않은 두 싸움에서 모두 승리를 이끌어낸 것은 기적에 가깝다고들 한다. 민·관이 함께 했기에 가능한 기적이었다. 수많은 고난과 방해 속에서 함께 해낸 결과이기에 돌아볼수록 자랑스럽다.

재앙을 몰고 올 초대형 복합쇼핑몰

부평구에서 횡단보도 하나만 건너면 되는 곳에 있는 공터였다. 그 곳에 대형 창고형 할인매장인 이마트 트레이더스, 면세점, 백화점 등을 갖춘 초대형 복합쇼핑몰이 건립된다는 계획이 발표되었다. 2016년 5월 부천시의회가 매각을 결정한 그 땅은, 행정구역상 부천이지만 사실상 생활권은 부평구였다. 땅을 판 곳은 부천이지만 신세계라는 거대 유통재벌이 들어올 때의 피해는 고스란히 부평으로 떨어지게 되었다.

입점 예정지 반경 3㎞ 이내에는 1,400여개의 점포들이 있는 부평지하도상가와 60년 된 커다란 부평시장을 포함해서 무려 20여개의 전통시장과 상가가 있다. 그런데 한국은행 통계나 소상공인 진흥공단등의 연구조사에 의하면, 대재벌 복합쇼핑몰이 들어온 이후 해당 지역 골목상권은 반토막 매출 상태에 빠진다. 이미 파주, 이천, 영등포 등에서 재벌유통에 밀려 초토화된 자영업 상권지역을 알고 있기에, 곧 다가올 재앙을 그저 손놓고 마주할 수 없었다. 지역 영세상인들에게는 생존권 보장의 문제였다. 오래오래 열심히 살고 있던 시장 아주머니, 골목식당 아저씨들이 흘릴 눈물을 모른 척 할 수 없었다.

또한 지역 상인들의 몰락은 대규모 실업과 지역경제의 침체로 이어진다. 중소상인들은 지역경제의 실핏줄이라고 한다. 지역에서 살고 있는 상인들은 동네에서 돈을 벌어서 동네에서 소비한다. 그러나 대기업은 서울본사로 모든 이익을 옮겨간다. 세금도 매출액도 본사가 있는 서울로 간다. 매장이 있는 지역의 생산물이 접근할 통로도 없다. 복합쇼핑몰에서 소비가 일어나도 지역경제 활성화와는 무관하다. 일자리가 생긴다고 해

신세계 재벌
퍼주기 특혜!
부천시는 각성하라!
부평지하상가
쇼핑몰 추진!
신세계를 규탄한다
전 업종 46% 매출하락
복합쇼핑몰 추진하는
부천시는 각성하라
지역경제 몰락!
결사반대
유통산업발전법
합쇼핑몰 입점
개정을 위한 서

도 대부분 질 낮은 비정규직 일자리이다. 지역경제의 지속가능성을 우려하지 않을 수 없었다.

그리고 신세계 복합쇼핑몰 입점 예정 지역은 365일 상습정체구간인데, 초대형 쇼핑몰이 들어오면 교통영향평가가 FF등급으로 떨어져 최악의 상태가 된다는 부천시 조사결과도 나왔다. 교통정체 뿐 아니라 증가된 자동차들의 소음과 배기가스는 지역 주민들에게 큰 악영향을 줄 것이 불 보듯 뻔했다.

열심히 사는 사람들이 무너져서는 안된다

지속가능발전의 화두를 끌어안은 구청장으로서 절대 묵과할 수 없는 일이었다. 상권이 무너지고 교통이 무너지고, 급기야는 사람이 무너지는 사업이었다. 경제민주화의 가치를 생각하지 않을 수 없었다. 신세계가 이 사업으로 수조 원의 이익을 얻는 동안 서민들의 경제난은 가중되도록 내버려둘 수 없었다.

취임 초기 신문과 인터뷰할 때 '사회적 약자 편인 이유는 무엇이냐'는 질문을 받은 적이 있다. 그때 나는 청천동 시장 손두부집에서 25kg 두부판을 들고 억척으로 일하면서 항상 웃는 방실네 이야기를 했다. "힘든 일에 단련된 팔뚝이 제 팔보다 두배는 두껍습니다. 제 눈에는 그 팔뚝이 아름다워 보여요. 우리 사회에서 가장 열심히 일하는 분들이 잘 살고 행복해져야 하는데, 사회의 양극화는 점점 더 심해지고 있어요. 빈곤에 대한 사회안정망은 취약하고요. 이런 분들이 안심하고 살 수 있는 세상을 만들어야 한다고 생각합니다"

그런데 이런 분들이 오래 연 가게문을 닫고 빈곤의 늪으로 차츰차츰 추락할 위기에 놓인 것이다. 그를 막기 위해 무엇이든 해야 했다.

이길 수 없는 싸움이 아니다

2016년 7월 첫 주민 간담회를 열었다. 그때는 많은 사람들이 이길 수 없는 싸움이라고 생각하고 있었다. 부평지역 상인들도 이젠 너무 늦었다면서 자포자기한 상태였다. 부천시가 이미 도시계획을 완료했고 의회승인도 이뤄진 상황이었기 때문이다. 그러나 간담회를 통해 다른 지역의 사례들을 살피면서 함께 희망을 찾아갔다. 비록 지금은 법의 사각지대에 있어 법적 제재수단이 없지만 열심히 이슈화한다면 법 개정도 가능하다고 확신했다. 그러면 기적적으로 막아낼 수 있을거라고 생각했다.

간담회가 끝나자 바로 상인들과 시민단체들을 중심으로 대책위가 구성되었다. 전체적으로는 민이 주도하면서 관이 효과적으로 지원할 수 있도록 운영했다. 그렇게 민관이 함께 하는 광범위한 시민운동이 시작되었다. 이 수평적인 협력체계는 민관협력의 새로운 모델을 만들었다는 평가를 듣기도 했다.

논란이 심화되자 2016년 12월 30일, 부천시와 신세계는 백화점으로 사업내용을 변경하고 사업규모를 7만 6,000㎡에서 3만 7,000㎡로 줄이는 사업변경계약을 맺었다. 그러나 이는 사실상 복합쇼핑몰 규모의 초대형 백화점을 조성하는 꼼수계약이었다. 업종만 슬쩍 바꾸고 눈가리고 아웅하는 것과 다를 바 없는 이 협약에 반대운동은 계속되었다.

부평 구청장이 의지를 갖고 이 문제를 해결하려고 하자 원안대로 쇼핑몰을 유치해야 한다는 반발이 끊이지 않았다. '왜 부천의 일에 외부세력이 간섭하냐' '대기업이 들어오면 좋은 거 아니냐' 면서 항의전화와 이메일들이 왔다. 관련 악성댓글로 도배하는 사람들 때문에 한동안 페이스북을 중단하기도 했다. 부천시의회에서 부평구청에 와서 '이게 이웃이냐? 부천 시민 우롱한 홍미영구청장은 즉시 사퇴하라!'라는 팻말을 들고 1인 시위를 하기도 했다. 그러자 그 옆에 다른 1인 시위가 시작되었다. "먼저 이웃을 죽이려 하셨습니다. 저희는 생존권과 교통지옥입니다"

민관 모두의 힘으로 기적을 이뤄내다

영세상인들은 간절했다. 추운 겨울 100일간의 철야농성도 마다하지 않았다. 생업을 뒤로 하고 고스란히 비바람을 맞으며 밤을 지새웠다. 전국의 상인단체들이 지지방문하고 철야농성에 동참했다. 나는 인천시가 행정력을 동원해줄 것을 건의하고, 간담회를 열고, 관련 TF팀을 구성하고 회의를 진행했다. 정치권을 향한 노력도 계속되었다. 유통법을 개정하기 위해 여야정치권을 설득하고 협조를 요청했다. 더불어민주당 을지로위원회의 입장표명과 지지방문을 요청하여 공동 기자회견과 간담회를 가졌다.

대통령 선거는 현안을 이슈화할 수 있는 절호의 기회가 되었다. 문재인, 안철수, 심상정 대선 후보 모두 질의서에 쇼핑몰 입점을 반대하는 답변을 했다. 심상정 후보는 철야농성장을 직접 방문하여 상인들을 격려하였고, 문재인 후보는 부평역 유세에서 다음과 같이 공약을 발표했다.

"대기업 복합쇼핑몰 입점으로 자영업자들이 일방적 피해를 당하지 않도록 제가 각별히 챙기겠습니다. 특히, 부평 부천 지역 중소상인들의 큰 피해가 우려되는 복합쇼핑몰 입점 계획은 상생협력방안을 입법으로 강제해내겠습니다"

그리고 7월 16일 문재인정부는 〈소상공인영세중소기업 지원대책〉을 발표하였다.

이후에도 나는 국회의원 및 공정거래위원회 위원장, 청와대 정책실장들에게 부천상동 복합쇼핑몰 문제에 대해 정부차원의 중재를 할 것을 지속적으로 요청하였다. 8월 17일 장하성 정책실장에게 보내는 기나긴 서한문을 다음과 같이 마무리했다.

"재벌과 대기업만이 잘 사는 대한민국이 아닌, 중소상공인과 더불어 함께 사는 대한민국을 위한 결단을 내려, 돈보다 더 중요한 이웃관계, 대재벌에 의존한 개발보다 사회통합과 환경보존의 지속가능발전 방향으로 지도와 중재를 시급히 요청합니다. […] 경제약자들의 권익을 반드시 지켜낼 수 있도록 도와주시리라 믿기 때문에, 작은 지방정부의 책임자로서 간곡히 요청드립니다"

드디어 8월 30일, 신세계는 상동복합쇼핑몰 조성 사업포기 통보를 내렸다.

부평의 승리가 더 큰 변화로 이어지기를

사람들은 기적이라고 했다. 대재벌자본의 '묻지마' 출점을 민관이 힘을 합쳐 막아낸 가치있는 사례였다. 행정구역상 부천의 일이라 부평이 막아내기 더더욱 어려웠던 일을, 모두가 불가능할 거라고 했던 일을 연대의 힘으로 성사시킨 것이다.

이후 상인들에게 감사 인사와 응원을 많이 받았다.

"구청장이 주차관리 잘해주고 뭐 그런 소소한 행정 잘 하는 건 알고 있었는데, 정말 우리 생활 챙겨주는구나 했어요. 눈물나게 고맙습니다."

금권력 앞에서 유착관계 없이 끝까지 당당히 함께 하는 모습에 힘을 받았다는 인사도 들었다. 이번 부평의 승리는 전국의 영세상인들에게 희망이 될 거라고, 경제민주화를 발전시키기 위한 작은 초석이 될 것이라는 이야기도 많이 듣는다. 지역경제와 중소상인 자영업자들을 살리는 유통산업발전법도 개정될 것으로 보인다. 부평이 내딛은 작은 걸음이 대한민국 전체를 변화시키는 계기가 되기를 소망한다.

홍미영 FACE BOOK

2016년 9월 29일

18번째 숙박행정은 가을비가 오는 날, 삼산2동 초등학교 내 어린이집에서 지냈다. 생태하천을 품고 아파트단지와 상가로 구성된 중산층 동네라 별다른 민원은 없었다. 다만, 부천 경계지역이라 '신세계 복합쇼핑몰' 건립문제가 깊이 얘기되었는데, 집값 올라 좋다라는 소문보다 해가 많아 반대한다고 분명하게 말씀들 하신다. 성숙한 시민의식에 든든하다.

밤 11시까지의 현장방문은 당연히 쇼핑몰 예정지역인 부천영상단지와 그 인근에 있는 부평삼산동 로데오상가거리를 돌아봤다. 재벌이 2조원 투자한 거대 쇼핑몰로 막대한 돈을 벌어간다면, 가장 인근에서 블랙홀처럼 빨려들어갈 작은 상점들이 400여 개소나 있는 로데오거리를 걸으며 가슴이 답답했다. 거대 재벌과 부천시를 상대로 제대로 대응하지 못하면 밤늦도록 성업중인 이 거리도 몇년인에 어둡고 쓸쓸한 거리가 되지 않을까 하는 염려에….

홍미영 FACE BOOK 2017년 11월 3일

뜻깊은 책자가 발간되었다.

『씨실과 날실되어』 라는 제목의 '골리앗' 대기업과 '다윗' 소상인·주민과의 투쟁기이자 작은 다윗들의 절실함이 담긴 함성과 아름다운 연대기이다.

이 백서 발간을 기념하는 조촐한 자리에 민·관·정의 확실한 연대로 뜨거운 동지가 된 사람들이 모여 감사패와 꽃을 나누며 서로 위로하고 격려했다.

감회가 새롭다.

무려 14개월, 사계절을 다 보내고도 더 긴 시간, 부천시의 초대형 쇼핑몰 개발사업이라는 복병에 무척 힘들었던 날들이었다.

부평과 불과 50m 떨어진 부천 상동에 복합쇼핑몰이 들어설 경우 교통 상습정체는 물론 대기오염, 지역상권 초토화 등의 피해는 실제 생활권인 부평의 몫이 되는 것이 자명한 현실 속에 이 일은 도저히 묵과할 수 없는 최대 현안이 되었다.

그간 이 현안에 갈등·분노·좌절감을 느낄 정도로 많이 고단했음을 이제사 털어놓는다. 담당부서 경제과 직원도 '힘들어서 죽는 줄 알았다' 며 소회를 얘기한다.

그렇게 어렵고 힘들고 지리한 싸움의 승리는 풀뿌리 주민·중소상인·시민단체들이 중심되어 '정의' '경제민주화' '더불어 살기' 라는 대의를 놓치지않고 끝까지 싸웠기 때문일게다.

또다른 촛불의 승리이다.

평소 '민관 협치' 를 소중하게 생각해 온 부평은 이 현안을 놓고 또한번 협치의 모범을 보였고, 많은 이들이 '풀뿌리 민주주의의 쾌거' 라 박수한다.

100일간 추위와 더위 속에 노상 철야농성을 마다하지 않으며 병원 신세까지 져야했던 김명수 대표를 비롯하여 대책위 분들께 다시 한 번 감사드린다.

우리에게는 아직 숙제가 남았다.

유통산업발전법이 개정되는 일. 도시계획 단계부터 대규모점포 입지를 규제하는 법을 만드는 일…. 그리하여 '부평이 앞장섰고, 우리가 옳았다' 확인되는 그날이 어서 다가오길.

역사와 문화를 함께 한, '부 · 부도시' 로 손을 맞잡고 우의를 다졌던 부천시와 다시 상생을 회복하는 일도 또 다른 숙제일게다. 부 · 부도시의 갈등은 '대기업의 사업포기' 를 끝으로 '마침표' 가 되어야 한다. 그리고 이젠 부 · 부간에 새로운 '이음표' 를 써나가야 한다.

부평구 청렴도,
인천 꼴찌에서 일등으로!

승진은 인맥 따라, 상관 기분따라?

현재 부평구는 매년 전국 상위 수준의 청렴 지자체로 평가받고 있다. 처음 구청장에 부임했을 때는 청렴도 부문이 인천시에서 꼴찌였다. 대외적인 부분은 물론, 구청 내부 청렴도도 낮았다. 특히 인사 분야에서 불만이 많았고 상호 신뢰가 부족했다. 직원이 승진하고 좋은 곳에 배치 받으려면 상관에게 평가나 고과점수를 잘 받아야 한다. 그런데 공정한 평가없이 인맥이나 상관의 주관적 감정에 따라가는 경우가 많았다.

청장 부임 직후 노조와 면담을 할 때, "불공정 인사로 인한 피해 본 직원들이 많습니다. 이 문제를 꼭 해소해주세요" 이야기를 들었다. 이렇게 직원들의 불만이 쌓이면 구민들에게 행정을 잘 할 수도 없다. 직원들이 서로 신뢰하면서 사기가 높아야 행정이 잘 진행되고, 주민들도 잘 살 수 있다고 생각했다.

2015년도
부패방지 시책평가
최우수,
자율적 내부통제
대통령상 수상
「오늘보다 내일이 기대되는 도시, 부평」
2016년에도
주민과 함께하는 청렴한 부평구가 되겠습니다.

공정한 인사를 위해 승진 시험도

부평구는 정기 인사 이동이 있을 때, 약 300명 정도가 그 대상이 된다. 승진대상에서 최종 발탁하기까지는 한 달 정도 소요된다. 취임 직후였던 초기에는 인사에 대한 충분한 정보가 없었다. 필기시험과 면접시험을 치르게 했다. 6급에서 5급으로 승진할 T.O가 4명이면 4배수인 16명이 응시토록 했고, 주관식으로 다섯 문제를 출제 했다. 오후에는 면접시험을 치렀다. 면접 문항은 내가 직접 정리했고, 부구청장과 함께 면접을 치렀다.

모든 직원과 밥상 대화를 하다

1,000여명 직원들에 대한 자료를 축적해갔다. 굳이 인사 시기가 아니더라도 계속 직원들을 만나려고 노력했다. 과장급 이하 평직원들은 평소에 만나기 어렵기 때문에, 주로 점심시간을 이용했다. 한번 식사할 때 대략 직원 네명과 식사하면서 한 시간 반 정도 같이 이야기를 나눴다. 그날 함께 같이 밥 먹을 직원들이 언제부터 구청 일을 시작했는지, 지금까지의 근무부서와 승진과정 등을 자료를 챙겨서 미리 보고 들어갔다. "지방에서 온지 얼마 안되었는데, 부평에 새로 정착하기 힘들지는 않나요?" 그렇게 챙기면서 이야기를 나누었다. 일반행정직 외에 공원 등을 담당한 녹지

직, 환경직 등 소수인원이 배치된 직군도 빠트리지 않고 다 만나보았다. 1,000여 명 직원 중 청장과 같이 밥을 안 먹은 사람이 거의 없었다.

그러자 인사에 대한 저항이나 불만이 줄어들었다. 거의 모든 직원과 얼굴 맞대고 밥 먹었던 청장이 직접 면접시험도 보니까 '국장하고 친한 누구누구가 승진했다'는 불만이 없어지고 만족도가 높아졌다. 승진에 있어 인맥을 끊고 상사의 주관적인 감정을 배제하려는 노력이 인정받은 것이다.

1년 만에 청렴도 1등으로

이런 과정을 거치면서 취임 1년만에 청렴도는 몰라보게 개선되었다. 인천시에서 1등을 하고 전국 226개 지자체에서도 10위권에 올랐다. 특히 직원들이 평가하는 내부청렴도는 타지역에 비해 눈에 띄게 높았다. 공정한 인사 덕분이다.

주위를 보면 다른 정치인들이 '이 사람에겐 이런 자리 좀 주어라' 식으로 부탁하는 쪽지인사도 비일비재하다. 나는 그런 식으로 못 한다고 딱 선포했다. 그 사실이 알려지자 직원들은 믿고 안심하는 것이 보였다. "다른 데로 발령 받는 것보다, 이동 안 하고 그냥 부평구에서 일하고 싶어"라고 말하는 직원들도 있다고 들었다.

매달 직원들에게 편지를 쓰며 마음을 얻다

이렇게 내부 신뢰가 회복된 것에는, 내가 매달 직원들에게 써서 보낸 편지의 역할도 있을 것이다. 공영주차장 독점운영이라는 특혜를 더 이상 누리지 못하게 된 사람들이 구청 앞마당에서 시위하고 직원들을 모욕하는 사건이 있었다. 이 문제가 왜 발생했는지, 어떤 자세로 대처해야하는지, 이와 같은 고민을 현장의 직원들과 공유해야 한다는 생각에 편지를 보낸 것이 처음이었다. 그 뒤로도 부평구 현안과 부평의 비전을 위한 가치나 행정 철학을 공유하고, 직원들을 지지하고 격려하기 위한 편지를 계속 썼다. 재정문제를 비롯해서 앞으로 인사를 어떤 원칙으로 할 것인지도 진솔한 내용을 담아서 썼다. 한 번 쓸 때마다 밤을 새울 만큼 정성들여 보냈다.

그렇게 1년 정도 지나니까 분위기가 많이 바뀌었다. 행정의 수직적이고 권위적인 벽들이 많이 낮춰졌다. 청장이 직접 편지를 쓰니까 감동을 받았다는 답장이 오기 시작 했다. 짧지만 행정과 인사에 대한 합리적인 제안도 들어왔다.

한 번은 이런 일이 있었다. 한 나이 많은 상급자가 근무평가를 미끼로 여러 하급 여성직원들에게 성희롱을 해왔다는 것이다. 이전 같으면 승진과 인사에서 불이익을 받을까 봐, 또 말해봤자 별일 아니라고 취급받을까 봐 문제제기도 할 수 없는 분위기였다고 했다. 그런데 내가 이전과는 다른 개혁적인 청장이라고 느껴서인지, 다른 직원을 통해 그간의 사실을 전달했다. 나는 여성공직자에 대한 성추행, 성희롱 사건은 능력과 지위와 상관없이 용납하지 않는다는 것을 분명하게 밝혔다. 성희롱 가해자였던 상급자는 잘못을 인정하고 스스로 물러났다.

이번 청장은 선물을 받지 않습니다

대외적인 청렴도를 개선하는 데는 시간이 조금 더 걸렸다. 언론보도를 보면 부평구 산하기관 등에서 무언가 투명하지 못한 일이 일어나는 것처럼 보였다. 대외적인 청렴도 해결의 관건은 부패문제였다.

내가 청장에 취임한 직후 선물들이 들어왔다. 가격이 얼마 되는지 모르지만, 짐작컨대 자기들의 인사 편의를 위해 당연히 신경 써야 했던 예전 관행인 것 같았다. 나는 들어온 선물을 감사관실로 보내어 도로 찾아가게 했다. 부평구와 관련없는 외부에서 온 선물도 큰 것들은 모두 돌려보냈다. "한국사람 정서에 정 나누는 것까지 너무 무시하는 것 아냐?" 하는 이야기도 들었다. 그러나 이전의 잘못된 관행과 풍토를 바꾸기 위해서는 단호하게 해야 했다.

청렴 문제는 무엇보다 상급자가 모범을 보이는 게 중요했다. 내가 모범을 보이면 국장이나 과장들이 자기 몸가짐을 청렴토록 하게 되는 것이다. 청렴 문제는 위에서부터 시작해야 밑으로 급속하게 확산될 수 있다. 이제 시설관리 공단 등 산하기관도 청렴도가 상위수준이 되었다.

함께 벽을 넘는 담쟁이처럼

청렴도가 높아지면서 부평구는 여러 가지 상을 많이 받았다. 청장 혼자만의 노력으로는 이뤄 내기 어려운 상들이다. 직원 상호간에 그리고 직원과 주민 간의 신뢰가 높아졌기에 가능한 일이다. 이 신뢰는 부평이 지금처럼 좋은 거버넌스를 갖게 된 초석이라고 확신한다.

지자체 공무원은 서민들과 가장 밀착된 행정을 진행한다. '영혼이 있는 공무원'으로 존중하고 믿어준다면, 함께 파트너쉽을 갖는다면, 공무원들은 행정에서 보람을 느끼게 되고, 사람이 우선인 가치를 향해 같이 나아갈 수 있을 것이다. 매달 직원들에게 쓰는 편지에 이런 말을 담았다.

"저는 여러분이 행정 기술자로 그치지 않기를 바랍니다. 행정을 기술적으로 잘 할 뿐만 아니라 마음과 영혼이 있는 공직자이길 바랍니다. 그런 공직자는 청장이 바뀌어도, 부서나 상관이 바뀌어도 중심을 지키며 잘 해나갈 수 있다고 믿습니다. […]

원칙을 지키는 것, 지속가능발전의 행정을 하기는 모두 어렵습니다. 때로는 강한 것이 옳은 것을 이기는 것처럼 보이는 순간이 있기도 하지만, 길게 보면 반드시 옳은 것이 이깁니다. 그리고 또 옳은 것이 길게 가고 보람 있어 모두가 행복합니다.

더구나 여러분은 단지 몇 년 공직생활 할 사람들이 아닙니다. 이미 10년 20년 했거나 앞으로 그만큼 오래 일할 공직자들입니다. 그러기에 길게 보고 승부를 걸 만합니다. 자신하건대 이런 원칙과 철학을 지킨 공직자는 반드시 잘 될 것입니다."

마음을 얻고자 했고 공무원 사회에 신뢰가 쌓이도록 노력했다. 그 결과가 몇 해 연속 인천에서 제일가는 청렴 지자체로 나타났다고 생각한다. 직원들이 서로 신뢰할 때 주민도 행정을 신뢰한다는 것을, 비전이나 가치가 거창해도 청렴하지 못하면 겉돈다는 것을, 청렴하게 일할 때 구민들도 인정하고 행정을 함께 잘 운영할 수 있다는 것을, 이제 많은 부평 공무원들이 알고 있다고 느낀다. 어느 시의 한 구절처럼 '한뼘이라도 꼭 여럿이 함께 손잡고 올라가 결국 그 벽을 넘은 담쟁이'처럼 나아가고 있다.

홍미영 FACE BOOK 2017년 12월 6일

선시선종 [善始善終].

청렴 1위로 시작해 청렴 1위로 유종의 미를 거두게 되어 참으로 기쁘고 뿌듯합니다. 우리 부평이 국민권익위원회가 실시한 '2017년 공공기관 청렴도' 평가에서 전국 인천광역시 군 · 구 중 1위(전국 226개 지자체 중 16위)를 차지했다는 기분 좋은 소식 전해드립니다.

제가 처음 부평구청장으로 취임할 때 청렴도 하위의 부평은 2011년엔 인천 중 1위를 차지하면서 청렴 지자체로 거듭났고, 2017년이 끝날 무렵인 오늘 또 다시 1위에 오르면서 그야말로 '시작이 좋으면 끝도 좋다'란 말을 입증시켰습니다.

부평 공직자는 물론 부평 구민의 덕으로, 감사하고 또 감사할 따름입니다.

청렴은 공직의 기본 덕목이지만 1등급을 지켜낸다는 건 공렴이란 선한 밭을 일구려는 개개인의 마음가짐이 아니면 어려운 일일 겁니다. 농부에겐 밭의 풀이 게으름의 상징인 것처럼 아무리 행정의 성과가 많은들 청렴하지 못한 기관은 잡초 많은 밭의 농부처럼 주민의 신뢰를 얻지 못하겠지요.

오늘은 모처럼 다리 쭉 뻗고 자겠습니다. 꿈에 얼마 전 소천하신 어머니를 만나면 어린 시절 상장 들고 뛰어가 했던 이 말을 큰소리로 하고 싶네요.

"엄마! 우리가 1등 먹었어요!"

인천시청으로 인사발령 받고 떠나면서 청장님께 드린 편지

안녕하세요 청장님…. ○○과 김○○입니다.

어제까지만 해도 전국이 가뭄과 더위로 참 걱정이 많았는데 오늘은 비가 내려 그나마 농사 걱정, 더위 걱정을 조금 덜 수 있는 것 같습니다.

저는 청장님의 배려로 이번에 인천시로 가게 되었습니다. 직접 찾아뵙고 감사 인사를 드려야 하지만 기회가 되지 않아 이렇게 글로 인사를 대신합니다.

2013년 처음 구청으로 발령받아 청장님께서 발령장을 주셨을 때가 기억납니다. 우리 구는 재정여건이 좋지 않아 모든 것이 완성된 그런 구는 아니지만 이렇게 어려운 곳에 여러분의 노력이 필요하고 함께 해나가자는 말씀이 생생합니다. 정말 인상 깊고 진솔한 말씀이어서 아직도 가슴 깊이 간직하고 있습니다.

항상 주민들을 위하는 마음과 지속적인 발전이 가능한 그리고 그것이 실현될 수 있도록 만들어 가시는 모습을 보면서, 그 작은 모습에 이 넓은 세상을 담고 계시는 것을 보면 항상 놀라고 그 열정에 존경심이 더해 갑니다.

저도 청장님 옆에서 십정2구역 주거환경개선사업과 LH부개주공 소송, 원도심 저층 주거지관리사업 등을 책임 있게 마무리하고 떠나야 하지만 이렇게 중간에 가게 되어서 정말 죄송합니다.

하지만 훌륭한 직원과 새로운 팀장이 더욱 잘 해낼 것을 믿고 있기에 조금이나마 걱정을 덜고 떠날 수 있습니다. 청장님께서도 언제나 그러하듯이 따뜻한 마음으로 지켜봐 주실 것으로 믿고 있습니다.

제가 청장님을 모시고 부평구에서 작은 꿈을 꿀 수 있어 행복했습니다. 어디를 가더라도 청장님의 마음을 잊지 않고 부평구에서 배운대로 열심히 근무하도록 하겠습니다.

청장님, 항상 존경했습니다. 또 사랑했습니다. 늘 건강 조심하시고 언제고 꼭 다시 찾아뵙고 인사드리도록 하겠습니다. 감사합니다.

수능 학부모에게 보내는 청장님의 편지에 대한 답글

큰 일 치루시느라 경황이 없으실 텐데도 이렇게 세심하게 살펴주시니 감사합니다. 지난 몇 년의 임기 동안 청장님의 편지글을 여러번 받았으면서도 선뜻 답장할 생각을 못했었는데 아마도 그건 답장이 아부로 비추어질 것 같은 소심한 마음 때문이었던 것 같습니다.

이제 인천시장 출마도 공식적으로 발표하시고 부평구에서 우리들의 청장님으로 남은 날이 얼마 남지 않았다고 생각하니 청장님의 편지글이 새롭게 와 닿습니다.

가난한 유년시절을 보낸 저한테는 유복하게 자라신 청장님께서 초지일관 가난하고 어려운 사람들 편에 서서 변치 않는 정치이념을 펼치시는 면이 가장 존경스럽고 대단해 보였습니다.

안온하고 평온한 삶을 스스로 던져버리고 힘들고 거친 길을 가시는 청장님, 같은 여성으로서 자랑스럽고 존경스럽습니다.

사실 저는 이 나이 먹도록 먹고사는 일 이외에 사회정의나 발전이라든가 나와 내 가족 이외의 것을 위한 고민을 진지하게 해본 적이 없었기에 더 그런 것 같습니다.

권력욕만 잔뜩 움켜쥔 정치인보다 초지일관 변치않는 가치관과 정치이념을 갖고 정치활동하시는 청장님 같은 정치인이 꼭 인천시장이 되셔서 우리나라 정치역사에 길이길이 회자되길 기도하고 응원하겠습니다.

하늘에 계신 청장님 어머니, 아버지께서도 청장님 가시는 앞길에 항상 따스한 햇살이 비추이게 도와주실 것입니다.

늘 건강하시구요.

2017. 11. 15

○○과 김○○ 드림

보건소 직원이 보내온 감사편지

존경하는 청장님…. 참으로 시간이 아쉬운 날들입니다.

새로운 출발선에 계신 청장님께 마음속으로 박수를 보내면서도 가까이 뵐 수 있는 날이 얼마 남지 않아 아쉬운 마음이 가득합니다.

7년 반 동안 청장님은 한결 같은 마음으로 저희에게 마음을 담은 편지를 주셨지만, 처음으로 보내는 편지가 부끄럽습니다. 월례조회 때 청아하고 에너지가 넘치는 청장님의 목소리를 들을 수 있는 기회도 이제 1~2번 정도네요. 아직도 청장님의 삶의 철학이나 가치관에 대하여 다 아는 것은 아니지만, 함께하는 세상을 변화시키고자 하는 비젼을 가지고 그 옛날 달동네를 사랑하셨던 마음으로 부평을 사랑하시고 이제 더 넓게 인천을 사랑하시고자 가시는 길이라 생각합니다.

청장님…. 다시 한 번 감사드립니다.

정말 저같이 인맥, 학연도 없고, 연고지도 아닌 곳에서 승진할 수 있도록 배려해 주시고, 기회를 주심에요.

청장님이 저의 상사이신 것이 제 인생의 참으로 행운입니다.

제 고향은 ○○입니다. 아버지는 함경도 실향민이었구요. 5남매의 장녀인 지는 어린시절에는 참으로 어렵게 살았습니다. 70년대 어린나이에 직장생활하면서 야학도 다녀보고, 방송통신으로 고등학교과정을 마치고 ○○대학을 들어갔습니다. 서울시 공무원이 되었을 때 부모님과 저는 너무 기뻐했습니다.

상고를 졸업한 오빠는 서울에서 은행에 근무하고, 저는 혼자 힘으로 서울시 공무원이 된 것이 부모님에게는 아주 큰 재산이 되었습니다.

그러나 안타깝게도 아버님은 제가 서울에 올라온 1988년에 돌아가셨습니다.

얼마 전에 청장님께서 부모님이 실향민이라서 남북한이 교류할 수 있는 인천을 만드는 것이 또 하나의 비젼이라고 말씀하신 것이 생각이 나면서 하늘나라에 계신 아버님이 그리워졌습니다.

저는 살아가면서 어려움이 있을 때마다, 인생은 그래도 살 만한 가치가 있는 세상이라고 늘 자부하였고, 노력하고 준비하는 자에게는 기회가 주어진다고 생각하면서, 저희 자녀에게도 늘 이렇게 가르치고 있습니다만, 언젠가부터 우리나라 청년들이 희망조차 가질 수 없는 "삼포세대" "오포세대" 라는 신조어와 더불어 살고 있습니다.

청장님 정말 살만한 세상으로 변화시키는 데 앞장서 주시기 바랍니다.

저희는 성실한 마음으로 열심히 따라가겠습니다.

청장님은 늘 직원들에게 감성과 사랑을 전달해 주셨습니다.

월례조회 시 직원들에게 더 많은 영혼의 양식을 주시려고 좋은 책, 좋은 글귀, 좋은 말씀들…. 특히 확대간부회의 시 남자과장님들의 시낭송 하시는 모습은 참으로 기억에 남을 만한 모습이었습니다. 딱딱한 공무원 회의실에서 시를 읊었던 모습은 먼 훗날에도 우리들의 기억속에 남을 것 같습니다.

청장님의 부드러운 리더십은 우리 여성공직자들에게는 참으로 좋은 본보기가 아닐까 싶습니다. 조용하신 듯 싶었지만 우리 공직사회가 많이 변화되어 가고 있음을 체감합니다.

여성공직자들의 능력을 발휘할 수 있도록 기회를 만들어 주시고, 직원들과 소통할 수 있는 채널을 항상 열어 놓으시고, 공무원 노조와 늘 소통하면서 함께 하여 주시는 모습이 늘 가슴에 잔잔한 감동이었습니다.

지금처럼 여유 있는 모습으로 시민을 위한 지도자로서 가시는 길에 큰 마음의 박수를 보내드리고 싶습니다.

2017. 12.

김○○ 드림

다색빛 공동체 대표가 보내온 편지

유난히도 추운 날씨에 우리 결혼이민자들 모임인 '다색빛 공동체' 회원들을 두 번이나 찾아주셔서 진심으로 감사합니다. 한국에 거주한지 20년이 되지만 결혼 이주여성들을 찾아 한국 생활의 어려움에 대해 세세히 물어보고 끝도 없는 하소연을 인내심 있게 들어주는 정치인은 처음이었습니다. 친정엄마 같은 따스한 미소와 부드러운 말씀은 굳게 닫혔던 결혼이주여성들 마음의 빗장이 스르르 풀리기에 충분했지요.

한국사회는 이미 다문화사회로 진입한지 오래지만 편견과 차이를 극복하고 더불어 살아가는 사회로 발전하려면 아직도 가야 할 길이 멀다고 생각합니다. "사랑에는 국경이 없다"는 말처럼 남편 한 사람만을 믿고 한국사회에 정착한 이주여성들은 홀로 감당하기 어려운 편견과 차이를 극복해야 했습니다. 가장 일찍 이루어진 다문화가정 자녀들은 벌써 대학생이 되고 군인이 되고 어엿한 사회인이 되었지요.

청장님께서 찾아오셔서 관심을 가지고 공감하고 들어주시면서 꼼꼼히 기록까지 하시는 그런 진정성은 결혼이주여성들을 감동시키기에 충분했습니다. 구청장님께서는 또 결혼이주여성도 통장이 되어 좋은 마을을 가꾸는데 같이 힘써야 한다고 하셨지요. 처음 그 이야기를 듣고 은근히 놀랐습니다. 다문화가정에 대한 편견이 심할 때는 이웃들한테 알려지는 것 마저 두려웠는데 통장이라니? 부지런히 발로 뛰면서 풀뿌리 주민행정을 챙겨온 청장만이 할 수 있는 생각입니다. 이런 정치인이 많아져야 결혼이주여성도 당당한 한국사회의 일원으로 되어 건강한 가정을 잘 꾸려나갈 수 있고 아울러 자신의 잠재적인 능력도 충분히 발휘할 수 있을 것입니다.

결혼이민자 조○○ 드림

제2장

사람, 홍미영

희망찬 사람은
그 자신이 희망이다

길 찾는 사람은
그 자신이 새 길이다

참 좋은 사람은
그 자신이 이미 좋은 세상이다

사람 속에 들어 있다
사람에서 시작된다

다시
사람만이 희망이다

– 박노해, 「다시」

부모님과 딸들

— 시대 속에서 싸우고 사랑하고

좋은 부모님 아래 넉넉하게 자라다

금슬 좋은 부모님 슬하에서 큰 어려움 없이 자라났습니다. 부모님은 평안도와 함경도 출신으로 6·25 전쟁 때 월남하신 분들이에요. 젊은 아버지는 가족도 없이 혈혈단신으로 내려오셨다가 피난처 시장통에서 당시 열 일곱 살이던 어머니를 만나셨습니다. 연고없는 땅에서 살아야 하는 실향민 가족이었기에, 정착초기에는 어려움이 있었습니다. 하지만 아버지의 자동차 부품 관련 사업이 잘 되면서 차츰 경제적으로 안정되어 되어 갔어요.

젊은 시절 두 분의 사진을 지금 보아도, 참 잘생기고 고운 멋쟁이 커플이었습니다. 아버지는 어머니와 딸들을 무척 사랑하셨습니다. 본디 다혈질에 성격도 급한 편이셨지만, 아내와 자식들에게는 큰소리 한 번 내신 적 없는 따듯한 가장이었어요. 중소기업 사장으로 자수성가한 아버지와 음악과 예술을 좋아하신 어머니 덕분에 우리 세 자매는 당시로는 드물게 예술교육을 많이 받았어요. 선한 성품의 첫째 여동생은 가야금을 탔고, 발랄한 막내 여동생은 어린이 무용단으로 가끔 TV에 나오기도 했습니다. 남산 자락의 집에서 경기여중까지 멀지 않은 거리도 자가용을 타고 등하교했고, 피아노 배우기 싫어서 도망 다니는 정도의 불만만 있었어요. 막연히 세상 사람들 모두 우리 가족처럼 사는 줄 알았습니다.

스무 살 뚝방촌에서 마주친 우리 사회의 모순

대학에 입학한 첫 해 중랑천 뚝방촌 봉사활동을 나가서야 사회의 다른 면을 보았습니다. 충격이었습니다. 공동화장실 오폐수가 하천으로 쏟아지는 뚝방천, 한겨울 차가운 땅바닥에 맨발의 아이들이 떨고 있었어요. 비좁은 판잣집 냉골 바닥에 뜯겨진 천조각을 걸친 아이들이 방치되어 있었구요. 우리 사회의 불평등을 목격하는 첫 순간이었습니다. 지금까지 제가 안락하게 살면서 받아온 몫은 사회에서 덜 가진 다른 사람들이 받아야 할 몫이었다는 사실을 깨달았습니다. 지금껏 더 받은 몫을 사회에 돌려줘야한다고 결심했어요.

이런 깨달음은 대학에서 만난 이효재 교수님과 조형 교수님 같은 훌륭한 은사님과 좋은 선배님들 덕분이기도 했습니다. 그분들과 함께 하면서 빈곤의 문제를 사회의 문제로 받아들이고, 변화를 위해 내가 실천할 수 있는 것이 무엇인지 좀더 깊게 고민하게 되었습니다. 예배수업이 있는 대강당과 시위가 있는 이화광장에서 우리는 같은 노래를 불렀습니다 "뜻없이 무릎끓는 그 복종 아니요, 운명에 맡겨 사는 그 삶 아니다… 해 아래 압박있는 곳 주 거기 계셔서 그 팔로 막아 주시어 정의가 사나니."

삐라 뿌리는 딸을 잡으러 오던 부모님

저는 민주화운동에 동참하는 이른바 '운동권' 학생이 되었습니다. 그러면서 부모님과의 갈등이 시작되었습니다. 원래도 얌전한 딸은 아니었지만 남산 타고 씩씩하게 돌아다니는 것을 좋아해서 그렇지, 부모님 말씀을 크게 어긴 적은 없던 딸이었습니다. 공부 잘 하고 교회 잘 다녀서 좋은 대학 갔다고 자랑하던 맏딸이었습니다. 그런 제가 데모하고 밤늦게 들어오는 것을 부모님은 이해하지 못했어요. 어렵게 자수성가하신 분들이었기에 더욱 그러셨겠지요. 전에 없던 매질도 있었고 눈물어린 호소도 있었습니다. 딸이 대학 가더니 이상해졌다고 생각한 부모님은 저를 끌고 정신과로 상담하러 가기도 했습니다.

여름에는 농활을 가고 겨울에는 공장 활동을 했습니다. 부모님이 사주신 비싼 원피스 대신 검게 물들인 군복을 입고 명동 등지에서 삐라를 뿌렸습니다. 꺼맣게 탄 얼굴에 선머슴 같은 행색의 내가 거리에서 외치고 있으면, 고운 스카프를 맨 어머니가 울면서 자가용을 운전하여 나를 잡으러 오고, 그러면 저는 도망쳐서 숨는 날들이 반복되었지요.

서대문서에 끌려간 이후 더욱 엄해진 감시

3학년이 되어 이대 학생운동 서클 '새얼'의 대표가 되자 갈등은 더 커졌습니다. 4·19 등 집회가 예상되는 날이 가까워지면 부모님은 아예 저를 집 밖으로 나가지 못하게 했습니다.

그러다가 대학교 4학년 4월, 저와 선배들이 경찰에 잡혀갔습니다. 그날 꽤 큰 규모의 시위를 예정하고 제가 선언문을 낭독하기로 했는데 공권력의 삼엄한 감시 속에서 일정 연락이 잘 안되었어요. 결과적으로 시위 진행은 제대로 되지 않은 채로, 유인물과 검은 리본만 배포한 채 서대문서로 끌려갔습니다. 그때 계획했던 시위가 정확히 어떤 것인지 지금도 잘 기억이 나지 않습니다. 경찰에 잡혀갈 때 '고문을 받아도 함부로 말해서는 안 된다. 나는 이제 다 잊는다'는 생각에 자기세뇌를 강하게 했기 때문에 지금도 원래 계획이나 같이 하기로 했던 이들의 이름이 잘 떠오르지 않아요.

저 뿐 아니라 그때 끌려갔던 이대생 모두 물고문을 받았습니다. 선배들은 더 심한 고초를 겪고 옥살이도 했지만, 저는 며칠 만에 풀려나왔습니다. 저 혼자 나와 선배들에게 미안했고 선배들 몫만큼 더 열심히 뛰어야겠다고 생각했습니다. 하지만 뜻대로 되지 않았어요. 경찰서로 사색이 되어 달려오셨던 부모님, 그날 이후 부모님은 저를 보호해야겠다는 생각으로 더 엄격히 일상을 통제하고 감시했습니다.

결혼한 나에게는 어떤 일자리도 주어지지 않았다

대학을 졸업한 후 바로 결혼식을 올렸습니다. 저는 이제 부모님의 보호망을 떠나 자유로워지는 줄 알았어요. 결혼 뒤에 더 엄격한 가부장적 영역이 있다는 것을 그때의 저는 몰랐습니다. 경제적인 자립 능력이 없는 상태로 결혼했기 때문에 친정의 지원을 받아야 했고, 한국사회 특성 상 시댁에서 제게 바라는 일들도 만만치 않았어요. 낯선 결혼생활에서 허우적거리는 동안, 함께 운동하던 동료 선후배와의 관계는 멀어졌습니다.

저는 자립을 위해서 직장을 구하고 싶었습니다. 좋은 학력으로 기재된 이력서를 들고 여러 군데 돌아다녔지만, 결혼한 여자라는 이유로, 단 한 군데의 일자리도 구하지 못했어요. '결혼한 여성이 할 수 있는 일이란 가정을 지키는 것 밖에 없는가?' 깊이 고민하게 되었어요. 어린 딸을 등에 업고 세미나도 가고 자원봉사도 하곤 했지만, 제대로 된 활동도 취업도

할 수 없었습니다. 그런 갑갑함 속에서 여성운동에 더 관심을 갖게 되었어요.

가난한 여성과 아이들을 위한 활동을 결심하다

둘째 딸이 걸어다닐 즈음, 간신히 얻은 일자리가 구로동 뚝방공단의 기혼여성 노동실태조사였습니다. 6개월 단기 프로젝트였지요. 그런데 친정과 시댁, 남편까지 모두 제가 일하는 것을 반대했습니다. 하지만 제 뜻을 굽히지 않았습니다. 이번에 일을 잡지 못하면 다시는 사회에서 활동하는 것이 불가능하리라고 생각했어요. 당시 살던 경기도 광주에서 구로까지 가는데 3시간이나 걸리는 일자리였지만, 신이 나서 일했습니다.

그 조사를 하면서 한국 사회에서 가장 근본적인 모순이 기혼 빈민 여성의 삶에 있다는 것을 아프게 깨달았습니다. 결혼한 여성노동자들의 삶은 그 작은 지역에서 벗어나지 못했습니다. 집 근처 공장에 다니면서, 점심시간에는 집으로 뛰어와서 애들한테 밥 먹이고 또 일터로 뛰어가야 했습니다. 단지 여성이라는 이유로 공장에서도 더 적은 임금을 받는데, 힘들게 일하고 돌아오면 단칸방에 붙은 좁고 불편한 부엌에서 또 밥을 지어야 했지요. 아침부터 밤늦게까지 몸이 부서져라 일해야 하는 빈민 여성들의 삶은 고달픔의 연속이었어요. 그 분들을 만나 뵐 수 있는 시간은 주로 저녁 7시부터 밤 9시 사이였는데요, 한결같이 지쳐 있었고, 그분들의 웃는 얼굴을 한번도 보지 못 했습니다.

또 엄마가 새벽부터 늦도록 일하는 긴 시간 동안, 아이들은 돌보는 사람 없이 위험하게 방치되어 있었습니다. "내가 우리 아이 먹이려고 돈 버는데, 우리 애는 그 사이에 밥도 못 먹고, 집에서 불장난 하다가 화재 낼까 무섭고… 그렇다고 안 나갈 수도 없고" 하며 한숨을 쉬셨습니다. 사회가 보육을 신경쓰지 않고, 여성만이 육아를 전담해야 하는 그런 상황에서, 그분들은 가장 많이 착취당하고 있었어요. 자본과 가부장제가 만들어내는 불평등의 고리 제일 아래에 가난한 여성이 있고, 이들의 희생을 바탕으로 한국사회가 움직이고 있다는 것을 잘 느낄 수 있었어요.

'휴지나 볼펜 하나 주면서 뭘 이렇게 귀찮게 물어봐요. 이런 거 해봐야 뭐가 바뀌는데."라고 피곤한 얼굴로 말씀하실 때면 미안한 마음이 들었습니다. '세상이 달라지려면 빈민 여성과 어린이들이 겪는 이중삼중의 문제부터 바뀌어야 한다. 이들과 함께 문제를 해결하는데 나 자신을 바쳐야겠다. 반드시 실천해야 내가 지금의 이 미안함을 갚을 수 있을 거다. 내가 가야할 길은 이 길이다.'라고 결심했습니다.

만석동 판자촌에 인천 최초의 공부방을 열다

그때 저는 여성평우회 활동을 하고 있었는데, 여성단체 예산으로 할 수 있는 일이 어머니가 일 나간 동안 아이들을 돌보는 비영리 공부방 정도였습니다. 80년대 초반 당시 서울의 많은 지역에 빈민운동 활동가들이 있었지만, 다른 지역의 빈민 운동은 거의 없었습니다. 마침 인천에 살고 있던 지인 한 분이 만석동을 추천했어요. 작은 만석 부두 앞 동일방직과 대성목재 사이에 있는 동네로, 공장에 일하러 온 이농인구, 갯벌에서 동죽이나 굴을 캐는 어민, 막노동 일꾼이 섞여 사는 곳이었습니다. 6·25 때 이북에서 내려오신 분들이 전쟁이 끝나면 고향으로 돌아가려면 임시로 갯벌에 천막을 치고 살다가 그대로 정착하게 된 동네로, 천막에 기름을 입혀 비를 막을 수 있게 한 루핑집들이 그때까지 갯벌 위에 빼곡이 모여 있었어요, 전쟁과 산업화 속에서 몰려난 분들이 모인 만석동 43번지에서, 인천 최초의 공부방 〈큰물 공부방〉을 열었습니다.

"좋은 학군보다 달동네 공부방에서 딸을 키우겠습니다"

그때 저는 서울 망우동에 있는 시댁에서 살고 있었습니다. 망우리에서 청량리까지 버스를 타고 가서 청량리역에서 지하철을 타고 인천역 종점까지 출퇴근했어요. 긴 거리를 열심히 오가면서 일했지만, 제대로 활동하려면 역시 이 지역에서 살아야겠다는 생각이 들었습니다. 주민들 중에서 '서울에서 잘사는 여자가 만석동까지 와서 선생님 대접 받으려고 한다'고 더러 오해하는 분들도 있었거든요. 그 분들의 신뢰를 얻고 함께 변화를 만들고 싶었습니다. 또, 바쁜 엄마 얼굴을 이삼일에 한번씩 보게 되는 딸들도 걱정되었구요. 지역주민과의 소통, 가족과의 소통을 위해서도 만석동에서 같이 살아야겠다고 생각했습니다.

반년 후, 만석동에 3만원 월세방을 얻어 가족들과 함께 살기 시작했어요. 큰 딸이 일곱 살, 둘째 딸이 다섯 살 때였지요. 주위의 반대가 심했어요. '지금까지 가정을 희생시켰으면 됐지, 인천까지 가서 또 모두를 희생시키려고 하냐. 이기적이다' 라는 비난을 들었습니다. '다른 사람들은 아이들 교육 생각해서 강남으로 이사가는데, 너는 어째서 애들을 햇빛도 안 드는 동네로 데리고 가냐'고 혀를 내두르는 사람들이 많았습니다.

하지만 어린이에게 주어야 할 것은 많은 돈과 좋은 음식과 좋은 옷보다, 사람을 사랑하고 바르게 행동할 수 있는 한 사람으로 자랄 수 있도록 도와주는 것이라고 생각했습니다. 넓은 시야에서 볼 때, 달동네 공부방에서 아이들을 함께 키우는 것이 더 좋은 교육이라고 판단했습니다. 엄마가 신념을 갖고 열심히 사는 모습을 곁에서 보고, 사람들과 더불어 나누는 삶을 체득하는 것이 좋다고 여겼습니다.

"엄마같은 선배가 있어서 행운이에요"

그 생각은 틀리지 않았습니다. 딸들은 공부방의 다른 아이들과 동네 이웃들과 함께 행복하게 지냈어요. 당시 딸들이 쓴 일기를 보면 '엄마를 존경하고 사랑한다'는 말이 가득합니다. 사춘기를 지나면서도 반항이나 불만도 한번 내뱉을 만한데, 엄마에 대한 신뢰는 거의 한결같았지요. 맛있는 것도 못 해먹이고 좋은 옷도 못 입히고 학원 같은 곳도 안 보냈지만 아이들은 '부족함 없이 자랐다'고 어린 시절을 회상합니다. 애정 넘치는 어른들과 친구들과, 공부방과 동네 책방에 가득한 책들 속에서 잘 자랐다고요. 볕 안드는 반지하방에 돌아다니던 바퀴벌레들에게도 이름을 붙여주면서, 햇빛 속 골목에서 잘 뛰어다니면서요. 공부도 곧잘 했지만, 그보다는 생활기록부에 '배려할 줄 아는 아이'라고 남은 것이 참 고마웠습니다.

처음 구의원 선거에 도전할 때 초등학생인 두 딸이 세뱃돈을 털어 저에게 사다준 종합비타민제 한통은 참 든든한 응원이었습니다. 딸들은 지금까지도 가장 힘이 되는 응원군입니다. 그 응원은 단순히 '엄마라서'가 아닙니다. 더 나은 세상을 위한 길에 함께 한다는 뜻의 응원이지요. 어버이날이 되면 '엄마같은 인생의 선배를 곁에서 지켜볼 수 있어서 우리는 참 행운이다' 라고 쓴 카드를 저에게 건네며 활짝 웃습니다. 딸들과 이런 파트너쉽을 가질 수 있다니 큰 행운입니다.

지난해 생일에는 이런 편지를 받았습니다.

"엄마가 종종 인용하는 에머슨의 싯귀처럼, 세상을 조금 더 살기좋은 곳으로 만드는 것이 진정한 성공이라면, 엄마의 삶은 충분히 성공한 삶! 더 멋진 성공을 앞으로 일궈내실 거라고 생각해요"

딸들의 이런 지지가 참 고맙고 힘이 됩니다.

하늘에서도 함께 응원하고 계실 부모님

최근 3년 사이 부모님 두 분 다 차례로 하늘로 가셨습니다. 한때 갈등도 많았지만, 내가 선택한 길에 열정과 신념을 가지고 나아가면서 부모님과의 관계도 점점 좋아졌습니다. 선거 캠프가 꾸려지면 두분이 오셔서 격려하고 열심히 도와주시곤 했어요. 어머님은 여동생과 함께 운동원들 밥도 지어주시고 살림도 챙겨주셨습니다.

선거에 출마할 때마다 경제적으로 도와주지 못하는 것을 두 분은 내심 아쉬워하셨지만, 사실 물질적 지원은 필요 없었습니다. 두 분의 진심 어린 지지가 훨씬 더 반가웠습니다. 선거에 당선되던 날 함박웃음 지으시던 두 분이 떠오릅니다.

아버지께서 세상을 떠나시기 얼마 전, 어머니는 병원 침대 옆에 종이모빌을 만들어 달아 두셨습니다. 모빌 제일 아래에 매달린 핑크색 하트모양

종이, 어머니는 삐뚤빼뚤한 글씨로 다음과 같이 쓰셨지요. '여보 사랑해, 우리 처녀총각으로 다시 만나요.'

마지막까지 금슬 좋았던 두 분, 지금 하늘에서도 딸이 가는 길을 함께 응원하고 계시리라 생각합니다. 친정부모님은 이제 이 땅에 안계시지만 아직 제게는 많은 가족이 있습니다.

군산에 홀로 계시지만 끊임없이 기도로 며느리를 응원하시는 시어머님과 동화책 읽어주는 할머니를 좋아하는 사랑스런 4명의 손주들이 있습니다. 그리고 무엇보다 "사람사는 세상"을 향한 평생 동지로서 아내의 사회적 공적 역할에 따른 불편을 감수하고 뒷바라지 해온 남편이 함께 있음이 감사하지요. 가족들에게 늘 고맙고 사랑합니다.

1990년 딸 보미에게 쓴 편지

자랑스러운 딸아.

어느새 만 열 살이 되었구나 .

너를 사랑하는 많은 사람들의 보살핌 속에 무럭무럭 자라나 지금의 네가 되었으니 엄마는 참 기쁘기 그지없구나.

우선 너를 사랑해주는 많은 사람들이 고맙고 또 잘 커준 네가 고맙다.

앞으로도 그 보살핌 속에서 더욱 건강하고 지혜롭게 크리라 믿지만, 이젠 너 스스로도 자기자신을 키우는 노력을 많이 하기 바란다.

자기자신을 키우는 노력이란, 열심히 배우고, 또 배운 것을 생활 속에서 실제해 보고, 또 반성하고 잘못된 것을 고치는 것을 게을리하지 않는 것이란다.

배울 것은 많이 있단다. 지식도 많이 알아야 하지만 건강한 몸을 만드는 방법도 배워야 하고, 남을 사랑하는 방법도 배워야 하고, 옳고 나쁜 것을 구별하고 옳게 행동하는 것도 배워야 한단다.

보미는 엄마의 자식일 뿐만 아니라 너를 사랑하는 많은 사람들의 자식이며 이 나라의 자식이란다.

보미의 생일날을 맞이하여 우리 약속하자.

보미는 더 많이 배우는 데에!!(다시 한번 말하지만 책 보는 것만이 배우는 게 아니다!)

그리고 엄마는 더 열심히 너를 도우며

한편 네가 더 좋은 세상에서 살 수 있도록 하는데에!!

다같이 힘껏 노력하자.

2004년 딸 새미에게 쓴 편지

아침마다 새미가 정성껏 타주는 인삼차를 고마운 마음으로 먹는다.
빈민지역운동을 한다고 산동네로 이사간 20여 년 전부터
소위 말하는 엄마 노릇 못하고 지내도
늘 "해같이 빛나고 달같이 예쁜 엄마" 라며
사랑하고 지지하는 딸들에게 물려줄 것은
'좋은 세상, 남녀 평등한 세상'

일찍 자고 일찍 일어나는 딸이 모닝콜 역할을 해주는 덕분에
국회의원 되고 나서 부쩍 많아진 조찬회의에 늦지 않아 고맙다
늘 잠에 쫓기며 피곤해하는 엄마를 대신해
두말없이 엄마 대신 살림을 챙기는 작은 딸…

전쟁터 같은 우리 생활이지만
서로 안쓰러워하고
어느때보다 더 끈끈한 사랑과 동지애로
함께 좋은 세상 만들어가자.

우리 엄마라서 너무나 좋은 엄마!
늘 말해왔듯이 엄마 딸로 태어나서 기쁘고 행복해요.
늘 우리를 믿고 지지하고 사랑해주셔서 감사합니다.
제 행운 중 가장 큰 하나는 엄마라고 늘 느껴요.
구정 돌보느라 많이 바쁘실텐데 건강 잘 돌보시고요.
우리도 엄마 본받아 씩씩하고 바르고 정의롭고 따뜻하게 살아갈게요.
다시 한 번 감사드립니다!

- 딸들 드림

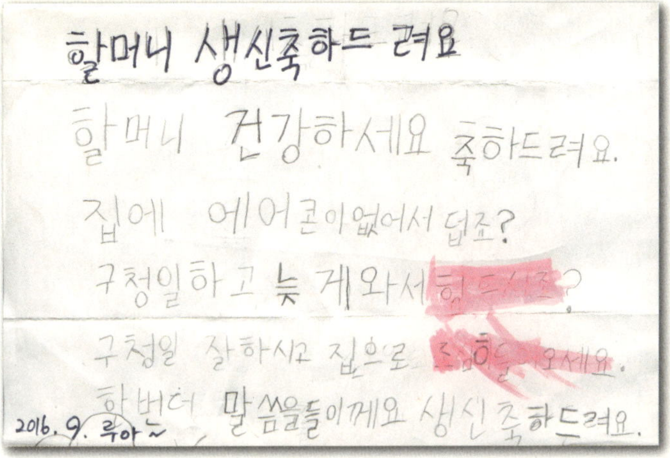

할머니 생신축하드려요

할머니 건강하세요 축하드려요.

집에 에어콘이없어서 덥죠?

구청일하고 늦게와서 힘드시죠?

구청일 잘하시고 집으로 조심히 오세요.

한번더 말씀을들이께요 생신축하드려요.

2016. 9. 루아~

인천 달동네 사람들과 함께, 새로 태어나다

만석동에서 모든 것을 다시 배우다

만석동에서 살기 시작한 이후, 왜 낯선 인천의 가난한 동네에 가족까지 데리고 와서 남을 위해서 고생하냐는 말들을 자주 들었습니다. 어떤 분들은 희생이라는 단어로 제 삶을 표현하기도 해요. 그 칭찬이 감사하지만 맞는 말은 아니라고 생각합니다. 희생이라면 제가 받은 것을 무시하는 이야기가 될 테니까요.

저도 처음에는 내가 배우고 받은 것을 나누겠다는 마음으로 지역운동을 펼치려 했습니다. 그런데, 와서 살면서 보니 그동안 배운 것은 아무 것도 아니었습니다. 저는 만석동에서, 그곳의 주민들에게서 모든 것을 새로 배웠습니다. 사람들이 어려운 속에서도 끊임없이 희망을 갖고 부지런히 살면서 서로 나누는 모습을 보았습니다.

당시 만석동은 5대 범죄자가 모이는 곳이라고 했고, 서울과 인천에서 큰 범죄가 터지면 경찰들이 만석동부터 뒤졌지만, 막상 그 곳에서 살고 있는 저에게는 따뜻한 동네였습니다. 좁은 골목에 스티로폼 상자라도 모아서 고추, 파, 방울토마토를 키우고 봉선화도 가꾸면서 씩씩히 살아가는 동네에서, 어디 가면 늘 반갑게 인사해주는 동네에서 무엇이 무섭겠어요.

동네 여성들의 삶 속에서

공부방을 할 때, 동네 아주머니들이 와서 밥도 해주고 빨래도 해주고 김치도 해주었습니다. "우리 새끼는 네가 봐주니까 니네 식구는 우리가 챙겨줘야지"라면서 이것저것 많이 가져다 주었습니다. 아침일찍부터 갯벌이든 공장이든 나가서 밤늦게까지 일하고 아이 키우고 살림하는 그 분들보다 제가 더 열심히 사는 것도 아닌데, 저를 '홍선생님'이라고 부르면서 잘 해주셨습니다. 빈입으로 다녀도 굶지 않았어요.

저도 공부방에서 아이들 봐주는 것으로 그치지 않고 동사무소나 관공서에서 어려움을 겪거나 일터에서 문제가 생겼을 때 함께 도우며 해결방안을 찾았습니다. 당시 민우회 대표였던 한명숙씨나 이미경, 지은희 선배 등에게 부탁해서 강의기회도 마련하곤 했지요. 하지만 그 분들의 좋은 강의는 동네 분들에게는 좀 어렵고 낯선 이야기였어요. 이들에게 필요한 언어는 '주체적으로 살아야 한다' 이런 것이 아니라, 옆집 아주머니의 '기죽지 말고 집에서도 목소리 내야 해' 이런 말이었던 것이지요. 그런 모습을 보면서 지역의 변화를 만들기 위해서는 정말 이 분들의 삶 속으로 들어가야 한다고 절실히 느꼈습니다.

영민한 아주머니의 고백 "사실 난 한글을 몰라요"

저에게 깨우침을 준 아까운 여성들을 참 많이 보았습니다. 윤석이 엄마가 특히 기억에 남습니다. 만석동이 철거될 때 대책 마련을 위해 같이 한 분이셨는데요, 리더쉽이 있어서 동네 사람들을 아우르는 것도 잘 했고, 문제점도 잘 파악했습니다. 그 분에게 철거민 대표를 맡아달라고 했는데 한사코 거절하다가 하신 말씀이, "이거 애들도 남편도 모르는데 사실 난 한글을 몰라요" 라고 했습니다. 문맹이라는 사실을 아무도 눈치채지 못할 만큼 똑똑하고 아이들 공부도 잘 가르쳐온 분이었는데요. 이분에게 교육 기회가 있었다면 훌륭한 리더가 되었을 거라는 생각이 들어 참 아쉬웠습니다.

이 분 외에도 세희 엄마, 간호원 언니, 근처 공장 다니던 이동수 총각… 이런 분들을 만나면서 배우고 경험한 것이 많았습니다. 철거 이후 만석동 큰물 공부방을 접게 되었지만, 다른 지역으로 가면 다시 한 번 더 잘 할 수 있겠다는 마음을 갖게 되었습니다.

철거민들의 두려움과 고통

만석동 철거 이야기를 조금만 더 할게요. 만석동은 앞서 말한 것처럼, 비를 막기 위해 천막에 기름을 입힌 루핑집들이 그대로 있던 동네였는데요. 불이 나면 모두 타버릴 수 있는 위험한 주거지역이었습니다. 이곳이 철거되고 재개발되는 과정은 피할 수 없었습니다.

주민들이 잘 뭉친 덕분에 보상 같은 문제는 어느정도 잘 해결되었지만, 그 과정에서 철거민들의 중압감을 알게 되었습니다. "한 달 뒤에 철거되는데 이제 우리는 또 어디로 가냐"같은 말을 집에서 듣게 되는 아이들의 불안도 컸구요요. 그런 불안 속에서는 공부방에서 글자를 가르쳐도 아이들은 잘 배울 수 없는 것입니다. 시골에서 올라와 공장 근처에서 집을 얻어 살고 있다가 무허가 주택이라는 이유로 또 밀려나가는 철거민들에게 갈 곳이 없다는 절박감과 두려움은 상상 이상이었습니다. 그래서 저는 철거민들이 있는 지역에 관심을 갖게 되었습니다.

행정의 손길에서 방치된 달동네

십정동은 인천대나 서울 목동 주변에서 철거당한 분들이 쫓겨나서 한센인 정착촌 뒷산 무덤가에 모여서 만들어진 동네입니다. 제가 십정동에 이사갈 때는 이미 무덤도 없고 한센인 정착촌이라는 말도 사라지고, 그 자리에 무허가 공장들이 있었습니다. 동네 여성분들은 주로 이 공장에서 부업거리를 받아왔습니다. 한두평 짜리 좁은 방에서 목걸이도 꿰고 제품 접착도 하면서 아이들을 키우고 있었습니다. 이 부업 댓가는 말 그대로 형편없었습니다. 단지 집에서 일한다는 이유로 밑바닥 저임금을 받는데도, 아이들을 혼자 두고 일 나갈 수 없었기에 엄마들은 그런 선택을 할 수 밖에 없었습니다.

또, 십정동은 가난한 동네라서 행정의 돌봄이 더 필요했음에도 불구하고 오히려 방치되어 있었습니다. 천 세대 가까이 사는데 공중전화는 두어 개 밖에 없었고, 쓰레기 수거도 잘 되지 않았습니다. 깨진 보도블럭이나 위험한 계단은 손보지 않은 채 몇 해 동안 방치되어 있었습니다. 가로등은 불이 세대로 들어오지 않았습니다. 하수구를 제대로 묻지 않아 비가 오면 오폐수가 역류합니다. 밤이 되면 수돗물이 나오지 않았습니다. 이사 전에 이런 문제들을 실태조사하면서, 주민들과 함께 이런 문제를 바꿔야겠다고 생각했어요.

단돈 삼십만원과 전화기 한 대를 들고 가서 십정동 시멘트블록집에 해님 공부방을 열었지요. 만석동보다는 집세가 비쌌습니다. 여성단체와 학교 동창, 천주교에서도 후원을 받았고요. 그래도 부족해 윤석남 작가 등 일면식 없는 여성 예술가들도 찾아가 '가난한 여성들과 아이들을 위한 활동을 하려 하니 후원해주십시오"라고 요청하고 후원을 받았습니다.

가난한 동네의 설움을 함께 겪으며

처음에 저는 십정동 공부방에 선생님으로 들어가지 않았습니다. 후배들이 선생님으로 일하고 저는 동네 아주머니들과 똑같이 살았습니다. 서울에서 대학 다녔다는 것도 알리지 않고 애들 엄마로 살면서 부업도 하고 공장도 다니고 일일학습지도 돌렸습니다. 만석동의 경험을 통해, 마을 주민으로 살 때와 공부방 실무자나 자원봉사자로 살 때가 완전히 다르다는 것을 알았거든요. 주민으로 살면 실제 동네의 문제를 피부로 알게 됩니다.

행정이 신경쓰지 않아서 생기는 달동네의 문제들은 특히 살림하는 여성들에게 고통으로 다가옵니다. 낮에는 일하고 밤에는 살림하느라 힘든데, 수도는 새벽에야 나오니 잠 안 자고 기다렸다가 물 받아서 빨래하고 밥해야 했습니다. 제가 제일 힘들어했던 것은 쓰레기 버리는 일이었어요. 아침에 애들 밥 주다가도 쓰레기차 종소리가 들리면 연탄재 들어간 함지박 이고 비탈길을 뛰어내려가야 하는데, 몇분 늦으면 그냥 가요. 그냥 가는 것도 아니고 왜 이렇게 늦었냐고 욕하면서 가죠. 타종식이 아니라 문전수거식으로 쓰레기를 치우면 해결되는 일인데, 당시 구청에서는 신경쓰지 않았던 거죠. 그런 일들을 생활에서 겪으면서, 이런 세상이 바꿔어야겠다는 생각이 정말 절실하게 들었어요.

그런데 공부방 선생님들이 하나둘 지쳐서 떠나면서, 해님방을 맡을 사람이 부족해서 저도 선생님으로 활동하게 되었습니다. 대학을 막 졸업하고 온 젊은 선생님들의 열정에 비하면 주민 반응이나 동네의 변화가 너무 더디었던 것입니다. 그러나 삶은 변화하기 어렵습니다. 본인의 의지만으로 되는 것도 아니고요. 가정이 있는 한 여성이 사회와 자신을 보는 시선을 바꾸고 싶다고 생각해도, 갑자기 휙 생활이 변화될 수는 없는 것이지요.

빈민지역 여성들에게 가해진 폭력적 불임수술

저는 주민으로 이미 살고 있었기 때문에 공부방 선생님이 되어서도 생활 속에서 지속적으로 문제를 해결해갈 수 있었어요. 그 중 기억에 남는 것은 반강제 복강경 불임수술입니다. 어느날 동네 어머니 한 분이 "보미 엄마! 홍 선생! 나 살려줘요, 숨겨줘요" 하고 해님방에 뛰어 들어왔습니다. 병원에서 자기를 잡으러 온다는 거였어요.

당시는 가족계획을 대대적으로 홍보하면서 '둘만 낳아 잘 기르자' 시대였잖아요. 복강경 불임수술을 하면 정부에서 한 건당 얼마의 지원을 받는다고 산부인과에서 봉고차를 갖고 가난한 동네들을 돌면서 여성들을 꾀었던 거예요. 금방 끝나는 간단한 무료 수술이다, 이렇게 말하면서요.

당시 남성들은 피임을 제대로 하지 않았고, 달동네 남성들에게는 그런 경향이 더 강했습니다. 일종의 남성성 과시였던 거죠. 임신과 출산, 양육의 부담은 고스란히 여성에게 갔어요. 그래서 30대 후반의 한 애기 엄마는 여덟 번이나 임신중절수술을 했다고 했습니다.

한겨울에 임신중절 수술 하고 찬물에 손 담그고 살림하고, 찬 방에 누워 있다가 또 일하러 나가야 했던 이 여성들에게 복강경 수술에 대한 이야기는 달콤할 수 밖에 없습니다. 그래서 하겠다고는 했는데 막상 다음날 간호원들이 오니 불안하고 두려워서 도망쳐다닌 것입니다.

사실 이 복강경수술은 영구 불임이 될 수 있고 후유증도 있는 위험한 수술인데 충분한 상담도 정확한 정보도 없이 마구잡이로 한 거예요. 병원 앞에서 마음이 바뀌어서 안 하겠다고 발버둥치는데, 간호원들이 옆에서 팔을 끼고 끌고 가기도 했다더군요. 다른 진료도 없이 그냥 수술만 하고 다시 봉고차에 태워져 돌아온 애기 엄마들은 밤새 하혈하기도 했어요. 후회하고 복원수술을 하고 싶은 경우도 있는데, 막상 자기가 간 병원이 어딘지도 몰랐어요.

이런 폭력적인 행태가 취약한 동네의 여성들에게 일어나는 일이라고 세상에 알려지지도 않았던 것입니다. 알고보니 십정동 외에도 청천동, 서울 구로동이나 성남 등 빈민지역에서 전반적으로 일어난 것인데, 십정동에서 이 일이 드러난 것입니다. 주민들과 함께 이 일을 알리고 우리 힘으로 강제 복강경 수술을 퇴출시켰고 복원수술과 후유증 치료를 받을 수 있도록 해결해갔어요.

가난한 동네라고 이용당한 또다른 사례가 있습니다. 유명한 제약회사에서 아이들의 침을 모아 약에 쓰였는데, 용돈이나 군것질거리가 부족한 아이들이 너무 많은 침을 뱉어 건강에 문제가 생긴거죠. 한 아이가 운동장 조회에서 쓰러진 일이 있었습니다. 침을 너무 많이 뱉으면 기관지가 붓고 몸이 마르는데 그 위험성을 몰랐던 거예요. 이런 일도 해님방 자모회가 아니었으면 알려지지 않았을 거예요. 엄마들과 의논해서 침뱉기 사업을 아이들 대상으로 하지 않도록 조치했습니다.

동네가 모이는 공동체, 해님방

해님방은 단지 공부방이 아니라 동네 공동체였습니다. 학교에 다니는 아이들을 위한공부방 뿐 아니라 젊은 어머니들을 위해 아기들을 돌보는 놀이방도 열었고, 이를 기반으로 어머니 모임, 아버지 모임을 열었어요.

건강에 나쁘고 벌이도 안 좋은 납땜 같은 부업 대신 미숫가루나 딸기잼 만들기 같은 동네 부업을 해서 민우회 생활협동조합에 납품했었어요. 봄여름에는 헌옷 바자회도 열었지요. '열우물 소식'이라고 동네 소식지도 만들고, 마을 도서관처럼 '해님쉼터'라는 이름의 책방도 열었습니다. 책을 빌리러 오는 분들 중에는 근처 공장에 다니는 젊은이들도 많았습니다. 이렇게 해님방을 중심으로 동네 사람들이 모였지요.

특히 매년 마을 잔치할 때 동네 사람들이 많이 모여 같이 준비하고 같이 즐겼어요. 겨울에는 지신밟기, 봄에는 단오제, 가을에는 마을축제. 상정초등학교 운동장에 그네까지 걸고 큰 잔치를 벌였어요.

이 상정초등학교도 마을 주민들이 함께 서명해서 열린 것입니다. 이 동네에 학교가 없어서 아이들이 큰 길 건너 다른 동네로 불편하게 다녀야 했거든요. 당시 논바닥이던 상정초등학교 부지를 당국에서 그냥 비워두고 있었는데, 주민들의 요구가 점점 강해지니 학교를 짓게 되었습니다. 그때는 개교할 때 주민들 중 재력있는 학부모들에게 요청해서 재정부족 부분을 메꾸는 것이 일반적이었는데요. 우리는 학교로 찾아가서 "우리가 서명도 해서 만든 학교인데, 돈을 낼 여력은 없으니 대신 마룻바닥에 콩기름 먹이는 일을 하겠다"고 했고 직접 마루손질을 했어요. 이렇게 정성들여 만든 그야말로 우리 학교였기 때문에, 이 학교 운동장에서 마을잔치도 할 수 있었던 거죠.

함께 만든 동네의 변화, 사람의 변화

공중전화가 새로 설치되고, 오래 고장난 가로등에 불이 다시 들어온 것들도 해님방을 중심으로 동네사람들이 힘을 합쳐 목소리를 내어 바꿔낸 결과였습니다 "거기는 동네가 험해서 뭘 해줘도 금방 고장난다"는 동사무소 문턱을 닳도록 오가며 요청했지요.

이런 과정에서 제일 중요한 것은, 동네 여성들이 세상을 대하는 태도의 변화였습니다. "서명지에 이름 쓰면 경찰에 끌려가는 거 아냐?" "난 무서워서 이런 거 못 하겠어, 남편에게 허락 받고 할게"하던 여성들이 변하기 시작한 거죠. 당당히 의사표시를 하고 생활의 불편과 불합리함을 해결해가게 되었습니다. 해님방 수익사업으로 같이 딸기잼을 만들 때도, 내 자식만을 위한 딸기잼이 아니라 이 기금으로 옆의 주민을 도울 수 있다는 공동체의 마음을 갖게 되었어요. 먹고 사는 문제에 바빠서 따로따로 흩어져 있던 분들이 공동체 의식, 시민의식을 갖고 삶의 주인이 되는 경험을 하게 된 것입니다. 그 속에서 아이들도 미래의 가능성과 희망을 보면서 자라게 되었구요.

서로 배우며 성장하다

그때 함께 했던 동네분들은 지금은 흩어져 살면서도 여전히 만나고 있어요. 특히 해님방 어머니 모임은 '자매들의 수다 정말 좋다'라는 뜻의 '자수정' 소모임으로 계속 되고 있는데요. 해님방을 통해 생활의 주인으로 거듭나는 경험을 한 어머니들이었기 때문에 더 끈끈하게 오래가는 것 같습니다.

그 중 선희 엄마는 어린 나이부터 제 힘으로 돈 벌면서 어렵게 살았는데요, 책을 좋아하고 글을 참 잘 썼어요. 열우물 소식지의 주요 필자 중 한명이었는데, 퇴고도 없이 한번에 쭉쭉 써내려가는 필력을 제가 참 부러워했어요. 복강경 사건이 터졌을 때도 본인의 경험을 바탕으로 한 피해를 적극적으로 발표하고 참여하고 실천했습니다. '우리 사회가 분배의 정의가 제대로 실현된 사회라서 이런 분에게 교육의 기회가 있었더라면 얼마나 많은 가능성을 꽃피웠을까' 하는 생각을 하지 않을 수 없었습니다. 이 분 외에도 영철이 엄마, 정희 엄마, 명복씨 등 이웃을 배려하고 적극적으로 자기 삶을 이끌어가는 멋진 여성들이 참 많이 만났습니다. 이 분들은 함께 모이면서 스스로의 변화와 함께 동네의 변화를 만들어갔습니다. 저에게서 많이 배웠다고 말씀하시곤 했지만, 사실 우리는 서로 배우면서 성장했던 것이지요.

등 떠밀려 등록한 구의원 후보

1991년 처음 지자체 선거가 실시되었을 때, 제가 만난 동네 여성분들 중 한 명이 구의원으로 나오기를 바랬습니다. '가난한 동네에서 열심히 살고 있는 사람들이 스스로 동네 문제를 해결하는 것이 진짜 풀뿌리 생활자치다, 어려운 생활 속에서도 주인의식과 사회의식을 갖게 된 여성분들이 구의원이 될 때 진짜 변화가 시작되는 것이다' 라고 생각했습니다. 그런 리더를 발굴하고 싶었는데, 나오겠다는 분들이 없었어요. 결국 3월 15일 선거등록 마감일 직전에 "그냥 홍선생이 해, 가서 우리 목소리 많이 내줘" 라는 말에 등 떠밀려서 등록했습니다.

그리고 이 동네 분들과 선거를 함께 치뤘지요. 낮이고 밤이고 이런저런 일을 자청해서 하시고, 하루치 품삯들을 모아 선거비용을 마련해주었습니다. 속옷 꼬깃꼬깃하게 모아둔 비상금을 건네준 할머니도 계셨습니다. 요구르트 아줌마는 매일 수십개의 음료를 주셨어요. 떡과 김치, 라면을 날라오는 정성도 끊이지 않았습니다.

"우리동네 자존심" 막강 지지 부대와 함께

선거사무소가 된 세평 남짓한 해님쉼터는 새벽부터 밤까지 늘 사람이

북적거렸어요. 어떤 분은 자기 집 팩시밀리와 전화기를 빌려 주었고요. 일을 조퇴하고 온 용접공 청년, 석유배달청년, 세탁소 아저씨 등 내가 잘 알지 못했던 분들까지 "우리 동네의 자존심을 보여주겠다"고 발벗고 나섰습니다. 현수막도 천과 각목을 직접 사서 만들었어요. 동네 청년들이 명당을 골라 현수막 12개를 다 직접 걸었어요.

1차 유세가 있던 날이 기억납니다. 십정초등학교 운동장에는 3백명의 청중이 있었다. 관변단체회장이었고 토박이 땅부자인 50대 남자 후보에 이어 내가 나갔어요. 직전까지 원고를 고치느라 한번 밖에 연습을 안 했던 터였습니다. 조금 불안한 마음으로 고개를 들었는데 운동장 여기저기에 동네 사람들이 응원하며 서 있었습니다. 힘이 났습니다. 첫 유세 뒤, 소문이 퍼졌어요. "똑똑하니 일 잘하겠더라" 운동원들이 수집해온 골목 좌담회 여론은 한결같이 희망적이었습니다. 거리에 나서면 먼저 달려와 손 붙잡고 인사하는 주민들이 많았습니다.

그리고 투표일. 2등과는 큰 차이로 1등 당선을 했습니다. 그날은 동네 잔치였습니다. 모두의 승리였습니다. 나중에 계산해보니 30여명의 운동원들이 보름동안 쓴 금액은 밥값과 버스비 뿐. 거의 맨손으로 뛴 셈이었습니다.

돈 없고 빽 없고 동네에 정착한지도 5년 밖에 안 된 서른 여섯 살의 여성이 당당히 당선된 것은 바로 주민분들의 힘이었습니다. 지금까지도 저를 만나면 동네주거환경 문제 등만 의논할 뿐, 일자리 한번 알아봐달라는 식의 사사로운 부탁 한 번 한 적 없는 참 멋진 분들입니다.

해님방이 키운 아이들

얼마 전에 해님방 30주년 행사가 있었습니다. 그때 해님방을 다니던 아이가 지금은 해님방 선생님이 되어 다른 아이들을 가르치고 있고, 청소년 지역활동을 하고 있고, 청년가수가 되기도 했어요. 가정폭력 등 어려운 상황에 노출된 아이들도 있었는데 공동체가 함께 잘 길러낸 것입니다. 가정방문을 하면서 어려운 상황에 놓인 아이들 사정을 잘 알고 품어갔지요.

아들이 세상을 떠나고 며느리는 집을 나가서 혼자 손주 두명을 키우셔야 했던 상훈이 할머니는 '만약 해님방이 없었으면 혼자 어떻게 손자들을 키웠겠냐'고 저만 보면 고맙다고 눈물 흘리십니다. 장난꾸러기 손자들은 이제 다 의젓하게 잘 커서 할머니 드릴 용돈 들고 배우자와 함께 십정동에 찾아옵니다.

그때 젊은 어머니였던 여성들도 지금 자기 삶의 주인으로 건강하게 살아가고 있습니다. 혼자 살기보다 같이 사는 공동체를 만들면서 우리가 함께 만들고 얻었던 것들이 계속 이어져갈 것이라고 생각해요.

해님방

함께 한 고마운 사람들

해님방에서 함께 동네를 만들었던 실무자들에 대한 이야기도 빼놓을 수 없지요. 대학 졸업 후 곧바로 십정동으로 왔던 김선생님은 동네 청년과 결혼하기도 했는데요, 지금까지도 자신이 필요한 곳에서 주민운동을 하고 있는 훌륭한 후배입니다, 사람들을 하나하나 살피고 돌보는 배려를 보면 정말 특별한 능력이 있다고까지 생각됩니다. 그 외에도 송 선생님, 이 선생님… 다른 안락한 길들이 있는데도 사회와 자신의 위치에 대한 깊은 고민 속에서 소중한 역할을 하고 있는 후배들이 많습니다. 삼십년 전부터 지금까지 줄곧 주민활동을 함께 해온 여러 활동가들도 감사한 인연입니다. 당시 빈민활동가협의회에서 만나서 함께 활동했던 사람들이 지금도 보육현장에서, 주민갈등 분야에서, 지역운동에서 전문가로 활동가로 뛰고 있습니다. 이 빛과 소금같은 분들이 제가 초심을 놓지 않도록 곁에서 끊임없이 지원하고 있으니 참 행운입니다.

그 외에도 지역현장 밖에서 관심을 갖고 연대해주신 고마운 분들과의 인연도 이 시기에 많이 두터워졌습니다. 제게 언제나 큰 힘이 되는 방송인 오숙희씨도 열우물 마을잔치 사회를 보면서 인연을 맺었지요. 저는 서울에서 대학 다녔던 사실도 잊으려고 일부러 이대 앞도 안 가고 그랬지만, 대학시절 함께 운동했던 선배들과 은사님들도 계속 제 활동에 관심을 가지고 후원하고 길을 열어주고 하셨지요. 여성민우회와 같은 여성단체들의 지원은 말할 것도 없고요. 제가 현장에서 일할 수 있도록 이 분들이 외곽에서 계속적인 도움을 주신 것입니다.

또한 인천에서 노동운동이나 민주화운동하던 분들과도 함께 만나고 같이 활동했습니다. 대규모로 치열하게 벌어졌던 1986년의 5.3 인천민주항쟁 때나 1987년 6월 항쟁에서 함께 한 기억도 계속 힘이 됩니다. 최근 OBS 다큐 〈6월 민주항쟁 30주년 특별기획-그 날, 1986년 5월 3일〉 에서 제가 말했던 것처럼, 역사는 뛰어난 몇몇의 힘으로 움직이는 것이 아니며, 변화는 삶의 현장에서 살아가는 구체적인 '사람'들에게서 나온다는 그 경험들 속에서 깨달았습니다.

변화는 '사람'에게서 나온다

그렇게 만석동과 십정동에서 만난 사람들이 저를 성장시켰습니다. 비록 육체적으로는 고달팠을지도 모르지만, 마치 갯벌처럼 풍부한 양분이 가득한 토양에서 성장했다고 생각해요. 특히 주민 분들에게 받은 배움과 힘으로, 제 인생에서 힘들 일이 닥칠 때도 이겨낼 수 있었습니다.

저는 여전히 제가 그 빚을 갚고 있는 중이라고 생각합니다. 미안한 마음도 있습니다. 아직 어려운 환경에 정당한 몫을 받지 못하고 고생하는 분들이 있기 때문입니다. 사회 양극화는 점점 심해지고 있고, 금수저 흙수저라는 말처럼 계층은 고착화되어 대물림되고 있습니다. 세상을 더 좋은 곳으로 만들기 위해, 더불어 사는 따뜻한 세상을 만들기 위해, 내가 할 수 있는 일을 다 했나 생각하다 보면, 새벽에도 번쩍 눈이 떠져 자료를 뒤지며 앞으로 해야할 일들을 살피게 됩니다.

그런 생각에 더욱 악바리처럼 일해왔습니다. 구의원과 시의원 시절에는 햇빛 한 줌 안 드는 방에서 밤새 예산서를 뒤적이며 충혈된 눈으로 질의했고, 구청장이 되어서는 몸 아파도 바쁘면 링거 꽂은 채 사무실에서 늦도록 일하고, 힘들어도 직접 현장에 나가 발로 뛰었습니다.

인천 최초의 여성 구의원에서, 인천 최초의 여성 시의원이 되고, 인천 최초의 여성 국회의원에 당선되고, 야당 출신 최초의 여성 구청장이 되어 그리고 인천 최초의 여성 시장을 바라보고 있는 지금까지, 제가 만난 여러 사람들이 씨실과 날실로 엮어져 든든한 매듭이 되어 지금의 제 모습을 이루었고, 많은 사람들의 희망을 모아서 이 자리에 있다는 것을 알고 있으니까요. 그 희망들을 모아 진정 사람 사는 세상을 향해 한발씩 나아가려 합니다.

초대 기초의원선거 합동연설회 연설문

안녕하세요? 제가 바로 기호 1호 홍미영입니다. 그동안 주민들과 많이 만나고 함께 일해왔지만 이렇게 많은 주민 여러분을 한자리에서 만나게 된 것은 처음입니다. 참 반갑고 영광스럽습니다.

저와 가까이 지내온 분들은 저를 잘 아시겠지만, 다른 분들은 도대체 홍미영이 누구인가, 어떤 여자이기에 집에서 살림이나 잘 할 것이지 남자들이 판쳐온 정치판에 감히 뛰어들었나 궁금해하실까봐 제 소개를 하겠습니다. 저는 이 동네에서 일일공부 시험지를 배달하기도 하고, 그 뒤 공장에도 다니고, 조간신문도 배달했습니다. 그래서 여기 계신 분들 중에는 아직도 저를 시험지배달 아줌마, 신문 배달원으로 기억하실 분도 계십니다. 그런 일들을 통해 저는 한봉산 부근 열우물 저쪽 동네에서부터, 금성 예원아파트 꼭대기까지 골목골목을 누비고 다녀 이 지역 사정에 훤합니다.

우리 동네 사정이 어떤가 하면 좁은 골목길, 놀이터 없이 길거리에 나와 노는 어린이들, 쌓여있는 쓰레기, 허름하기 짝이 없는 노인정, 10여분을 걸어가야 있는 고장난 공중전화, 방범등 없는 골목, 예고없이 안 나오거나 구정물이 나오는 수돗물, 비가 오면 넘치는 하수관, 포장이 안 되어 있거나 움푹 파인 낡은 도로, 어린이들과 여자들 앞에서 바지 벗고 추태 부리는 치한들이 우리 동네 한편의 사정들입니다.

제 남편을 보더라도 남자들이야 아침 일찍 일어나 출근하고 밤 늦게 집에 들어오니까 이런 사정 때문에 겪는 어려움을 잘 모릅니다. 그러나 여자들은 아무리 공장에서 오래 일하고 장사를 해도 살림살이를 하니까 동네 문제에 금방 부딪히고 불편을 느끼게 됩니다. 저도 여기서 살림살이를 하다보니 어려운 점이 한두 가지가 아니었습니다.

그래서 저는 제가 할 수 있는 작은 일부터 시작했습니다. 당장 일을 나가야 하는 엄마들이 아이들을 맡길 수 없어 쩔쩔 매는 모습을 보고 탁아소를 열었고, 엄마가 일 나간 동안 숙제도 안하고 오락실이며 동네를 배회하는 국민학생 어린이들을 돌봐주는 공부방을 열었습니다. 우리가 어렵게 살아도 희망을 잃지 않는 이유는 우리 아이들에게 거는 기대 때문이라고 생각했기 때문입니다. 공부방에 아이들이 모이고 엄마들이 한둘씩 모이자 힘이 좀더 생겨서 또 하나의 사업을 시작했습니다. 한 푼이라고 아끼고 알뜰히 절약하며 살다보니 덥석덥석 옷 사기가 걱정인 엄마들을 위해 봄 가을로 헌옷을 모아 500원, 1000원씩 싼 값으로 바자회를 몇 차례 열었습니다. 그랬더니 바자회를 가끔씩 늘 헌옷을 싼 값에 살 수 있으면 좋겠다고 어머니들이 성화여서 헌옷가게를 차렸습니다.

그 동안 동네 어머니들과 해온 일을 마치 저 혼자 한 것처럼 장황하게 자랑하는 것 같아 쑥스럽지만 조금만 더 말씀드리겠습니다. 그동안 우리 동네에는 만화가게만 있고 서점은 없었는데, 좋은 책을 싸게 빌려보는 주민 도서실을 열었습니다. 특히 젊은 청년들이 무척 좋아하더군요. 어머니들의 교양을 높일 수 있는 어머니교실도 매달 열었는데, 이번에 연 지점토 교실은 호응이 참 좋았습니다. 저는 이렇게 동네 주민들과 함께 어울려 하는 일들이 매우 좋습니다. 비록 몇 개동 안되는 주민끼리지만 정월 대보름이면 같이 풍물도 치고 지신밟기도 하며, 단오제도 열어 이웃끼리 신나는 하루를 보냈죠.

그동안 겪은 일 중에서 가장 기억에 남는 일은 동네 한복판에 공중전화를 가설했던 때입니다. 고생하던 주민들의 서명을 받아 간석전화국에 공중전화 좀 달아달라고 건의서를 보냈는데, 전화국에서는 다른 곳의 신청도 밀려 있고 이 동네는 불량한 사람들이 많아 전화기가 자꾸 망가지므로 가설해주기 어렵다고 했습니다. 주민들과 함께 전화국을 방문해 따지고, 또 자꾸 귀찮게 전화했더니 오래 지나지 않아 전화가 가설되었습니다. 참으로 뿌듯한 기억입니다.

한 가지만 더 말씀드릴게요. 재작년 제가 사는 10통 부근 하수구관이 낡고 깨져서 비가 오면 오물이 넘쳐나는데다가 오물이 새어나와 동네에

악취가 풍기고 지저분하기가 마치 변소 같았습니다. 동네 아줌마들이 그 전부터 동회로 구청으로 찾아가고 전화하다 못해 결국 저를 찾아왔습니다. 우리는 다시 하수구관 정비 건의서를 작성해 구청과 동회로 보냈는데, 예산이 없어서 못한다는 대답이 왔습니다. 저는 궁금했습니다. 구청 예산은 도대체 얼마이고 누가 정하는 것이기에 주민들 생활에 이토록 불편을 주는 하수도 문제를 2년 동안 미룰 수 밖에 없는 것일까 하는 의문이었습니다. 하수도 문제는 그 후 결국 1년 만에 해결되었습니다.

이런저런 일을 하면서 칭찬도 들었지만 욕도 먹고 설움도 당했습니다. 제가 그 동안 행정관청을 상대로 싸운, 싸웠다니 좀 상스럽습니다마는 점잖게 말해서 민원상담을 수 년간 해오면서 당한 설움이 뭔지 아십니까? "도대체 무슨 여자가 별 난리야" 라는 얘기를 많이 들었습니다.

요즘 TV에서 지방자치, 지방자치 하며 풀뿌리 민주주의가 지방자치라고 말하는데, 그게 뭐냐 하면 결국 자기 동네 사람들끼리 모여서 자기 동네 일 꾸려가고 자기 동네 발전되게 하는 것, 그게 지방자치제 아니겠습니까? 지금까지 우리 동네 일, 우리 주민 일에 나서서 도와드리던 걸 이젠 아주 정정당당하고 힘있게 할 수 있으니까 선거에 나가라고 주위의 어머니들, 아저씨들, 그리고 해님방이라고 이름 붙인 공부방 사업을 후원해주신 분들이 등을 떠밀어 이 자리까지 오게 되었습니다. 나오기 전까지 참으로 많이 망설였습니다. 선거에는 돈이 많이 든다는데, 돈 잘 버는 건축업자도 아닌 제가 돈도 없이 선거에 어떻게 나오나, 또 여자가 나온다고 어른들께 핀잔이나 듣지 않을까 걱정이 많았습니다. 그런데 지금까지는 생각보다 훨씬 잘 되고 있습니다. 우선 많은 분들이 무보수로 열심히 도와주셔서 큰 힘이 됩니다. 동네 아줌마들이 운동원으로 등록해서 밥도 해주고 반찬도 만들어오고 전화도 빌려주고 홍보물도 돌립니다. 제 친구들은 떡을 해오고 동네 청년들이 나서 현수막도 걸어주고 동네 인사도 같이 나가줍니다. 그리고 나이 많으신 어른들께서도 이번 지방자치 선거에는 남자보다 여자가 살뜰하고 더 살림도 잘할 거라고 격려해주셔서 도리어 용기를 얻고 있습니다.

저는 그동안 지역에 산적한 문제를 해결하면서 항상 힘이 부족하다는 사실을 절감했습니다. 여러분이 저의 힘이 되어주시면 저는 심부름꾼으로 여러분의 손과 발이 되어 악바리처럼 열심히 일하는 사람이 되겠다고 공약하며 이를 맹세하고 선서할 수 있습니다. 그러나 저는 거창한 공약을 내세울 만한 것이 없습니다. 아니 내세우지 않겠습니다. "당선 시켜달라면서 어떤 일을 어떻게 해나겠다고 구체적으로 말하지 않으면 어떻게 당신을 뽑느냐?"라고 말씀하실지 모르겠습니다만, 말만 앞선 빈 공약, 감당하지 못할 공약은 안 하겠습니다. 그러나 1년에 800억원이 넘는다면 북구 예산을 잘 심의해서 주민 숙원사업 해결이 우선되도록 노력하겠습니다. 제가 동네분들과 많이 만나서 듣고 경험한 것 말고도 이번에 전화 150여통을 걸어 지역 문제를 조사해보았습니다.

그 중 가장 많은 첫 번째 불만은 쓰레기 문제였습니다. 산꼭대기는 1만원, 평지는 오천원 하는 환경미화원 수고비가 부당하다고 지적하신 분도 있고, 이 분이 부담스러운 사람들이 길가에 몰래 쓰레기를 버려 동네가 항상 쓰레기투성이라고 불만이 가득한 분도 많습니다. 청소부 아저씨가 이 쓰레기를 치워가야 하는데, 욕만 하고 치워가지 않아 엉뚱한 사람들만 피해를 입습니다. 얼마 전 22통에는 그런 쓰레기가 산더미처럼 쌓여 보다못한 주민들이 4만원을 추렴해 청소차를 불러다 치웠다고 합니다. 구청 청소계에 알아보았더니 이런 문제는 쓰레기 처리를 타종식에서 문전수거식으로 바꾸면 해결된다는데, 예산이 없어 시행하지 못한다는군요. 그리고 북구(부평구의 옛이름)에는 타종식으로 해도 불만 있는 주민이 없다는 핑계를 대더군요. 그러면서 청소원들에게 돈을 주는 것은 불법이니까 돈을 주지 말라고 합니다. 도대체 행정을 위해 주민이 있는 것인지, 주민을 위해 행정이 있는 것인지 모를 지경입니다. 저는 어떤 사업보다 이 문제를 먼저 해결해야 한다고 생각합니다. 예산을 배정해서 문전수거식으로 쓰레기 문제를 바꾸고 산동네나 학교 부근에 공동쓰레기장을 만들어

주민들의 고민을 해결해야 한다고 생각합니다.

둘째, 물 사정을 이야기하시는 분들이 많습니다. 물론 2~3년 전에 비하면 좋아졌지만 교체가 안 된 수도관 집들은 예고도 없이 물이 안 나오거나 구정물이 나와 애를 먹는다는 것입니다. 동네는 점점 커지는데, 그에 따른 시설이 못 따르기 때문에 일어나는 문제들로 다른 어떤 것보다 신속하게 처리도어야 합니다.

셋째, 주민복지시설이 확충 개선되어야 한다고들 말씀하십니다. 북구 주민 여러분을 위해 북구 1년 예산의 1.4%를 들여 종합복지관을 계양산 밑에 짓고 있다고 합니다. 1.4% 밖에 안 되는 돈으로 얼마나 잘 지어질지 모르겠지만, 여기서 한 시간도 넘게 걸리고 저 산 귀퉁이에 있는 복지관보다 작은 규모라도 우리 동네 부근에 실속있게 차려진 복지회관이 우리에게 필요하다고 생각합니다. 청소년을 위한 문화시설, 노인 어르신을 위한 염가 이발소, 점심 식당, 노인병을 위한 약국 또는 병원 등 여러 가지 시설, 어린이 탁아소와 공부방이 함께 있는 복지관, 여성 교육회관, 법률 상담소…. 어떻습니까, 여러분!

넷째, 버스 문제입니다. 성모자애병원같은 좀 큰 병원을 가려거나 전화국에 가려해도 버스를 두 번이나 갈아타야 합니다. 특히 제물포역으로 가는 버스를 타려면 어른들은 물론이고 학교 다니는 아이들의 고생은 말도 못할 지경입니다. 어제 우리 딸아이도 차 안에서 사람에 밀려 안경이 깨졌다고 합니다. 서민들의 발인 버스 노선이 주민의 사정과 편리에 맞게 조정되고 배차 간격도 좀더 줄여야 할 것입니다.

다섯째, 민생치안 문제입니다. 오늘 아침에도 우리 동네 가게 하나에 도둑이 들어 서랍에 있던 돈을 훔쳐갔다고 합니다. 이렇게 도둑이 끊이지 않고, 방범등이 없는 어두운 골목에는 불량배와 치한도 자주 나타납니다. 방범등과 방범초소가 많이 늘어나고 방범순찰도 자주 해서 주민이 불안에 떨지 않고 마음 놓고 살 수 있어야 한다고 생각합니다.

그 외에도 동네 개발이 잘 안 되는 문제, 통반장이 여론수렴을 잘 안 해서 주민들이 소외감을 느끼는 문제 등이 거론되었고, 24통 지역은 하수도관이 정비되지 않아 장마 때마다 동네가 침수되는 문제, 예원 아파트 부근 달동네에는 버스나 택시가 잘 다니지 않아 생기는 문제가 많습니다. 저는 이런 불편사항을 우선 해결하고 우리 동네 주민들이 억울한 일을 당하면 제대로 규명해서 합리적으로 처리하도록 노력하겠습니다.

지금 서울 한쪽에서는 6공화국 최대 비리인 수서 비리 규탄대회를 연다고 합니다. 우리나라 최고위층에 있는 사람들이 땅 장사를 하는 세상이 된 데에는 우리 주민들의 책임도 큽니다. 자신들의 생활을 이끌어줄 책임자를 뽑는 권리를 신중히 행사하지 못하고, 또 책임자들이 뭘 하는지 관심을 두지 않았기 때문입니다. 이제라도 진정 우리 생활을 작은 차원에서부터 살펴줄 동네 대표를 올바로 선택합시다. 저는 그동안 십정동, 그 중 몇 개 통을 중심으로 일해 왔지만, 좀더 옹골차고, 좀더 많은 주민들에게 혜택이 갈수 있도록 더 큰 일을 해보고자 여기에 나왔습니다. 그러기 위해서는 여기에 계신 여러분의 힘이 필요합니다. 물론 제가 당선이 안 되더라도 앞에서 말씀드린 우리 주민의 숙원을 해결하기 위해 애쓸 것입니다. 그러나 여러분이 좀더 정당하게 일할 수 있는 자리로 저를 보내주신다면 사명감을 갖고 더 신명나게 열심히 일할 것을 약속드립니다. 고생할 각오를 갖고 있는 일꾼 홍미영을 밀어주십시오.

감사합니다.

우물 쌀 유통
427-9730 424-1411
우물
유통
열우물
유통
쌀

옳은 것이 강한 것을 이기다

"아줌마는 여기 왜 왔어?"

제가 초대 구의원 선거에 나왔던 그 해, 사전조사에 따르면 남성의 91.3%, 여자의 59%가 남성후보를 선호한다고 나왔습니다. 결과적으로 4천 3백 4명을 뽑는 기초의회 선거에서 여성은 단 40명이 당선되었지요. 1%로도 안 되는 수치였습니다.

후보 번호를 뽑기 위해 모인 날 가보았더니, 인천시 북구(지금의 부평구) 후보자 55명 중 여자는 나 혼자였습니다. 한 50대 후보는 나를 보고 "그런데 아줌마는 여기 왜 왔냐" 고 물었습니다. 당선이 되어도 이 사람들과 함께 구의회에서 일해야 한다는 생각에 갑갑했습니다.

우리 운동원들이 상대후보 측의 불법선거운동을 촬영하다가 시비가 붙어 제가 파출소로 달려갔을 때도 형사계장은 대뜸 "이 아줌마는 누구냐"고 했습니다. 합동연설회 지침을 통보하러 온 동사무소 사무장도 고

압적인 태도를 보였습니다. 하긴 동네 민원처리에 앞장서왔던 저에게 관권이 호의를 가질리 없었지요.

전국 4,304명 구의원 중 여성의원은 단 40명

인천시 북구의회 선거의 유일한 여성 후보로 나와 유일한 여성 구의원으로 활동을 시작하기 전부터 이미 마음의 준비를 단단히 먹을 수 밖에 없었습니다. 역시나 새마을금고 이사장, 건축업자 등 돈과 인맥으로 연결된 남성들 사이에서 저는 동등한 대접을 받지 못했습니다.

"늦었는데 홍의원은 집에 가야 되지 않아?"

여성이 할 일은 집안일이라는 고정관념에서 벗어나지 못한 남성의원들은 그렇게 말하곤 했습니다. 정작 당사자인 나는 아무 걱정 없는데도 애들 밥 챙기라며 등을 밀었습니다. 그리곤 남성의원들끼리 술자리를 갖고는 그 자리에서 다음날 회의 내용을 결정해버리는 식이었습니다.

그동안 의회에서 소외되었던 주제인 여성과 장애인 문제를 다루면 여자라서 작은 일에만 신경쓴다고 무시했습니다. 방치되었던 성폭력과 성매매 문제를 다루면 남성 정치인은 물론 구청 공무원들도 질겁하며 회피하는데 급급했습니다.

'독종' 구의원, 올해의 여성운동상 수상

또 뇌물의 유혹과 회유에 넘어가지 않는다는 이유로 '혼자서만 깨끗한 척 한다', '역시 여자라서 정치감각이 없다'는 비난을 받았습니다. 그러다 일명 금반지 사건으로 왕따를 당하기도 했습니다.

어느날 구의회 의장이 모든 의원에게 수고했다며 금반지를 선물했습니다. 돈 많은 의장이 자비로 선물한 것이라 생각했는데, 알고 보니 의정활동 후 남은 비용을 반납하지 않고 금반지를 구입해 의원들에게 나눠준 것입니다. 국민들의 세금으로 반지를 만든 것이지요. 저는 지방지 기자와의 인터뷰에서 이 사실을 밝혔습니다. 그러자 다른 의원들의 비난이 빗발쳤습니다. 얼마 되지도 않은 금액인데 괜히 깨끗한 척하면서 욕을 먹인다면서요. 그 이후 단순히 내가 이야기한다는 이유만으로 회의에서 반대를 당하기도 했습니다.

이런 상황에서 내가 할 수 있는 최선의 일은 실력을 보여주는 것이었습니다. 누구보다 열심히 자료조사하고, 문제가 있다고 생각되면 어느 곳이든 뛰어나가 상황을 파악했습니다. '독종'이라는 별명을 갖게 되었지요. 그래도 참 열심히 일한 것이 보였는지, 의정활동 4년을 마무리하던 해 '올해의 여성운동상'을 받게 되고, 〈인천일보〉와 YMCA가 선정하는 의정활동 베스트 10에 2년 연속 선정되었습니다.

여자는 후보로 나가봐야 당선 안 된다?

기초의원의 한계를 넘고 더 열심히 일하기 위해 시의원선거에 뛰어들기로 했습니다. 구의원은 무소속으로 활동했지만, 더 원활한 활동을 위해 야당에 가입해서 정당 정치인이 되기로 했습니다. 그동안 저를 지켜봐온 주민들은 당연히 내가 출마할 것으로 생각하고, 무난히 당선되리라고 믿고 있을 정도였습니다. "홍미영이 당연히 되어야지. 이렇게 일 잘하는 사람 놔두고 누굴 뽑겠어."

그런데 예상 밖의 일이 벌어졌습니다. 여자라는 이유만으로 선출직 지역구 의원 공천을 포기하라는 압력이 가해진 것입니다. 지구당 위원장은 "우리 지구당은 보수적이다. 게다가 여성 후보를 여성이 안 찍으니, 여성을 선출직 후보로 내보내기 힘들다. 후보로 나간다 해도 어차피 여성은 당선이 어려우니 대신 비례직을 고려해보라."고 했습니다.

이후 삼십년 넘는 정치생활 내내, 줄곧 부딪치게 될 문제였습니다. 저는 유권자가 직접 뽑는 본 선거보다 당 내 경선이나 공천과정이 더 힘들었습니다. 주민들은 저를 믿고, 저도 저의 당선가능성을 믿지만, 저는 언제나 공천 과정에서 의심스러운 눈길을 받아야 했습니다.

사람이 힘이다 - 마음을 잡은 선거

하지만 저에게는 사람들이 있었습니다. 지역 사정을 잘 알고 있는 참모진들과 열성적인 자원봉사자들이었지요. “우리에겐 아이디어가 있어요” 라고 선거팀은 밝게 말했습니다. 해님방 자원봉사 선생님이 고민 끝에 ‘부평, 내일은 맑음’이라는 슬로건을 정했습니다. 네모반듯한 피켓만 가득하던 선거전 속에 눈에 띄는 동그란 피켓을 들고 다녔습니다.

돈이 없어 유세차량을 준비하는 일도 막막했는데, 한 주민분이 생계수단이던 트럭으로 선뜻 빌려주셨습니다. 운동원들은 하루종일 그 트럭을 장식했습니다. 돈을 주고 빌리는 유세차량보다 신선한 아이디어가 가득한 트럭이 되었지요.

선거사무실로 찾아오신 한 청소차 운전기사 아저씨도 큰 도움이 되었습니다. “구의원으로 일할 때 청소 문제를 해결하기 위해 뛰어다니는 모습이 감동적이었다. 오늘부터 자원봉사하겠다”며 선거 기간 중 하루도 빠짐없이, 본인 업무가 끝나는 오후 2~3시부터 유세트럭을 끌고 동네 곳곳을 누비고 다녔습니다. 오랜 청소차 운전 경력으로 좁은 골목까지 돌아다니며 홍보를 도와 이만저만 감사한 것이 아니었습니다.

상대 후보 운동원이 지지자가 되다

열심히 동네를 돌아다니다 선거사무실로 들어온 어느 날, 메모가 남겨져 있었습니다.

"오전 ○○시 상대후보 선거운동원으로부터 전화 옴.

어제 홍 후보님의 연설을 듣고 상대후보지만 진실함이 느껴져 비를 맞으면서 끝까지 들었다고 함. 자신이 지금 다른 후보의 선거운동원으로 활동하여 겉으로 내색은 못 하지만, 마음 속으로 지지할테니 열심히 하셔서 당선되길 바란다고 전해달라고 하심"

이름도 모르는 그 분의 전화메모가 큰 힘과 희망이 되었습니다. 선거 끝난 후 몇 달 후, 그 메모의 주인을 만나게 되었어요. 선거운동원으로 일하는 후보의 연설이 끝나고 돌아가려다가 운동장 한구석에서 남편과 함께 끝까지 듣고 부부가 지지자가 되었다고, 꼭 당선될 줄 알았다고 기뻐하셨어요. 그 부부는 지금도 저의 후원회원으로 응원을 보내고 있습니다.

뇌물을 거부하는 '원시인' 시의원

'여성 후보는 당선이 어렵다'는 당의 기우와 반대로, 저는 인천시 최다 득표로 당선되었습니다. 많은 분들의 성원에 보답하고자 시의원이 된 후에도 열심히 일했습니다. 구의원 때와 비슷한 견제들이 있었습니다. 인천시의회 교육의원 후보 중 한명이 선출되기 위해 의원들을 상대로 돈을 뿌린 일이 있었지요. 저는 매수되지 않고 이 사실을 폭로했습니다. 그 파장은 전국적으로 퍼져나갔고 각 언론에서 이 문제를 거론했습니다. 사건 이후 나는 몇 달 동안 동료의원들로부터 배척을 받았어요.

그 외 다른 사안에서도 고집스레 원칙을 중시하고 줄서기나 아부 등의 정치적 제스춰를 안 한다는 이유로 '정치판의 원시인'이라는 비아냥도 들었습니다. 악바리처럼 버티며 주어진 일을 묵묵히 처리해갔습니다. 그러자 나중에는 동료의원들도 "일 참 열심히 잘 한다"고 칭찬했습니다. 출석률 100%, 발언수 1위, 제안대시 부문 1위를 차지하면서 인천시의원 베스트 10에 또다시 선정되었습니다.

2대 3대에 걸친 7년간의 시의원 활동을 마치고 구청장 선거에 출마하려고 했습니다. 그러나 이번에도 여성이라는 이유로 공천을 방해받았습니다. 아쉬운 마음으로 선거를 포기하고, 대한민국의 더 나은 미래를 위해, 사람사는 세상을 위해 현 노무현 대통령의 대선 작업에 집중했습니다.

노무현 대통령의 승리를 함께 만들다

2002년 16대 대통령 후보였던 노무현은 당내 비주류였습니다. 당 내

경선에서도 처음에는 9명 후보자 중 가장 조직력도 약하고 주목받지도 못하는 상황이었습니다. 당시 저는 시의원이었는데, 인천 힘있는 정치인들은 모두 이인제를 지지하고 있었습니다. 그러나 저는 노무현 후보가 힘없는 사람들을 위한, 모두를 위한 차별없는 세상을 만들 수 있을 것이라 생각하고 노무현 후보를 지지했습니다.

울산에서 유세를 마친 노무현 후보가 직접 저에게 전화를 주셨습니다. 평소 친분이 없는 저에게 '경선의 판도를 확정지을 수 있는 인천 경선을 도와달라'고 진심으로 말씀하시는 것이 전화기 너머로 전해졌습니다. 그렇게 '옳은 것이 강한 것을 이긴다'는 제 신념과 노무현 후보의 정치개혁이 만났습니다. 2002년 6월부터 노무현 후보 비서실 정무2팀장을 맡아 바로 곁에서 일하게 되었습니다. 노무현 정부의 탄생을 위해 후보 부인인 권양숙 여사 수행책임을 맡았습니다.

지금도 저는 노무현재단 자문위원으로 활동하면서 노무현 정신을 계승하기 위해 노력하고 있습니다. 노대통령께서 유업으로 남긴 미완의 과제는 온전히 우리의 과제라고 생각합니다. 고민하고 모색하고 사람을 모아 함께 실천하면서 그 길을 가려 합니다.

여론조사 연속 1위, 그럼에도 경선을 포기하다

2003년 말 지역구 국회의원 출마를 결심했습니다. 안타깝게도 그때 부평구 경선에 참가한 나를 포함한 네 명의 후보 모두가 한곳에서 나오기에는 아까운 인재들이었습니다. 다른 지역을 선택하면 쉽게 공천받을 수 있는 유능한 사람들인데, 한 곳에 몰려 중앙당에서도 많이 아쉬워했어요. 그 와중에 중앙당은 비공개로 부평구 각 후보들의 지지도 여론조사를 실시했고 그 결과 내가 1위를 차지했다고 들었습니다. 그 뒤 실시한 여론조사에서도 마찬가지로 1위였습니다.

그런데 지역경선 일정이 앞당겨졌습니다. 새로운 경선방법이 시범지역에서 시행하게 되고, 부평이 그 시범지역에 포함된 것입니다. 예상치 못한 어려움이 이어졌습니다. 먼저 경선기탁금 수천만원을 3일 안에 접수해야 한다는 것입니다. 예상을 뛰어넘은 기탁금에 허를 찔린 기분이었어요. 기탁금 뿐 아니라 이후 본격적인 경선운동에 들어갈 돈을 가늠하니 앞이 깜깜해졌습니다. 비교적 적은 경비로 깨끗하게 경선을 치룰 수 있는 전화여론조사 방법을 선택하고자 했지만 다른 후보의 반대로 무산되었습니다. '맑은정치 여성네트워크'의 여러 선배들과 동료들이 전화를 걸어와 돈 때문이라면 걱정하지 말라고, 25명이 100만원 씩 모으기로 했다고 했지만, 그 소중한 돈이 저 개인에게만 쓰여져서는 안된다고 생각했습니다.

행자위 경찰청 국정감사
005. 9. 26(월)
홍 미

성원해준 분들에게 정말 송구한 마음이 들었으나 저는 결국 경선을 포기했습니다. 고맙게도 그 분들은 오히려 저를 위로해주었습니다. 아마 여론조사 결과 1위를 하고도 경선을 포기한 사람은 저 밖에 없었을 것입니다.

인천 최초의 여성 국회의원

그간 저는 비례직으로 정치하는 것에 대해 고려해본 적이 없었습니다. 주민들의 인정이 바로 나의 큰 힘이었기 때문에, 어떻게 해서든 선출직으로 당선되고 싶었니다. 그래도 주위 사람들의 격려에 마음을 바꿔 비례대표에 도전했습니다. 어렵지 않게 비례대표 전체 명단에 선출되었습니다. 남은 것은 순위 싸움이었습니다. 국회의원과 중앙위원, 그와 동수인 1백명의 정당외 인사로 구성된 위원회의 투표로 순번이 결정되는 방식이었습니다. 중앙위원과 당외 인사 들 중 누가 심사에 참가할지 당일까지 알 수 없었습니다. 결국 내가 할 수 있는 일은 순위 확정 당일에 있게 될 3분 연설에 모든 기대를 거는 일이었습니다. 의연하게 후보연설을 마쳤습니다. 결과는 아주 좋았습니다. 미리 비례순위를 받은 3명의 전략후보를 제외한 17명 여성후보 중 2위, 총 비례순번 7위였습니다. 그렇게 인천 최초의 여성 국회의원, 전국 최초의 기초·광역의원출신 국회의원이 되었습니다.

11년동안 지방의회에서 경험한 풀뿌리 민주주의를 바탕으로 생활정치를 위해 누구보다 열심히 일하겠다고 다짐했습니다. 지방자치를 다루는 행자위에서 4년간 밤늦도록 회의하고 서류를 만들고 검토했습니다. 준비가 철저해서 피감기관이 가장 어려워하고 두려워하는 의원이라는 말을 들었습니다. "홍의원은 야당도 못 하는 지적을 다 한다"고들 했습니다. 그럼에도 다음 국회의원 선거에서 선출직으로 나가고자 하는 의지는 또 경선과정에서 좌절되었습니다.

풀뿌리 민주주의를 향한 의지

보통 구청장을 하다가 국회의원을 하는 경우들은 있어도, 반대의 경우는 극히 드뭅니다. 아직 우리나라는 큰 정치와 작은 정치를 나누고, 큰 정치는 유명인과 중앙무대에서 이루어지고 작은 정치는 이름없는 사람들이 지방에서 하는 것으로 취급하면서, 둘 사이에 마치 상하관계가 있는 것처럼 생각하기 때문입니다.

그래서 중앙정치에서 노무현 대통령과 당시 문재인 비서실장과 함께 일했던 제가 지방자치의 장으로 돌아간다고 하니 많이들 놀랐습니다. 하지만 풀뿌리자치 정신은 민주주의와 밀접한 연관이 있습니다. 이번 문재인 대통령이 지방분권개헌 추진을 밝히며 말씀하신 것처럼, 주민이 직접 생활 문제에 참여하고 해결하는 자치 속에서 국민의 삶도 한 단계 도약할 수 있기 때문입니다. 시민들의 목소리와 함께 하는 사람 중심의 정치, 이는 어디서나 함께 중시하며 가져가야 하는 정신입니다.

확고한 풀뿌리 민주주의 의지를 가지고 지방자치단체장에 도전했습니다. 그 과정에서도 '여성 후보가 지방자치단체장에 나가는 것은 승산이 없다'는 말을 참 많이 들었습니다. 결과는 당선이었습니다. 전국 최초의, 동시에 전국에서 유일한 야당 출신 여성 지방자치단체장이 되었습니다.

구청장 재선에 도전한 2014년 지방선거에서도 비록 새누리당이 인천에서 선전했지만, 인구가 가장 많은 부평은 민주당의 저를 선택했습니다. 구의원, 시의원 , 국회의원, 구청장 모두 여섯 번의 선거를 치르면서 단 한 번도 본선에서 떨어지지 않은 지방자치의 그랜드슬램을 달성했다는 호들갑스러운 기사도 나왔습니다.

저는 그보다 주민들이 끊임없이 저를 신뢰하고 있다는 것에 감사했습니다. 그 신뢰에 걸맞는 행정, 삶의 현장에 밀착한 사람중심의 행정을 위해 분투했습니다.

여성의 눈으로 더 넓게, 더 많이 보다

오랜 지역활동과 정치활동을 하면서, 아직까지 보육·육아나 성폭력 등의 문제에는 남성의 눈길이 좀처럼 닿지 않는다는 것을 많이 느꼈습니다. 수십년째 OECD국가 중 가장 높은 성별임금격차, 취업시 불이익과 견고한 유리천장의 문제도 마찬가지입니다. 2016년말 기준 30개 공기업 중 여성 임원은 단 한명도 없었고, 부장급에서도 여성은단 1.9%였습니다. 지자체의 각종 위원회에 온통 남성들만 있는 모습을 당연하게 생각합니다. 많은 의료 연구도 남성 신체를 기준으로 합니다. 인간의 기준이 아직 남성이기 때문이지요. 절반의 세상에만 하이라이트가 내려오는 세상입니다. 모두가 행복한 세상을 꿈꾼다면, 여성의 눈으로 세상을 보아야 합니다. 성평등이 민주주의를 완성시킨다는 슬로건도 바로 이런 뜻입니다.

또한 아직도 여성 한 명이 잘못하면 싸잡아 매도하는 면이 있지요. 일례로 '박근혜 때문에 더 이상 여성 정치인을 믿을 수 없다'는 말들이 있습니다. 하지만 '이명박 대통령 때문에 남성 정치인을 믿을 수 없다'고 말하는 사람들은 없습니다. 가부장제는 여성을 '여성'으로 동질화합니다. 한 사람 한 사람의 개인을 지우고 '여성'이라는 단 하나의 집단으로 환원하고, 그 '여성'이 무엇인지를 여성이 아닌 자의 시각에서 규정하지요.

처음 정치에 입문할 때 0.9%였던 여성 지방의원수가 지금은 30%에 이릅니다. 그 수가 늘어나는 것에는 분명 큰 의미가 있습니다. 지금보다 더 늘어나야 합니다. 하지만 생물학적 여성이라고 해서 다 여성의 관점에서 세상을 보는 것은 아닙니다. 무조건 여성정치인이라고 인정해주면, 오히려 여성을 포함한 사회적 약자를 위해 일하는 여성 정치인은 더 나오기 어려울 수 있습니다. 여성의 눈으로 일해왔던 사람들에게 존중과 인정이 필요합니다. 그래야 활동하는 사람들의 자긍심이 높아지고 그렇지 않은 사람들은 부끄러움을 느낄 것입니다.

그리고 그 구별을 정치인들끼리 하도록 해서는 안됩니다. 남성 중심의 정치판은 여성들 간의 싸움을 붙이고 즐깁니다. 구별하고 인정하고 비판하는 역할은 시민들이 해야 합니다. 좋은 정치인이 나오는 것은 시민들의 의식수준과 너무나 밀접하게 연결되어 있습니다. 시민의식이 성숙될 때 옳은 것이 강한 것을 이깁니다. 우리 사회의 민주주의는 옳은 것이 이길 수 있도록 점점 성숙해왔습니다. 민주주의를 위해 싸워온 우리의 역량과 시민의식을 신뢰하고 있습니다.

국민이 주인되는 정치

존경하는 김대중 대통령과 노무현 대통령의 취임사를 종종 읽어봅니다. '국민에 의한 정치, 국민이 주인 되는 정치', '인간이 존중되고 정의가 최고의 가치로 강조되는' 세상을 향한 말씀을 마음에 새기며 우리가 가야 할 방향을 생각해봅니다. 그 뜻은 문재인 대통령 취임사에서 '기회는 평등할 것입니다. 과정은 공정할 것입니다. 결과는 정의로울 것입니다.' 라는 말로 울려 퍼졌습니다. 특권과 반칙에 맞선 정의와 평등의 세상을 향해 우리는 달려왔습니다.

15대 대통령선거가 있던 1997년 그 겨울, 저는 이희호 여사를 수행하며 인천 곳곳을 돌았지요. 각계각층 여성들의 간담회를 조직하며 최초의 민주정부 수립을 위해 뛰었습니다. 정권교체와 민주주의 발전을 위해 제가 조금이라도 기여할 수 있다는 것이 기뻤습니다. 저와 같은 많은 사람들의 노력이 모여 김대중 대통령이 당선되던 날의 감동을 기억합니다.

지난 해 말 이희호 여사를 두 번 만나뵈었습니다. 11월, 여사님의 건강이 좋지 않아 걱정했지만 "내가 부평으로 가야 홍청장에게 힘이 되지"라면서 휠체어에 타신 채 간호원을 대동하고 굳이 부평까지 오셔서 식사를 하셨습니다.

한 달 뒤 12월에는 제가 동교동으로 찾아뵈었습니다. 민주화운동에 앞장섰던 선배로서, 선구적인 여성운동가로서 늘 존경해왔던 어른인 이희호 여사님께 인천시장 출마선언 이전에 먼저 말씀드리고 싶었습니다. 몸 불편하신 중에도 한참 후배인 저를 맞이하러 일부러 화장도 하고 옷도 곱게 챙겨입으시고 기다리고 계시더군요. 며칠 전 봉하로 찾아가 만나뵈었던 권양숙 여사님의 안부도 전하고, 앞으로 제가 가고자 하는 방향에 대해 말씀드렸습니다. 밝게 웃으며 "나 건강할게. 잘 되라" 라고 손을 토닥이며 하시는 말씀에 따뜻한 사랑과 지지가 느껴졌습니다.

사저에서 나와 김대중 도서관을 새삼 한바퀴 돌았습니다. 정치 · 사회적 어둠의 시대 70년대 납치와 감옥생활에서부터 2000년 노벨평화상 받기까지의 굴곡된 삶이 그야말로 한국의 역사입니다. 평생 남북문제 · 민생 · 민주를 위해 애쓰셨던 대통령님의 유지를 이어받는 마음을 다졌습니다. 국민이 주인되는 정치, 사람 사는 세상을 이끌어오는 정치, 꼭 해내겠습니다.

국회의원 비례순위 확정대회 3분 연설문

제가 살고 있는 인천에선 저를 '시험지 아줌마'라고 부릅니다.
시험지 아줌마…
저는 대학을 마치고 빈민운동에 뛰어들었습니다.

그렇게 시작한 지역운동 속에서
달동네 시험지 배달 아줌마로, 탁아소 원장으로,
여성운동 활동가로 10여년을 일해왔습니다.

1991년 처음 실시된 지방자치선거!
달동네 이웃들이 하루 막노동 품삯,
할머니 속옷 속에 꼬깃꼬깃 모아두었던 돈을
모아준 100만원 남짓이
제가 지방자치의원으로 나서게 된 동기이자 힘이었습니다.

거창한 동네유지분들이 구의회에 활개하던 그때
저는 자치의 생활화, 생활 속의 자치를 위해

참 열심히 뛰었습니다.
초대 구의원, 2대 3대 광역자치의원으로 11년을 뛰어오면서

술자리에서 조례안이 수정되고
고스톱판에서 시정이 논의되던 지방자치 현실 속에서도
저를 등 떠밀어 그 자리에 있게 한 우리 이웃들을 떠올리며
용기와 힘을 얻곤 했습니다.

존경하는 여러분!
제가 경험한 이 소중한 생활자치, 살림의 자치를 이제
우리 정치에도 쓰고 싶습니다.
반칙 없는, 상식이 통하는 시대!
전국이 고르게 발전하는 균형분권시대!
이제 비례후보로 나서면서 감히 지방자치 전문가인
저의 능력을 펼쳐보고 싶습니다.

시대가 바뀌고 정치가 바뀌고 싶습니다.
이제 정치권에도 소외된 이웃들과 함께 꿈과 희망을 이야기하는
살림의 정치인이 필요합니다!

제가 경험한 10년의 사회운동, 11년의 생활자치 경험을
이제 우리 정치개혁을 위해
자치의 시대, 분권의 시대, 참여정부와 열린우리당이 필요로 하는
지방자치 전문가로서 시대에 복무하고 싶습니다!
돈 없어도 정치할 수 있고 유명인이 아니어도 정치할 수 있다는
또 하나의 정치 개혁을 만들어주십시오!

전국 3,633명에 이르는 자치의원들을 대변할 수 있는
유일한 생활자치 경험자로서
시대가 요구하는 개혁성과 전문성으로 부권시대(??)의 완성을 위해
일하고 싶습니다!
생활자치의 경험을 살림의 정치, 생산의 정치로 바꾸고 싶습니다!

기호 00번 홍미영,
우리당의 비례후보는 역시 다르구나 하는
국민들의 기대에 충족할 수 있도록 열심히 뛰겠습니다!
감사합니다.

제3장

정의와 평화의 도시를 향하여

기회는 평등할 것입니다.

과정은 공정할 것입니다.

결과는 정의로울 것입니다.

- 문재인 대통령 취임사 중

직업심리검사관
중부지방고용노동청 인천고용센터
직업심리검사관
중부지방고용노동청 인천고용센터
2014 인천 일자리 한마당
청년채용관
채용공고게시판
A 20
A 21
STAFF
인천 청년채용 박람회

청년실업을 다시 생각한다

청년실업률이 높은 도시 인천

몇 년째 인천의 청년실업률이 두 자리 숫자를 벗어나지 못하고 있다. 조사마다 다소 차이는 있지만 2016년도 평균 실업률은 약 11.3%안팎에 머물고 2017년도 상반기에는 12%에 육박하다가 하반기 들어 다소 낮아졌지만 여전히 전국 시·도에서 최하위권이다. 각 구별로도 비슷한 수치이다. 안타까운 것은 인천이 상당히 역동적이고 일자리도 많고 젊은 도시임에도 불구하고 청년실업 평균이 전국 평균보다 높다는 것이다. 부평구 일자리기획과에서 주최한 청년일자리정책 오픈컨퍼런스에서의 조사에 따르면 청년들은 청년실업의 원인으로 양질의 일자리 부족을 꼽았다. 이런 것을 극복하기 위해 토론회도 하고 새로 소통할 수 있는 구조도 만들어 내고 정책을 의논할 수 있는 테이블을 만들어 달라. 청년이 수동적 대상이 아니라 당사자가 직접 참여하고 제시할 수 있도록 해달라, 이런 것들 반영하게 해달라는 목소리가 끊이지 않았다.

부평구에서 청년창업 인큐베이팅, 지하상가 청년 소상공인 활성화 정책 등을 했던 사례도 있지만 인큐베이팅을 보다 강화해달라는 요청이 이어졌다. 이에 부평구에서는 청년 조례를 만들어서 청년실업 문제 해결을 위해 체계적으로 노력해왔다. 다행히 우리 구는 2015년에 조례가 만들어졌다. 조례가 있는 것과 없는 것의 차이는 일시적인가 상시적인가 하는 것이다. 조례를 통해서 안정적으로 청년 문제에 접근해오고 있다.

인천광역시도 조례가 없어서 일상화된 체계를 갖추지 못한 채로 단지 일시적인 사업들을 만들거나 잠정적인 협약을 통해 정책을 추진해왔다. 그러다 보니 인천 청년들의 충분한 의견수렴이 되었다기보다는 정부에서 내놓은 것을 반영하는 수준에 그치는 아쉬움이 크다. 서울시의 청년정책, 성남시의 청년정책에 비해 인천시의 청년정책이 우선 관심도가 낮다. 지자체 인구가 300만 명을 넘었는데, 좀 더 적극적으로 청년 실업수당을 실시한다든지 청년들이 원하는 도시 안에서의 역할을 부여하기 위해 중앙에만 의존하지 말고 지금보다 조금 더 적극적으로 실천을 해나가야 한다.

삼포세대, 오포세대, 칠포세대

삼포세대, 오포세대, 칠포세대라는 말이 있다. 청년실업이 이렇게 심각하다 보니 연애, 결혼, 출산을 포기한 세대라는 '삼포세대'를 넘어서 근자엔 인간관계와 집까지 포기한 '오포세대', 그나마 포기해서는 안 되는 꿈과 희망마저도 포기하는 '칠포세대'라는 말까지 떠돌고 있다. 정말, 이것만은 막아야 한다. 세계적인 금융위기 이후 불어 닥친 경기불황과 이에 따른 취업난과 불안정한 일자리, 천정부지로 치솟는 전세와 집값 등 우리 사회가 안고 있는 구조적인 문제가 청년세대들에게 꿈과 희망까지 앗아가게 해서는 안 된다.

청년실업의 원인은 우리 경제가 뉴노멀시대에 진입하면서 저성장 기조에 빠지고 국가의 경제발전과 고용의 연계가 약화된 점 그리고 청년층의 눈높이 조절 실패 등 복합적인 요인에 기인한다는 것이 전문가들의 분석이다. 특히 청년실업 문제를 청년들의 높은 눈높이 탓으로 돌리는 것은 문제 해결의 올바른 방향이 아니다. 대학진학률이 무려 82%로 세계 1위를 달리고 있는 대한민국의 고학력화는 우리세대rk 만들어놓은 것이지 청년들을 탓할 일이 아니다. 오히려 청년들이 일할 자리를 잘 만들면 우리 경제의 역동적인 힘이 될 것이다.

이들의 일자리를 적극적으로 마련하기 위해 작년부터 취업박람회를 개최하면서 청년 일자리 코너를 별도로 넣었다. 취업박람회는 그동안 50~60대와 경력단절 여성이 주 대상이었는데, 그보다도 더 심각한 청년들의 취업을 위해 그들이 원하는 취업에 대한 욕구를 담아내서 해보자고 했다. 당장 업체들이 그것을 수용할 수 있는 곳이 많지 않았고, 미리 가겠다는 것이 업체의 사정과 매칭이 안되는 경우도 많았다. 그러나 청년 취업 코너를 넣은 이유는 절박한 청년들이 취업박람회를 많이 찾으러 다니는 현상이 있기 때문에 우선 청년들의 취업 컨설팅을 활성화해보자는 취지였다.

인천의 실업률이 전국 평균보다 높은 것은 노동강도가 센 일자리가 많아 청년들의 학력, 기대치에 비해 만족도가 떨어지기 때문인 것도 하나의 이유가 아닐까 한다. 한국의 노동자들은 세계에서 노동 강도가 가장 높은 것으로 유명하다. 인천 노동자들이 세계 최고 수준의 노동시간과 노동 강도를 감내하고 있는 셈이다. 게다가 보수가 충분하지 못하다는 것이 인천에서 일자리를 찾지 못하게 하고 실업이 많은 이유 중의 하나일 것이다. 우수한 인력의 유출로도 이어지고 있으니 참으로 안타까운 일이다.

인천에는 크고 작은 공단도 많다. 국가산업단지인 주안과 부평의 4공단, 5공단 이외에도 남동산업단지도 있고, 지방산단도 있어서 이곳에서 중소기업 몇천 개가 왕성하게 공장을 가동하고 있다. 이러한 경제구조를 반영해 인천에는 경영자협회, 산업공단협의회, 중소기업 협의회 같은 경영자 중심의 경제조직도 잘 갖추어져 있다. 뿐만 아니라 한국노총과 민주노총에 소속된 노동운동 조직도 많은 편이다. 인천의 이러한 경제적 규모에 비해서 실제로 청년들의 실업률이 높고 일자리들이 활발하게 채워지지 않는 것에 대해서 이제는 근본적인 문제점을 찾을 필요가 있다.

청년정책이 부재했던 인천시

생산의 도시로서 인천이 갖고 있는 장점이 있음에도 불구하고 왜 새로운 생산동력인 청년들을 소화해내지 못하는지 근본적인 원인을 찾아야 한다. 이것을 찾기 위해 부평에서도 고민을 해왔고 조례를 만들면서 토론회나 협의회 등을 통해 청년들의 의욕과 노동 현장이 실제로 매치되지 못하는 부분에 대한 대책도 마련해오고 있다. 인천이 가능성이 많은 것이 IT 산업이 새로 많이 들어섰다는 점이다. 전에는 굴뚝이 있는 공장, 노동력이 많이 필요한 공장이 있었다면 이제는 IT회사가 많이 들어서고 행정청에서 이를 적극 지원하고 있고 제물포 스마트타운도 만들어졌는데, 이런 것들이 전국에서도 우수한 조건을 갖추어나가고 있다.

인천에 대학이 늘어나고 있다. 인하대학교나 인천대학교와 같은 기존 대학들 외에도 한국폴리텍대학, 청운대까지 생겼다. 그러나 대학에서 배출하는 인재가 지역 내에서 창업하거나 산업 분야에 취업으로 연결되도록 하는 부분이 충분치 않았다. 인천 내의 일자리와 연결할 수 있는 부분이 조금 더 적극적으로 대학 안에서 펼쳐지고 행정에서 지원하는 것이 시급하다.

인천시에서 청년실업 문제의 현안 해결을 위해 여러 가지 정책을 발표하고 있지만, 가장 중요한 청년들의 시각이 빠져 있다. 불과 1~2년밖에 안된 급조된 정책이 문제다. 인천도 나름 역사를 가진 도시다. 그럼에도 불구하고 도시 자체의 정주성, 정체성에 대해서 그동안 행정의 관심이 덜했다. 300만 시대의 인천은 단지 외지인들이 채웠다가 나가는 그런 허울뿐인 도시가 결코 아니다. 이제는 여기 인천 안에 살고 있는 청년들, 인천 안에서 일하고 싶어 하는 사람들에 대한 보다 적극적인 관점을 기울여야 한다. 지금 인천시에서 하고 있는 여러 정책들은 중앙이나 다른 곳에서 하는 어떤 정책모델을 가져다가 그냥 '인천형'이라고 바꾸는 방식에 머물러 있지나 않은지 돌아볼 필요가 있다. '인천형'이라고 하면 인천 안에 있는 수요와 공급, 여러 조건들과 좀 더 긴밀하게 밀착해야 성공할 수 있다.

인천형 청년정책을 찾자

인천시는 그동안 청년에 대해서 제대로 된 주목을 하지 않았다. 아니, 관점이 없었다. 삼포세대, 오포세대, 칠포세대라는 말을 그저 남이야기인 듯 넘겼던 건 아닌가? 비단 청년들의 일자리 문제뿐만 아니라 청년들의 주거의 문제, 청년들의 관계망의 문제 등 청년세대와 함께 할 모든 문제를 청년들의 입장에서 돌아보고 대책을 마련해야 한다. 부평구에서 주거의 어려움을 겪는 청년들을 위해 셰어하우스(share house), 공유주택을 시도했는데, 청년들에게 호응이 매우 높았다. 청년들이 쉽게 실감하고 접근할 수 있는 이야기가 바로 공유가 아닐까? 경쟁과 독점이 아니라 어렵지만 함께 공유한다는 것의 의미를 몸으로 체험한다면 받아들이기 쉽고 바로 실천해 낼 수 있으면서 미래의 중요한 가치가 될 수 있는 부분이 바로 공유가 아닐까 생각해본다. 공유의 개념을 통해 구체적으로 여러 사업을 해볼 수도 있을 것 같다.

행정에서 청년들에 대해 관점을 가지지 못하는 이유는 인천의 교육문제와도 연결이 돼 있기 때문이다. 초등학교, 중학교, 고등학교를 인천에서 졸업해도 대부분 대학교는 외부로 나가고, 거꾸로 외부에서 인천으로 들어오고 있다. 인천에서 교육을 받았어도 취업을 인천에서 해야 한다는 그런 생각이 적다. 이런 교육 문제가 도사리고 있기 때문에 청년실업 문제를 해결하기가 어려운 것이다. 따라서 초중등 교육에서부터 대학교육까지 교육을 하는 분들이 모두 청년문제에 대해 함께 고민하고 이해해야 한다.

최근 성남시와 서울시를 비롯한 몇몇 지자체에서 청년수당을 구체적인 정책으로 펼치고 있다. 부평구에서도 이를 실행하고 싶다. 그러나 예산이 부족한 기초지자체인 부평구에서는 생활임금도 어렵게 시행했다. 또 기초가 아니라 광역 단위에서 실시한다면 청년수당은 우선할 정책은 아니라고 본다. 광역 차원에서 우선 먼저 고려해야 할 것은 생활임금부터 실시하는 것이고 또 일자리 나누기 차원에서 임금의 조정과 같은 여러 임금체계에 대해 고려해나가면서 청년수당까지 나아가는 담론의 발전과정을 더 거쳐서 추진해야 한다.

문재인 대통령도 노인, 청년, 아동, 출산여성 등을 대상으로 '생애 맞춤형 기본소득 보장제'를 실시하겠다는 공약을 내걸고 이를 실현하기 위해 애쓰고 있다. 청년문제도 이제 실업문제에 국한해서 접근하는 것에서 벗어나야 한다. 우선 청년들의 의욕을 발휘할 수 있도록 창업과 일자리 부분에 좀 더 신경 써야 한다. 청년 창업을 위해 인천시 전체가 가지고 있는 많은 생산적인 도구들을 활용하거나 마련해서 청년들에게 소득과 소비의 부분에서 지금처럼 헬조선의 상황에서 벗어날 수 있도록 해야 한다.

지방의 눈으로 미래를 보자

– 지방행정과 중앙행정

지방자치제 20년을 보내며

지방행정에는 광역이 있고 기초가 있다. 지방행정은 중앙정부의 안전행정부의 관할이면서 각 부서의 모든 중앙행정과도 직간접적인 관계를 맺고 있다. 지방행정과 중앙행정간 민주주의적 소통이 어려운 이유는 여전히 중앙행정이 우위에 서 있어서 행정간의 수평적 관계 형성이나 역할에 따른 분립이 안 되고 있기 때문이다. 노무현 정부 시절부터 지방분권이 강조돼 왔음에도 불구하고 지금의 지방행정과 중앙행정의 관계는 과거의 권위주의적 중앙집권적 행정을 했던 시절과 크게 달라지지 않았다. 참 더디게 간다. 한걸음 앞으로 갔다가 반걸음 뒤로 가기를 반복하고 있는 것 같다.

사실 한국의 지방자치 제도는 1949년 지방자치법이 제정된 이후 6·25 전쟁이 한창이던 1952년에 처음 시행되었다. 1956년에는 시·읍·면장 선거까지 실시하여 기초자치단체의 민선 단체장 체제가 출범했다. 이후 4·19혁명으로 이승만 정권이 붕괴된 뒤 장면 내각은 1960년 시장·도지사 선거까지 실시하여 명실상부한 지방자치시대를 열었다. 그러나 1961년 5·16 군사 정변으로 집권한 박정희 정권이 지방자치제를 전면 중단함으로써 이후 30년 간 지방자치 없는 중앙집권시대를 보내야 했다. 지방자치제도의 부활은 1987년 6월 민주항쟁을 계기로 다시 논의되기 시작했다. 지방자치제도의 온전한 실현이 곧 우리사회의 민주주의를 나타내는 척도에 다름 아닌 것이다. 87년 이후 사회민주화의 열기가 드디어 개헌을 이루고 그 내용에 '지방자치' 단어를 삽입하면서, 1991년에 이르러 구·시·군 의회 선거와 시·도 의회 의원 선거로 실현되었다. 한국의 지방자치는 군사독재시대를 넘어 다시 부활했다.

그러나 1991년에 부활된 지방자치제는 임명제 단체장 체제가 존속하는 상황에서는 유명무실한 것이었다. 우여곡절 끝에 1995년 4대 지방 선거가 동시에 실시됨으로써 한국의 지방자치는 새로운 출발을 맞게 되었고 그로부터 20여 년의 세월이 흘렀다. 20년 되는 사이 내무부, 행정자치부, 행정안전부로 이름만 바꿔가면서, 김대중 정부 말기와 노무현 정부 시절 지방자치에 관한 관심이 높아졌다가 그 뒤로 후퇴한 형국이다. 일례로 광역자치단체와 중앙정부와의 관계만 봐도 그렇다. 인천이 300만이 넘는 광역도시가 됐고 부산광역시 다음으로 큰 도시로 성장했으며 인구증가율도 부산보다 높다. 면적에서도 광역시 중에서는 가장 큰 면적을 갖고 있다. 그러나 여전히 중앙에서 매기는 서열은 서울, 부산, 대구 찍고 그 다음에 인천이다. 광역시도를 열거하는 관습적인 순서라고 일면 이해할 수도 있겠지만, 속내를 들여다봐도 인천광역시는 3대도시로서의 자기 위상을 못 갖추고 있다. 국회의원 수만 봐도 그렇다. 인천이 300만 명의 인구에서 기껏 13명의 국회의원이 있는 반면 350만 명의 부산은 무려 18명이나 된다. 인구 250만 명도 안 되는 대구광역시의 국회의원 수는 인천과 엇비슷한 12명이다. 이런 현실은 곧 지방의 현실을 능동적으로 반영하지 않고 중앙정치의 역학관계에서 지방의 위상과 서열을 정하고 있는 데서 나타나는 문제점이다. 인천은 광역지자체의 서열에서는 인구수로 그 기준을 삼으면서도, 인천 내부의 기초지자체 서열에는 관심없이 여전히 중구·동구 순서로 매김한다는 것은 모순이다.

인천 지방행정의 과제와 문제점들

중앙정부의 행정 또한 정치적인 측면에서 결정되기는 마찬가지다. 인천은 지난 20년 사이에 급속도로 성장했음에도 불구하고 중앙정부로부터 제대로된 대접을 못 받고 있다. 기초자치단체의 경우 20년 전 지방자치를 새로 시작할 때 부평구의 위상이 한때는 매우 높았다. 인천의 자치구 중에서 인구도 가장 많을 뿐만 아니라 산업단지도 있고 대규모 자동차 공장도 있는 경제력에 힘입어 인천의 신흥 정치1번지로서 대우를 받았다. 그러나 20년이 흐르는 동안 여러 요인으로 많이 쇠약해져서 인구는 많이 살지만 그 인구의 대부분은 가난한 사람이거나 장애인이거나 노인들이 많은 원도심으로 남아 도시의 활력을 잃어왔다. 광역자치단체와 기초자치단체의 관계에 있어서도 중앙행정과 광역행정이 상하 관계를 이루고 인천을 홀대하는 것처럼, 그와 똑같이 광역에서는 기초를 상하 관계로 보고 홀대하는 것이 현재의 지방자치제의 수준이다. 광역자치단체가 중앙에다가 하소연 하는 것과 정반대로 자기 기초지자단체에 대해서는 하대하는 이런 모습은 온전한 자치의식이 없는 데서 기인하는 것이다.

유정복 시장이 당선되고 나서 기대가 없지 않았다. 유시장의 장점이랄 수 있는 것은 김포시장이라는 경기도의 기초단체장도 경험했고 경기도의 국회의원으로서 행정안전위원회에서 의정활동을 전개했으며 행안부 장관까지 했다는 점에서 그 누구보다 지방자치의 현실을 잘 이해할 것이라고 기대했던 것이다. 지금까지 기초단체장 출신으로 행안부 장관을 역임한 것은 김두관 장관에 이어 두 번째였다. 기초자치단체에 대한 이해라든가 기초를 끌어 올려서 인천을 끌고 나갈 동력을 마련하는 일 등을 펼칠 수 있을까 기대했다. 그러나 본인과 인천시 공무원들의 사고나 인식이 이전과 크게 다르지 않을 뿐만 아니라 실제 광역 행정이 펼쳐온 작업들은 무척 아쉽다.

300만 대도시 인천의 지방행정을 다시 생각해본다. 광역시도 중에서 경제자유구역을 세 개씩이나 끼고 있는 곳이 없다. 게다가 인천은 국제공항까지 있고, 국제적인 항만도 있는 굉장히 중요한 도시이다. 그럼에도 불구하고 냉전으로 인한 남북간의 단절이 오래 지속되면서 서울과 수도권의 지원도시, 다소 심하게 이야기 하면 '하수도' 역할을 맡고 있는 현실이다. 문호개방 이후 조선의 국제항이었던 인천항에서 식민지시대에 이르기까지 인천이 가지고 있는 위상은 대한민국의 국제항구로서 전국을 다 이어주던 도시였다. 황해 바다가 열려 있을 때까지 그런 역할을 맡았던 인천은 냉전과 전쟁, 분단으로 이어지면서 제 위상을 잃어버린 시절을 보냈다. 그 어려운 시절을 감내하고 동서 냉전이 풀리고 게다가 민주화시대를 맞아 지방자치가 어렵게 살아난 것인데, 달라진 시대가 20~30년에 이르렀어도 중앙의 사고는 여전히 변하지 못하고 있다. 객관적이라고 볼 때에도 황해가 막힌 시대의 내부적, 일국적인 인식이 지배하면서 중앙의 내무부 출신 관료들이 각 지방이나 광역시를 바라볼 때 그런 사고에서 벗어나지 못하고 있다는 것이다.

한편으로 인천 내부의 문제도 없지 않다. 지역 내의 인적자원이라든가 내부적 시각을 극복해내지 못하는 부분이 있다. 내가 인천시의원 할 때 일산에 건립된 킨텍스 전시장을 유치하려고 인천과 경기도가 치열하게 경쟁을 하다가 결국 경기도 쪽으로 빼앗긴 경험을 통해 인천의 정치적인 힘이 부족하고 인천 내부의 역량이 모아지지 못하는 한계를 뼈저리게 느낀 적이 있었다. 이뿐만이 아니다. 지금은 인천국제공항이라고 부르지만, 인천공항이 서울공항으로 이야기 된다든가, 대통령이나 중앙이 인천에 관심을 갖는 것은 매립된 도시 송도나 영종도에만 관심 가졌지 인천에 가진 관심은 낮은 수준이었다. 지금도 인천 내륙에 대해서는 관심이 별로 없고, 공항이 있는 영종도라든가, 외국인 투자나 외국 대학 유치, 녹색기후기금 GCF 같은 국제기구가 송도경제자유구역에 유치가 이루어질 때만 관심이 일시적으로 모아질 뿐이다.

중앙이나 수도권 차원에서 인천이 담당하는 역할은 수도권의 쓰레기 매립지 역할에서 벗어나지 못하고 있을 뿐만 아니라 LNG기지나 화력발전소 같은 위험시설을 설치하는 곳으로 인식되고 있다. 영흥도의 화력발전소에서 서울에서 사용하는 전기의 대부분을 공급하고 있다. 송도의 LNG기지도 마찬가지다. 인천은 서울의 안보를 위해, 특히 부평은 14개 군부대와 미군부대가 배치되어 희생당하고, 에너지 자원이나 쓰레기 처리시설이나 받아주는 곳이고 그나마 이에 대한 배려나 보상조차 제대로 받지 못해온 지역이었다. 예전에는 서울 하고 경기도의 관계 속에서 경기도가 밀렸는데 이제는 경기도가 안 밀리는 형세다. 경기도에 신도시가 대거 들어서면서 예전과 같은 서울 중심, 경기도 외곽이라는 논리가 사라지고 있을 뿐만 아니라, 오히려 경기도가 자기 위상을 세우고 있고 대통령 후보도 계속 배출하면서 지역을 발전시키는 정치적 배경이 있는 것이다. 반면에 인천은 지난 수십 년간 쓰레기나 버리고 안보를 위해서 해안선마다 철조망을 치는 흉측한 도시로 변해왔다. 그나마 해안 철조망이 하나둘씩 철거되고 있긴 하지만, 그러나 여전히 인천 부평에만 14개나 되는 군부대가 움직이지 않고 남아 있다. 경기도에서는 곳곳에 남아 있던 미군부대를 평택만 남겨놓고 다 철수해 가는데 부천의 군부대는 오히려 인천으로, 부평으로 넘어오고 있다. 이런 몇몇 문제만 살펴보더라도 인천은 경제자유구역을 중심으로 급성장한다고 자랑하고 동북아의 허브도시라고 이야기 하지만, 대한민국 특히 수도권 안에서는 여전히 제 대접을 못 받고 있는 곳이다.

인천의 위상을 찾고자 한 시도들

그나마 인천의 자기위상을 찾고자 한 움직임이 시작된 건 1991년 지방자치가 시작되면서 기초와 광역의원이 선출되고 1995년에 민선자치가 전면화 될 때부터다. 내가 두 번째 광역시의원이 될 무렵 지역에서 인천의 위상을 제대로 찾자는 이야기들이 쏟아져 나왔다. 그런 이야기 중에는 동서 냉전이 해체되면서 서해 앞바다의 평화 이야기도 나오기도 했다. 또 국제공항이 영종도에 설치될 때는 그것이 인천에 미치는 영향에 대한 이야기들도 인천 사람들이 이야기하기 시작했다. 현재는 인천방송이 됐어야 할 OBS경인방송이 끝없이 추락하고 있는데, 내가 시의원이 된 1995년도에는 '인천도 자체 방송을 갖자'는 주장이 거세게 제기됐다. 지방 소도시에도 KBS방송국이 다 있는데 인천만 인천의 뉴스를 자체적으로 담아내는 방송국이 없다는 자각이 인 것이다. 그래서 시민들이 주식을 사는 방식으로 인천 중심의 방송을 만들자고 나섰다. 그렇게 해서 i-TV 인천방송이 설립되기에 이른 건데, 결국은 공중파 지상채널을 못 가져 오고 관심도가 낮은 채널을 받게 되면서 경쟁력도 떨어지고 광고에서도 뒤떨어지게 돼 어려움에 봉착해 결국 얼마 못가 사라지고 말았다.

인천은 지금도 언론의 사각지대에 놓여 있다. 방송을 통해 인천 뉴스를 볼 수가 없다. 기껏해야 간혹 가다가 끔찍한 사건, 사고를 통해서만 접할 수 있을 뿐이다. 신문사의 경우도 마찬가지다. 인천에 본사를 두고 있는 신문사가 많지 않다. 인천에 본사를 두더라도 인천만 다루는 것이 아니라 수원 중심, 경기도 중심으로 흘러가고 있다. 300만 명의 대도시를 제대로 취재하고 보도해줄 언론기관이 부재하다는 건 심각한 문제다. 인천이 가뜩이나 서울의 변방도시로 정주의식이 떨어지고 정체성도 부족하다는 지적이 끊이지 않는 이유 중의 하나도 지역의 시민여론을 수렴하고 때론 시민들을 하나로 묶어줄 언론매체가 부족한 데서 기인한다고 본다. 시민들이 막상 지역의 문제에 관심을 가지려고 해도 쉽게 접할 수 있는 언론매체가 부족하니 관심도 떨어지고 지역에 대한 애착심도 부족하게 되는 것 아닐까? 중앙언론에 보도되는 인천은 그야말로 사건, 사고의 도시 인천만 남을 뿐이다. 그러다 보니 오히려 시민들은 인천을 하루빨리 벗어나야 할 도시라는 생각에 빠져드는 것 같다. 인천의 지역적 위상 문제나 지역사회 내부의 문제를 공유하지 못하고 따라서 건전하고 진지한 문제의식을 언론매체를 통해 공론화하지 못하고 있는 이런 공론장의 부재상태에서, 유정복 시장이 이야기 하는 300만 시대 인천의 주권 이야기는, 그 실내용을 들여다보면 다소 일방적인 선언이고 시민적 실천을 묶어내지 못하는 답답한 주장으로 그치고 있어서 아쉽다.

1995년 지방자치제가 전면화 되면서 나왔던 많은 인천의 이야기들 중에는 현재까지도 해결하지 못한 문제들이 많다. 지역의 자립 문제만 해도 그렇다. 기업체의 경우 본사가 다 중앙에 있고 인천에서는 돈만 벌어가는 풍토는 오늘날도 달라지지 않았다. 지역에서 기껏 고용해봐야 현장의 생산 인력만 고용해서 경제적 파급이 크지 않고 지역에서 산출된 많은 이윤들은 중앙으로 다 가져가고 있다. 대학 교수들도 인천에 살지 않는 교수들이 여전히 많다. 인천대학교나 인하대학교의 엘리트 대학교수은 다 서울에서 살고 인천 와서는 돈벌이만 하고 있으니까 인천이라는 도시가 자체적으로 성숙도 안 되고 애향심이 여전히 부족한 도시로 남아 있는 것이다.

이렇게 인천이 독자적 자족성을 갖추지 못하고 서울에 종속돼 있는 반면에 서울과 수도권에 불가피하게 필요한 온갖 안 좋은 시설들은 다 인천에 가져다 놓은 문제도 전혀 개선되지 않고 있다. 영흥도 화력발전소도 처음에는 5기만 만들겠다고 했다. 그런데 지금은 6호기가 가동 중이고 지역의 반대여론에도 불구하고 7, 8호기 발전소의 부지선정까지 완료된 상태다. 인천이 필요로 하는 전기를 생산하는 것도 아닌데 영흥화력발전소로 인한 피해는 인천에서 고스란이 감내하고 있는 것이다. 서울 도심이 커지고 외곽의 도시들이 개발되면서 일산, 고양, 부천, 안산, 김포 등의 중간도시들이 거대하게 커진 반면에 인천은 오히려 이들 중간도시한테도 위상이 밀리는 상황까지 발생하고 있다.

관선제로 지방행정을 할 때는 중앙의 내무부 승진코스로 가기 위해 거쳐 가는 코스여서 행정책임자들이 적극적인 행정을 펼치지 않고 2년 있다 떠나는 식이었다. 인천에 있는 사람들도 여기서 공부하다가 더 잘 되려면 서울로 가야 한다는 생각에 사로잡힌 적이 있었다. 영향력을 발휘할 수 있는 인재들이 지역을 위해서 뛰기보다는 자기의 잘된 이력과 경력은 전부 개인적인 부분이고 인천은 오히려 자신의 발전에 별로 도움이 안 된다는 인식이 사실 팽배했던 시절도 있었다.

새얼문화재단에서 인천을 중심으로 하는 모임을 만들고 『황해문화』라는 잡지를 만들고 있는데, 인천에 관한 문제만 뽑으라면 여기에 다 나온다. 그것을 나도 꾸준히 참고해 왔다. 새얼문화재단이 인천에서 문화행사라든가 새얼아침대화를 지난 30년간 꾸준히 했는데 놀라운 성과다. 그런데 내가 보기엔 이런 것만 의미가 아니라 지역에서 계간지를 무려 30년 가까이 만들어 내면서 국내외의 우수한 학자들의 글을 통해서 한국의 문제뿐만 아니라 인천의 문제들을 잘 해부하고 미래 대안까지도 꾸준하게 내놓은 것이 더 큰 의미가 있다, 이것도 지방자치제가 시작되고 지역에서 활발하게 일어난 움직임이다.

인천의 발전이 곧 지방자치의 발전

인천의 새로운 도약은 지방자치가 되면서 비로소 본격화 된 부분인데, 그것이 좀 더 호흡을 강하고 길게 가져가면서 시정의 중심으로 가져야 할 때가 되었다. 도시의 발전이라는 측면에서도 과거 인천의 중심지였던 원도심 지역이 축이 되면서 새로 매립된 송도나 영종 경제자유구역 등이 포괄돼 나가야 한다. 그런데 지방자치제로 새로 선출된 민선 시장들이 인천의 브랜드를 갑자기 높일 수 있고 경제적으로 먹고 살 수 있는 비전만 염두에 두다 보니, 원도심은 뒷전으로 밀리고 경제자유구역 발전을 비전으로 내놓는 것은 문제다. 이제까지 민선 시장들의 관심은 매립된 땅 중심이었다. 매립된 신도시를 중심으로 시정이 펼쳐지면서 정작 중심문제로 끌어가야 할 가치를 놓치고 있는 것이다. 최기선 시장, 안상수 시장, 송영길 시장, 유정복 시장 등 전·현직 시장들이 모두 다 매립지 송도를 중심에 놓고 시정을 펼치다 보니 인천의 큰 힘, 가장 오래된 지역이면서 문화적으로도 의미 있고 전체 인천 사람들을 견인해갈 수 있는 원도심은 상대적으로 뒷전으로 밀릴 수밖에 없었다. "전지구적으로 생각하고 지역적으로 실천하라!"라는 『황해문화』와 새얼문화재단의 모토를 구태여 환기하지 않더라도 인천 전체를 이끌어나갈 행정의 리더십이 부족했다는 생각이 든다.

인천의 경우와 달리 대구나 광주, 대전광역시들은 인천만큼 급성장하지는 않지만 도시 자체 내의 중심세력이 굉장히 튼튼하게 자리하고 있어서 자기지역 발전에 대한 토론이 활발하고 또 지역에 문제가 발생했을 때 전체가 응집되어서 집단적으로 풀어나가는 힘이 굉장히 강하다. 반면에 인천은 어떤가? 앞서 열거한 광역시들은 엘리트들부터 시민들까지 하나의 축으로 묶어질 만큼의 지역적 유대감이 강하지만 인천은 그런 지역적 유대가 매우 약하다. 물론 지역적 유대와 연고가 약하다는 것은 장점이 될 수도 있다. 인천은 6·25전쟁 때 월남한 이북도민까지 포함해서 전국의 8도를 고향으로 두고 있는 다양한 사람들이 모여 살고 있는 열린 도시다. 그렇게 지역적 연고와 유대가 약한 다양한 사람들이 텃세 없이 모여 살 수 있는 장점이 있는 반면에 인천 그 자체의 정주의식이나 주인의식은 갑작스럽게 형성되기 어려운 부분이 있다.

황해도민들은 인천의 중구와 동구에 많이 모여 살고 있고, 호남 출신들은 처음엔 공단 주변인 청천동과 4·5공단 주변에 모여 살기 시작했다. 충청도는 서산, 당진군에서 뱃길을 통해 인천으로 올라와서 지금까지도 인천에서 제일 많이 사는 지역 세력이다. 영남 지방에서도 일정하게 서울과 함께 인천으로 이주해 와서 부평 등지에 살고 있다. 이렇게 출신 지역이 다양한 사람들이 인천에 모여 살다 보니 인천을 제2의 고향으로 생각하기보다는 각 지역세력 중심으로 결집해버리는 문제가 발생해왔다. 이런 문제가 잘 드러나는 게 인천지역선거다. 선거가 있을 때는 특히 지역선거 경향이 강하게 나타나다 보니까 대통령 선거나 국회의원 선거 모두 지역별로 딱 갈라져서 투표를 하는 양태가 반복되고 있다. 지방자치제가 실시된 지 20년이 넘었지만 이런 부분들을 치유하지 못하고 더 악화시키고 있다는 것은 인천을 더 발전시키기 위한 행정의 철학이 결여된 데서 비롯된 것이다. 지역민들이 각자 고향에 따른 원고향만 찾고, 선거 때마다 묶여지는 갈등의 문제를 행정의 리더십이 나서서 통합으로 풀어나갔어야 했다.

인천시민을 묶어내는 리더십이 아쉽다

인천의 발전에 있어서 시민들의 마음이 통합이 되면 인천이 지니고 있는 객관적 요소들의 높은 잠재력이 더해져서 크게 발전할 수 있다. 문제는 어떻게 인천시민들을 인천이라는 공동체로 통합하고 묶어내는가 하는 것이다. 지역적 통합의 힘이 발휘가 안 되니까 수도권 안에서도 인천은 불평등한 대접을 받고 홀대를 받는 경우가 많다. 이런 문제에 대해서 일시적인 감정적 대응이 아니라 지역 내의 시민 역량을 최대한 통합적으로 끌어내고, 개발 중심주의적인 가치가 아닌 인문학적 도시비전을 제시할 수 있어야 한다. 인천이라는 도시의 역사성은 사실 어느 도시에 비교해도 모자라지 않다. 수도 서울의 바로 옆에 있으면서도 한국의 개국과 근대화를 선도한 역사적 경험을 가진 도시다. 인천이라는 도시가 갖고 있는 역사적 가치와 더불어 공항, 항만 등을 갖춘 해양도시로서 미래를 내다보는 지속가능한 전략을 잘 세우기만 한다면, 인천만을 위한 도약이 아니라 한반도의 도약을 위해서도 큰 역할을 할 수 있다.

인천이라는 도시가 제 역할을 감당해야 정체된 남북관계도 풀 수 있다. 인천이 가진 공항, 항만, 육로를 통해 이 도시가 가지고 있는 중요한 역할을 제대로 수행할 수 있도록 하는 행정의 리더십이 절실히 필요한 시기다. 물론 과거에도 대통령선거나 지방선거의 시장 후보로 나선 사람들이 지역의 통합 이야기를 했지만, 가시적 성과가 나타나지 않고 있다. 지금 인천이 안고 있는 문제점을 분명하게 깨달으면서 역사적 관점, 지속가능한 관점에서 인천이 나아가야 할 방향을 설정하고 이를 섬세한 행정의 리더십으로 가져나간다면, 진정하게 인천을 도약시킬 수 있고, 중앙행정에서도 그 위상을 재평가하는 시기가 올 것이다.

중앙행정에서 인천을 재평가한다는 의미는 무엇인가? 한반도의 통일을 염두에 둘 때 더욱 그렇다. 국토의 균형발전이라는 측면에서 중앙정부에서는 지금까지 세종시 중심의 행정을 펼쳐왔다. 그런 반면 인천은 아예 언급도 안되었는데 참으로 안타까운 부분이다. 한반도의 분단이 고착되고 영구화된다면 세종시가 남한 행정의 중심이 될 수 있겠지만, 남북한의 통일을 염두에 둘 때, 세종시만 이야기되는 것은 너무 치우친 이야기다. 한반도의 통일을 염두에 둘 때, 한반도의 배꼽에 위치한 인천이야말로 바다와 하늘과 육상으로 단절된 남북의 혈관을 연결하는 중요한 도시로 부상할 것이다. 그것이 바로 인천이라는 도시가 재평가되어야 하는 이유이다.

인천광역시 내부의 행정을 놓고 볼 때도 지금까지의 지방행정은 개발위주, 성장 위주의 정책을 펼침으로써 잃은 것이 많다. 송도국제도시가 매립되기 이전 인천의 중심이었던 중구와 동구, 남구 부평구 등이었다. 그 후로 남동구에 산업단지가 세워지고 시청이 이전하면서 인구가 늘어나고 서구도 산업단지와 함께 도시개발이 서서히 이루어지면서 50만이 넘는 도시가 됐다. 이제 300만 대도시가 된 인천에서 여전히 부평구의 인구가 가장 많다. 인천이 이렇게 성장하고 발전한 것은 단지 맹목적인 개발 때문만은 아니었을 것이다. 그곳에 사는 사람들이 행복해질 수 있도록 하는 것이 도시발전의 근본적인 목표 아니겠는가? 그런데 현재는 개발사업이 어느덧 도시발전의 목표나 목적이 된 것 같은 착각이 들 정도다. 이제까지의 도시발전은 사람에게 초점이 맞추어지지 않았다. 인천의 발전이 사람을 중심으로 이루어지기보다는 물량적인 성장과 경제적 목적 중심의 브랜드화로 치중해 왔다.

지난 20여 년간 인천의 지방자치는 주민자치의 비전은 사라지고 매립지 개발이라는 장밋빛 환상만 바라보며 이루어져 왔다. 원도심의 주민들은 빈곤 속에 깡통 차고 매립지에서 뭐가 되기만 하면 다 해결될 것처럼 쳐다봤던 것은 아닐까? 매립지 개발만 잘 된다면 인천시민 모두가 행복해질 것이라는 그런 환상을 시 행정부가 지속적으로 부추겨오지는 않았는가 말이다. 물론 경제자유구역 개발이 모두 잘못된 것이거나, 필요 없다는 이야기는 아니다. 다만, 그곳에만 너무 몰두한 나머지 인천의 어려운 사람들을 더더욱 어렵게 방치했다는 점이 문제다. 사실 인천은 원도심의 어려운 사람들이 인천을 이끌어 왔다. 인천에서 생산 동력이 되었던 사람들이 산업공단을 부흥케 하고 매립지를 개척하는데도 밑거름이 되었다. 원도심에 밀집되어 낙후된 환경 속에서 살아가는 사람들이 인천의 동력이자 대한민국의 동력이었다는 점을 우리는 망각하고 있다. 그들을 단지 생산동력의 대상으로만 썼지 그들 자체가 이 도시의 주인이라는 생각을 갖지 못하고 그들에 대한 배려를 지방행정이 담아내지 못했다. 그러면서 인천의 지방행정은 늘 개발로 인해 새로 유입될 이주민들만 대상으로 삼은 것은 아닌가 하는 생각을 떨칠 수 없다.

중앙이 지방행정을 좌우하는 시대는 지났다

중앙의 관료들, 중앙 출신으로 인천에서 지방행정을 맡고 있는 사람들과 이야기를 하다보면 중앙의 사고는 여전히 통제하려는 생각이 강하고 옛날 방식이라는 생각이 들곤 한다. 목소리가 강하게 나오는 쪽에만 관심을 두고 행정을 펼칠 뿐이지, 진정한 지방분권이나 지방이 처한 문제에 대해 깊이 있게 생각하지 않는다. 그런 사고 속에 인천은 아예 배제되기 십상이다. 중앙행정에서 볼 때 인천은 매우 쓸모 있는 지역이라 여겨졌을 것이다. 왜냐하면 지역의 목소리가 그리 강하지 않고 정치인의 숫자도 적고, 인천이 기반이 아니라 다른 지방의 이해관계에 관심을 기울이는 정당과 시민들로 구성돼 있다고 보기 때문이다. 이제는 바로 중앙의 이런 편견을 깨야 한다. 인천의 군수·구청장협의회 회장을 맡으면서 전국의 회장을 맡으려고 할 때 그 생각을 더욱 뼈저리게 느꼈다. 하다못해 인천은 중앙행정의 배려나 신경 쓰는 면에 있어서 전남의 광양시 또는 여수나 평택보다도 위상이 낮다고 느꼈다. 이제는 바뀌어야 한다.

지역의 목소리를 아주 많이 강하게 내야 할 때가 있고, 목소리만 높일 게 아니라 뚝심을 가지고 정책적으로 반영되도록 이끌어나가야 할 때가 있다. 중국, 북한과의 관계에 있어서 전임 송영길 시장이 그런 걸 잘했다. 중국과 북한과의 관계에 있어서 서해안의 중심에 자리 잡은 인천이 선도적으로 서해바다를 평화구역으로 설정하는 문제를 중요한 국가적 이슈가 되도록 노력했다. 이렇게 여건을 조성해나가면서 시민들이 내는 목소리가 그냥 메아리 없는 목소리에 그치는 것이 아니라 현실로 반영될 수 있도록 리더십을 발휘해야 하는 것이다.

서해를 남북공동어로구역으로 설정하자는 구체적인 제안까지 나온 좋은 기회가 있었지만, 이명박과 박근혜 시대에는 남북관계가 다시 극도로 악화돼 버렸다. 이런 와중에 사드 배치 문제까지 터지면서 북한은 물론 중국과의 관계마저도 위태롭게 흘러가고 있다. 임시배치라고 하지만 사드는 중국과의 관계를 새롭게 맞게 되는 계기가 될 것으로 본다. 중국과의 관계를 제대로 정립하는 게 한국의 외교에 있어서 매우 중요한데, 그간 이 문제가 간과되어 왔다. 북한의 핵실험과 중국의 사드 보복 등으로 인해 많은 어려움에 처해 있지만 중국, 북한과의 관계설정을 포기하지 말고 추진해나가야 한다. 또한 남한은 일본, 그리고 혈맹관계인 미국과의 관계도 매우 중요하다. 북핵과 사드문제에 어떻게 대응하는가 하는 것도 매우 중요하다. 러시아와의 관계도 굉장히 중요한 것이다.

그런데 이런 문제들도 서울, 중앙에서 판단하고 결정하는 것보다 인천에서, 즉 현장에서 실제로 구체적인 성과를 이루어낼 수 있는 가능성들이 많다. 인천과 중국대륙의 경우, 청도에서 닭이 울면 인천에서 그 소리가 들린다고 할 정도로 역사적으로나 지정학적으로 가까운 곳이다. 천진이나 청도와의 교역은 오랫동안 활발하게 이루어져왔다. 북한 역시 교동도와 황해도 사이에 다리만 놓고 바로 넘어갈 경우 너무도 가까운 곳이다. 인천에서 남북 축구 교류 등을 해왔는데, 이게 중단됐다. 중앙 정권이 남북관계를 후퇴시키면서 나타난 결과다. 송영길 시장이 외교 부분은 매우 잘했는데 그대로 쌓여서 진척되었다면 인천의 위상은 아주 높아질 수 있었다고 본다.

인천의 눈으로 한반도의 미래를 내다보자

물론 중국과 북한의 문제를 인천 자체의 힘만으로 해결하기는 쉽지 않다. 남북관계가 경색되면서 백령도 천안함사건이나 연평도포격사건 등이 일어나서 인천은 진취적으로 나가려다가 오히려 피해 당사자가 되었다. 이럴수록 인천사람들은 우리나라의 분단문제, 중국문제 등에 관심을 가지고 제 목소리를 낼 수 있는 대통령 후보자가 나오기를 고대하게 된다. 그리고 그런 대통령 후보가 인천에서 나온다면 더더욱 좋을 것이다. 이런 점에서 극단적인 반공주의 시대에 두 번씩이나 대통령에 출마했던 인천 출신의 죽산 조봉암 선생을 다시 떠올리게 된다. 인천사람들 중에도 그런 인물이 인천 부평에서 배출됐다는 사실을 모르는 사람이 여전히 많다.

조봉암 선생은 강화 출신인데 부평에서 국회의원을 두 번 했다. 부평 2동의 미쓰비시 관사에 살면서 두 번 출마해 두 번 당선된 인물이다. 안타깝게도 지난 50년 동안 반공주의가 횡행하는 역사 속에 묻혀버렸지만, 1959년 처형된 조봉암의 죽음이 2011년 대법원에서 잘못된 판결이라고 밝혀졌음으로 그의 평화통일사상을 다시 부활시켜야 한다. 지역사회에서 추진되고 있는 조봉암 동상도 부평의 미군부대로 유치해야 한다. 이런 주장을 하는 이유는 조봉암 선생이 국회의원 시절 부평에서 거주, 활동하면서 이승만의 자유당 후보와 어려운 여건 속에서 경쟁해서 이기고, 더 나아가 북신동일을 주장했던 이승만에 대항해 평화통일을 강조하면서 이승만을 넘어서는 대통령 후보였다는 역사적 사실을 계승하자는 측면에서다. 인천의 역사에서 지워지고 부평의 역사에서도 제대로 인식하지 못했던 조봉암 선생의 선구자적인 평화통일사상의 가치를 재인식한다면, 인천뿐만 아니라 대한민국이 지금의 아주 답보적인 분단 상황에 끌려가는 것을 극복하는 정신적 지형을 마련할 수 있다고 생각되기 때문이다.

이처럼 인천의 위상은 대한민국의 평화를 가져오는 거점이고 평화뿐 아니라 대한민국을 자주국가로 만들고 정의를 바로 세울 수 있는 그런 곳

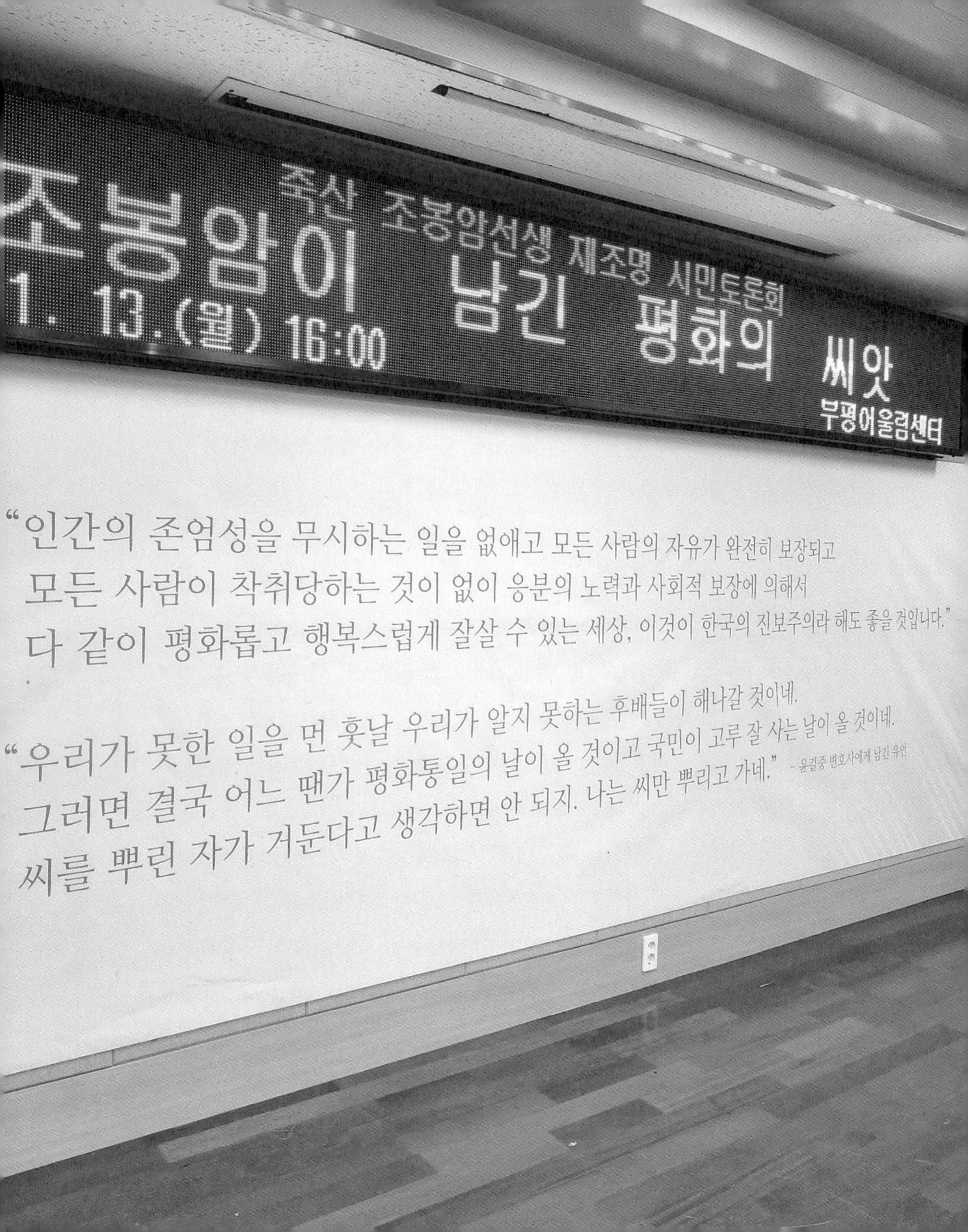
죽산 조봉암선생 재조명 시민토론회
조봉암이 남긴 평화의 씨앗
1. 13.(월) 16:00
부평어울림센터
"인간의 존엄성을 무시하는 일을 없애고 모든 사람의 자유가 완전히 보장되고
모든 사람이 착취당하는 것이 없이 응분의 노력과 사회적 보장에 의해서
다 같이 평화롭고 행복스럽게 잘살 수 있는 세상, 이것이 한국의 진보주의라 해도 좋을 것입니다."
"우리가 못한 일을 먼 훗날 우리가 알지 못하는 후배들이 해나갈 것이네.
그러면 결국 어느 땐가 평화통일의 날이 올 것이고 국민이 고루 잘 사는 날이 올 것이네.
씨를 뿌린 자가 거둔다고 생각하면 안 되지. 나는 씨만 뿌리고 가네."
– 윤길중 변호사에게 남긴 유언

이다. 인천이 정의의 도시라는 게 전혀 뜬금없는 이야기가 아니다. 일본제국주의의 압제가 특히 심했던 인천에서 식민지시대 조봉암 선생이 지하에서 민족해방운동을 전개했을 뿐만 아니라 대한민국이 건국된 이후에는 끊임없이 일신의 영화를 떠나서 국민과 피해대중을 위한 정의로운 국가를 만들려고 노력했다. 그리고 죽산 조봉암뿐만 아니라 여러 사람들이 인천에서 그런 정의로운 나라를 꿈꿨다. 인천의 감옥에 갇혀 있다가 사상전환을 이루고 평생을 조국의 독립을 위해 싸운 백범 김구 선생의 동상이 인천에 세워져 있는 것이 결코 우연이 아니다.

엄혹한 군사독재시절 인천에서 민주화운동과 노동운동에 참여했던 많은 사람들이 바로 인천의 민중 속에서 인천의 지식인들 속에서 나왔다. 이들은 권력의 강압적 힘에 의해 훼손된 사회의 정의를 바로잡으려고 나섰던 사람들이다. 1987년 6월 민주항쟁이 전국적으로 일어나기 1년 전에 인천에서 먼저 5·3민주항쟁이 일어났다. 그런 점을 보더라도 인천은 우리나라의 사회정의를 바로 세운 도시였다. 그러나 지금은 이런 영예로운 역사의 기억을 잊어버렸고 평화의 도시가 아닌 전쟁의 도시로 자꾸 변화고 있는 것 같아 안타깝다. 인천의 일부 보수세력이 여전히 대결논리에 입각해 맥아더의 인천상륙작전을 전승이라고 부르면서 대대적으로 기념행사를 하는 것은 안타까운 일이다. 이런 현상들을 보면 대결의 남북관계로 인해 피해를 받는 피난민들을 비롯한 일반 민중들의 고통을 새삼스럽게 떠올리게 된다. 반대로 생각해보면 월남한 피난민이 아직 인천을 떠나지 않고 살고 있다는 것 또한 통일에 대한 기대와 희망이 아직 꺼지지 않았다는 것을 말해주는 것 아닌가 생각한다. 그런 열망과 희망이 인천이라는 도시에는 다양하게 응축돼 있다. 문제는 이들의 전도된 통일에 대한 희망과 열망을 중앙정치와 지방행정이 어떻게 조화롭게 인천이라는 구체적인 장소에서 구체화해낼 수 있느냐 하는 것이다. 인천이 사회의 정의를 바로세우고 중국, 북한과의 평화를 이룰 수 있는 거점이라는 사실을 제대로 인식하는 새로운 리더십이 더더욱 절실한 때이다.

재개발의 패러다임을 바꾸자

복잡한 이해관계가 얽힌 재개발 문제

인천 부평에서 재건축으로 인한 송전탑 이전 문제로 오랫동안 갈등이 있었다. 재건축을 추진하는 지역에 한국전력의 대형 송전탑이 위치해 있어서 송전탑을 옮기라고 강력히 요청한 것이다. 그런데 요즘 도심에서 송전탑은 기피시설이다. 송전탑을 이쪽으로 옮긴다고 하면 그 동네에서 반대하고 또 저쪽으로 이전한다고 하면 그곳도 반대해서 2~3년간 갈등이 있었다. 재건축 조합장과 송전탑이전주민대책위 주민들 사이에 고소와 고발이 이루어지고 서로 싸움이 일어났다. 경찰서에 안 갔다 온 주민들이 없을 정도였다. 그나마 합의를 본 것이 송전탑을 없애고 지하로 전선을 까는 지중화로 갈등조정위원회에서 중재를 해 합의를 봤는데, 지하에 전선을 묻기 위해 드는 돈 문제로 또 인천시와 줄다리기를 하다가 아직 해결을 못하고 있는 상황이다. 이런 하나의 사례를 봐도 기존의 도심지를 재건축한다는 게 얼마나 어려운 일인지 알 수 있다. 하물며 재개발을 추진하는 것은 다양한 이해관계가 얽혀있어 더더욱 어려운 일이다.

인천의 재개발사업의 경우, 안상수 전 인천시장 임기 후반인 2008년과 2010년 사이에 부평에서만 무려 40여 군데가 재개발지역으로 지정돼 각 지역마다 재개발 추진위, 재개발 조합 등이 우후죽순으로 생겼다. 이와 같은 인천 재개발사업의 시작은 한국 전체가 부동산 경기가 좋을 때 추진됐다. 그런데 그게 부동산 경기의 끝물에 시작됐다는 게 문제다. 2009년 미국발 서브프라임 모기지사태로 촉발된 국제금융위기가 국내 부동산시장에 찬물을 끼얹으면서 우후죽순처럼 생겼던 재개발지역이 큰 사회적 문제가 됐다. 인천 전체에 약 230여 개의 재개발 정비사업지구를 정한 건 안상수 시장 시절인데, 국제금융위기로 재개발을 추진할 수도 없고, 그렇다고 중단할 수 없는 재개발사업지구가 커다란 난제가 돼버렸던 것이다.

난립한 인천 재개발사업 문제에 대해 2010년 당선된 송영길 시장은 재개발문제를 해소하겠다는 공약을 내걸고 당선됐다. 재개발이 오랫동안 지연되면서 추진동력이 없어진 데는 취소시키고 추진 가능성이 있는 데는 추진하겠다는 입장이었다. 그러나 경제자유구역의 부지에 IT산업이나 금융산업, 영화산업 등을 유치하겠다는 당초 계획대로 잘 추진되지 못하면서 상황이 어려워졌다. 경제자유구역의 매립된 곳을 특화된 첨단산업지구로 조성하겠다는 애초의 계획이 어려워지고 사업의 방향이 신규

아파트단지 건설로 흐르면서 주택정책의 성격이 강한 원도심 재개발 문제에 대한 해결은 난망해져만 갔다.

길을 잃은 원도심 문제

인천시 도시정책이 송도 중심으로 진행되면서 원도심의 재개발사업을 비롯한 시민들의 주거문제가 균형있게 추진되지 못하였다. 그렇게 원도심의 상황이 악화되는 가운데 임대주택정책인 '누구나집'프로젝트와 저층주거지관리사업이 실시되었다. 지금은 '뉴스테이'라는 이름이 되었지만, '누구나집'프로젝트는 공공성이 가미된 준공공형임대아파트로 지금의 민간임대아파트인 뉴스테이와는 좀 다른 것이었다. 인천도시공사가 민간사본과 함께 인천의 중산층을 대상으로 한 임대아파트를 지어서 신혼이거나 아이 하나 가진 젊은 사람들이 재정부담이 큰 아파트를 분양받는 것보다 부담이 적은 임대로 들어갈 수 있도록 방향을 바꾸도록 한 것이다. 그 다음에 재개발이 아주 안 되어서 재개발사업을 포기된 곳에는 원도심 저층주거지관리사업을 추진해 각 구에 두어 개씩 지구별로 약 40억 원 정도를 지원하는 사업을 추진했다. 저층주거지관리사업 지원을 받으면서 재개발을 포기하겠다고 확정하면 시에서 매몰비용을 일부 보전해주는 일종의 출구전략을 펼쳤다.

그러나 안타깝게도 시기가 늦어지면 정책의 목표를 달성하지는 못하였다는 평가를 받고 있다. 게다가 재개발사업추진에 대한 매몰비용 지원의 경우, 그 의도는 좋았으나 매몰비용을 어떻게 책정하고 인천시가 재정위기 속에서 그 부담을 어떻게 감당할 것인가에 논란이 다시 이어졌다. 다만 '원도심 저층주거지관리사업'은 일부 재개발을 포기한 지역을 대상으로 실시했다. 가난한 동네에 자기 집은 못 지어줘도 주민커뮤니티센터 같은 공동건물을 지어주는 형태로 진행됐다. 그나마 추진과정도 시가 일방적으로 추진해서 부평구의 경우는 영성마을 한군데를 제일 먼저 신청하고, 그 뒤 두 군데를 추가로 신청했는데 그 진행에 어려움이 많았다.

토론과 공론화 단계를 거치지 않고 위에서 일방적으로 추진한 정책의 한계가 잘 드러난 사례다. 한 동네에 40억 가까이 준다고 해서 각 구별로 나눠주기식으로 사업 대상지를 정했다. 그런데 정작 주민들이 돈 받아서 무엇을 할 것인지에 대한 자체 의견수렴이나 논의들이 충분하게 이루어지 않은 상태였고 마을 활동가들이 없거나, 리더십을 발휘하지 않으면 결국에는 그 시설에 대한 운영 불만 등이 쏟아져 나온다. 부평구에서는 차라리 인천시가 그 돈을 직접 사용할 권한도 주었으면 좋았을 것이라고 생각한다. 그 동네의 주민자치센터에 40억으로 복합건물을 잘 만들었다면 동네 사람이 다 같이 나서서 공간을 만들고 이용했을 것이다.

'누구나집' 프로젝트는 당시 박근혜 정부의 지원이 전무한 상황속에서 힘겹게 추진되던 중 유정복 시장의 당선 뒤 변형된 형태인 뉴스테이사업으로 아주 적극적으로 추진되었다. 박근혜 정부의 적자라고 할 수 있는 유시장은 국토부와의 협의를 거쳐서 박근혜 대통령이 첫 사업 기공식에 참석하도록 해서 기대효과를 크게 높인 다음, 뉴스테이 사업을 중앙 정부와 대통령의 후광 아래 인천 전역에서 대대적으로 전개했던 것이다.

지금 부평에서만 두 군데 뉴스테이 사업지구가 상당 부분 진행했고 또 두 군데에서 사업을 밀어붙이고 있다. 인천에 모두 11군데의 뉴스테이사업이 진행되고 있으니 전국에서 가장 많이 추진되고 있다. 유정복 시장에 와서는 재개발사업이 뉴스테이 사업으로 변경된 것이다. 심지어 동구 쪽에는 2조원이 넘는 뉴스테이 사업을 아파트만 짓는 것이 아니라 복합적으로 상업건물도 포함시켜서 하겠다고 유정복 시장은 2017년 초에 스스로 발표하기도 했다. 급기야 부동산으로 인한 수익창출을 위해 '시민의 주거 개선'이라는 근본적 목표를 내팽개쳤다는 비판은 어쩌면 당연한 것이다.

뉴스테이는 원도심의 대안이 아니다

뉴스테이 2·3호인 청천동, 십정동 지역은 그나마 국토부 또는 인천도시공사가 직간접적으로 개입·보증으로 보호막을 쳤지만, 10년 만에 재개발의 광풍이 이제 여러 가지 모양새로 변형되면서 한편으로 정리가 될지는 미지수다. 동구의 뉴스테이 사업을 비롯하여 11군데에 이르는 뉴스테이 사업은 또 다른 문제가 야기되지 않을까 우려된다. 뉴스테이 사업에 있어서 가장 우려되는 부분은 이것이 투자자를 모아서 하는 것이라는 점이다. 이전의 재개발은 건설사가 투자하는 것이라면 뉴스테이는 민간투자가들이 농협, 금융이라든지 개인이라면 사모펀드를 통해서 투자하는 것이다. 그런데 이 사람들은 건설사 못지않게 자기 이윤에 예민한 사람들이다. 반대로 뉴스테이 대상 지역의 종전 토지 등 소유자들은 자기자본이 취약한 집 한 채밖에 없는 사람이라는 점이다. 뉴스테이 추진 과정에서 임대자도 여력이 풍부한 사람이 들어오는 것이 아니다. 이렇게 전체적으로 놓고 보면 투자자들의 이익을 만족시켜주기 위해 인천시가 통로 역할을 해주는 것과 유사하다.

이런 우려 때문에 새로이 시작하려는 뉴스테이는 중단해야 하고 도시재생의 방향으로 가야 한다. 도시재생의 방향으로 갈 때에는 주민들에 대한 교육도 같이 가야 한다. 주민들이 스스로의 집을 이용해서 투기자본처럼 개발이익에 올라타려고 하는 것보다는 우리가 살고 있는 동네를 어떻게 하면 살기 좋은 동네로 잘 만들어 갈 것인가 하는 것에 관심을 갖고 인내심을 갖고 나아가야 한다. 그런데 인천시가 끊임없이 건설경기 부양, 또는 부동산 투자, 이런 것들에 현혹되고 유동자본의 순환에만 정책의 초점을 맞추다 보니까 늘 임시방편적인 원도심 정책만 남발하게 된다. 시 정책이 그러니 원도심 서민들의 주택에 대한 고통은 근본적으로 해결이 안 되는 것이다.

특히, 뉴스테이정책이 지방정부와 전문가가 충분히 논의하거나 시민 의견을 논의하는 공론화를 거치지 않고 추진되고 있는 부분은 매우 우려된다. 인천의 재개발정책과 관련해서는 이해당사자들간의 원활한 소통이나 논의구조가 절실하게 필요하다. 인천시가 좀 더 현장에 밀착되어서 장기적인 주택문제에 대한 고민과 대안을 마련하는 것이 필요하다. 조금 늦어지더라도 재개발의 원칙과 방향에 대해서 지역주민들이 충분하게 인식할 수 있도록 하고, 그런 바탕 위에서 인천시 전체에 대한 기본적인 방침을 여론을 수렴하면서 만들고 공유하고 토론하면서 가야 한다. 과정이 좀 힘들더라도 이해관계자가 많은 재개발문제는 그렇게 가야 할 부분이다. 그래야 처음 시작은 늦지만 사업 중 나타나는 반대 등으로 인해 매몰비용이 현저히 떨어짐은 물론이고 전체적인 사업 기간은 오히려 단축되는 것이다. 인천시장이 늘 임기에 기면서 추진하는 경향이 많고, 인천시가 혼자서 책임질 사항은 아닌데, 막상 기초지자체가 역할 해야 할 부분은 매우 미약하다. 도시및주거환경정비법, 줄여서 '도정법'이라고 하는 법 자체가 문제가 많기도 하다.

재개발의 권한을 주민에게 돌려주자

우리나라에서는 교육문제 못지않게 주택정책이 손바닥 뒤집기 식으로 일관성이 없었다. 심지어 공공이 책임져야 할 주거환경개선사업지구인 십정동을 한국토지주택공사 같은 정부공기업 조차 7~8년간 방치하다 보니, 문제가 더욱 심각해졌다. 적어도 인천의 원도심 안에서의 주택문제는 조금 더 의견수렴을 더 적극적으로 해야 한다. 이제는 인천시의 주택정책을 어떻게 해나갈 것인가에 대해 상설로 교육기관을 운영하거나 아니면 교육프로그램화 하는 것이 좋지 않을까 생각해본다. 인천시의 싱크탱크 기관인 인천발전연구원에 그것을 지원하는 파트를 두어서라도 상설적으로 논의하고 고민하고 교육을 해나가야 한다.

인천이 역동적이라고 하는데 역동성의 측면에서도 재개발 문제로 신음하는 원도심이 상대적으로 주목받지 못하고 있다. 이것은 매우 중요한 문제인데, 재개발 문제를 이제껏 시의 어느 한 부서의 일부 공직자들만 담당해왔다. 이 문제 해결에 대한 원도심 자치구의 능력과 한계는 명백함으로, 시장이 주민을 만나는 것도 필요하지만 시장의 관점이 더 중요하다. 나는 재개발 문제로 주민들과 오랫동안 만나왔다. 재개발을 둘러싼 갈등이라든가 이해관계의 상충을 풀어나가는 방법 등에 있어서 갈등조정관제도를 도입하기로 했다. 부평구가 2011년 제도적으로 조정관제도를 마련해 최초로 실시해 왔는데, 부평의 사례를 참조해서 서울시에서 도 이를 벤치마킹해서 서울시 조직 안에 갈등 담당조직을 넣고, 또 그 안에 재개발 문제 파트를 넣기도 했다. 그 갈등조정 파트에는 교육프로그램도 넣고 갈등해소 프로그램도 넣고 연구파트도 넣어야 한다. 여하튼 주택의 문제는 장기적으로 풀어가는 것이 좋다.

인천 전체에서 재개발이 잘 진행된 데가 사실 그다지 없는 것 같다. 재개발 문제를 행정에서 관리하는 것은 한계가 있다. 원도심 주민들에게는 1억짜리 낡은 집 한 채가 전재산이나 마찬가지다. 그걸 재개발하게 되면 셋방 살던 사람 다 내보내고 나서 아파트 건설 기간 이사하고 다시 그곳에 지어진 새 아파트 하나 얻어 들어가면서 관리비 걱정 안 하고 살기만 해도 다행이다. 그런데 재개발 과정의 관리처분단계가 되어서야 새로 들어갈 집은 2억5천만 원이라는 통고를 받고 마는 게 현실이다. 자기 집을 내놓고도 1억 5천만 원을 추가로 내놓지 못한다면 자신이 살던 곳의 새 아파트에 못 들어가는 게 재개발 방식이다. 재개발 지역의 노인네들이 거리에 드러 눕고 머리띠 두르고 울 수밖에 없는 것이 현재의 재개발 방식이다.

이런 문제점에 대해서 서울시가 일찍 대응하기 시작했는데 재개발 입주시 추정금액이라는 것을 미리 주민들에게 알리고 재개발 여부를 선택하도록 해왔다. 인천시에서도 뒤늦게 추정금액을 주민들에게 알렸는데,

이렇게 미리 주민들에게 알려주면 주민들이 재개발에 선뜻 동의하지 않는다. 건설업자들이 OS요원 풀어가지고 할 때는 그런 정보제공 없이 재개발의 좋은 점만을 홍보했는데, 이제는 추정금액을 미리 알리고 재개발에 동의하는 주민이 전체의 몇 퍼센트 이상 넘어가야 재개발 추진협의회를 구성할 수 있도록 하고 있다. 그러나 예전엔 재개발지구의 100가구인데 열 가구만 모아놓고서 회의를 열고 그 중에서 찬성이 여섯 가구만 되도 재개발 추진협의회를 구성할 수 있었던 폐단이 있었다. 도정법상의 이런 폐단 때문에 재개발이 추진되고 나면 또 지역주민가운데는 재개발에 반대하는 주민들로 비상대책위원회가 구성돼 갈등이 고조되고, 결국은 재개발 자체가 지체되고 길어지면서 건설사들이 집어넣는 매몰비용만 늘어나고 또 일부는 공금을 유용해 감옥에 가는 악순환이 계속돼 왔다. 인천의 재개발이 몇 군데 빼놓고는 다 안 된 이유는 바로 이것이다.

부평구의 부개4구역의 경우는 그 동네 주민들 반은 재개발 하기를 원했는데 나머지 반은 집들이 웬만해서 외형적으로 봐도 괜찮으니 반대를 했다. 자기 땅이 넓어서 주택 하나 제대로 갖고 있는 사람들은 면적은 넓어도 토지소유자로서 할 수 있는 부분이 없은 게 현실이다. 찬·반 표수로 따지자면 낡은 집 평수 넓은 사람은 반대하지만 한 표일 뿐이고, 같은 면적에 스무 사람이 있는 빌라가 찬성표로 통합돼 재개발을 추진하게 된 건데, 부개4구역의 재개발 반대하는 주민들이 공부를 열심히 해서 대응하고, 부평구가 갈등조정에 들어갔다. 그 과정에서 현금 청산자가 나오면 청산하고 갈 주민한테 청산비용을 주어야 하는데 건설사가 돈이 없다는 이유로 청산금도 안주고 분양이 끝나면 주겠다고 버티는 일까지 벌어졌다. 그런데 분양은 60%밖에 안 되니까 사업은 추진이 안 되는, 이런 대표적인 사례가 부개4구역이다. 이런 경우 부평구가 갈등조정을 통해서 당면한 문제들을 감정싸움이 아닌 서로 윈윈할 수 있는 방향으로 이끌려고 노력했다. 이런 재개발사업이 벌어지면 솔직히 구에서 재생업무 담당하는 공무원들은 시달려서 정신치료 상담을 받아야 할 정도다. 인천시는 책임회피하고, 주민하고 싸우다 고발당하고, 이런 일들을 반복하고 그랬다. 부개4구역 같은 경우 주민들이 공부를 열심히 하면서 대등한 위치에서 협상하고 갈등을 조정해 낸 좋은 사례다.

사실 서민들의 주택에 대한 욕구는 높지만 부동산의 내용은 복잡하고 경기 흐름을 많이 타고 거기에 건설사나 투자자들의 이윤추구 욕구가 매우 높다. 게다가 정비사업 추진과정에서 이들을 보는 철거업체 등 악어새도 많아 더욱 혼란스럽다. 이런 여러 문제들 때문에 집 가진 서민주택의 주인이나 세입자들이 피해를 볼 수밖에 없는 구조다. 재개발로 인한 피해를 서민들이 입지 않게 하기 위해서는 인천시의 기본 정책이 장기적인 관점에서 연구돼 대안을 마련해야 한다. 그리고 국회나 행정부 쪽에 건의해서 원주민들이 피해를 보지 않도록 하는 방안을 협의해 찾고 차분하게 진행되어야 한다.

문제는 도시에 대한 철학과 비전이다

송도경제자유구역이 애초에 계획한 대로 특성에 맞는 것이 되었다면 모르지만, 원도심을 재생하는 방안으로 IT단지, 금융단지, 주거지 개발 등도 원도심 안에서 모색할 수 있는 부분인데 이것이 경제자유구역 개발로 다 막혀버렸다. 대신 원도심에는 건설사들이나 정비사업 하는 사람들, 조합장 같은 사람들이 들쑤시고 다녔는데도 정작 서민들의 주택을 관리해야 하는 행정은 이제껏 제대로 통제를 못해왔다. 정비사업자들은 주택의 주민들의 의사와는 상관없이 찬성을 끌어내서 원주민들의 주택을 빨리 철거해서 아파트 짓고 거기서 나오는 이득을 보려고 하는 것이기 때문에 자본의 정글 속에 주민들이 고립돼 있는 것과 마찬가지다. 자본의 정글 안에서 그나마 행정이 보호해주거나 다른 방향으로 안내해 주거나, 서민들의 눈높이 맞춰서 주택정책을 펴나갔어야 했는데 그걸 못했다. 서민주택, 노후주택들을 그저 자본의 정글에 던져놓은 식이었고, 부동산 경기가 안 좋아져 난리가 나니까 기초자치단체의 공직자들은 거기서 할 수 있는 일이 없고 제 기능을 발휘하기 어려웠던 것이다.

부평의 세 군데 재개발 지구 주민들이 재개발사업을 취소시키고 저층

주거지관리사업을 통해 폐가를 정비하고 주민들이 공동으로 사용할 수 있는 공용공간을 만들어나가고 있다. 이 지역들에서는 이제 재개발에 대한 기대 같은 건 많이 사라졌다. 재개발을 부추키는 문화가 문제다. 부평을 비롯한 원도심의 노후주택 중에는 20년이 넘었지만 허물고 새로 아파트를 지어야 할 정도로 열악한 주택이 많은 것도 아니다. 인천시가 뒤늦게 시의회 및 일부 전문가와 함께 원도심재생협의회를 구성해 방안을 찾겠다고 하지만, 이것도 지역주민들의 목소리를 충분히 수렴하고 의견을 반영해나가지 않는다면 또 하나의 재개발 환상을 부추키는 옥상옥이 될 우려가 높다.

문제는 도시와 원도심 재개발에 대한 철학과 비전이다. 바로 주민들이 자기 주택 문제를 스스로 고민하고 방안을 찾고 행정은 이를 도와줄 수 있도록 하는 발상의 전환이 필요하다. 때마침 새 정부에서 '도시재생뉴딜'사업을 공약으로 내걸고 본격적으로 추진하려 하고 있다. 재개발의 폐해를 극복하고 주민주도로 도시의 재생과 더불어 주민들의 일자리까지 제공하겠다는 매우 획기적인 정책이다. 향후 5년간 50조원의 국가예산을 투입해 주민주도의 도시재생을 이루겠다는 사업인데, 아직 방향과 원칙이 불분명하다. 엄청난 국가예산이 투입되는데, 사업지구 선정의 많은 권한을 광역시도에 맡겼다. 그런데 재개발 정비사업을 무분별하게 추진했던 인천시가 과연 과거의 잘못된 사업방식에 대한 철저한 반성에 입각해 도시재생뉴딜사업을 새로운 철학과 원칙을 갖고 준비하고 있는지 의문이다. 광역도시재생지원센터도 뉴스테이 개발사업을 밀어붙여 주민들의 원성을 사고 있는 인천도시공사에 맡긴다고 해서 시민단체들이 우려하고 있다. 인천시가 주민주도의 도시재생이라는 새정부의 도시재생뉴딜 정책의 철학과 원칙을 제대로 이해하고 지역 시민사회의 목소리부터 경청해야 할 것이다. 그것이 과거의 잘못된 재개발사업을 막을 수 있는 새로운 첫걸음이 될 것이다.

영흥화력발전소 © 옹진군청

에너지정책의 전면적 전환

영흥도 화력발전의 피해

인천 영흥도의 화력발전소는 현재 시간 당 85만 킬로와트 규모의 6기가 가동되고 있고 7~8호기 건설을 공식적으로 철회하지 않고 있다. 90년대 후반 영흥도에 화력발전소가 처음 들어설 때는 1~2기만 건설하겠다고 인천시와 환경협정을 맺으며 철석같이 약속했다. 그럼에도 불구하고 환경협정에 없는 3-4기를 느닷없이 건설하더니 5~6기를 추가했다. 애초의 약속을 되풀이 위반한 것이다. 그리고 현재는 인천의 사회단체의 반대에도 불구하고 7~8호기 건설을 위한 환경영향평가를 마치고 부지까지 마련해놓은 상태인 것이다. 1~6호기의 가동만으로도 거기서 배출되는 이산화탄소량은 인천시에 할당된 이산화탄소 배출량의 절반을 차지한다. 현재 단일 화력발전소로 세계 최대 규모인 영흥도 6기를 포함해 현재 인천의 발전소들에서 생산하는 전력량은 인천에서 사용하는 전력량의 3배에 달한다. 이렇듯 과다하게 생산한 전력은 서울을 비롯한 수도권으로 간다. 인천에서 필요로 하는 전력량의 세 배가 넘는 전력을 생산해 수도권에 공급하기 위해 영흥도에 화력발전소를 건설한 피해는 고스란히 인천시민들이 입는다. 막대한 전력을 생산하는 만큼 아무리 최고의 오염절감시설을 가동해도 인천시의 피해는 심각하다. 자신들은 친환경적으로 운영한다고 주장하지만 건강에 치명적인 미세먼지와 초미세먼지는 피할 수 없다. 그뿐인가? 해양 생태계를 치명적으로 교란하는 온배수의 피해가 고스란히 인천시민들의 몫으로 남게 되는 것이다.

부평구는 경인고속도로와 수도권외곽순환고속도로를 통해 지나다니는 자동차의 이동 물량이 엄청나다. 도로에서 발생하는 배기가스까지 누적되면서 다른 어느 도시보다 미세먼지 농도가 현저히 악화된 지역이 돼버렸다. 최근 심각하게 인식되고 있는 한반도의 미세먼지에 대해 그동안 기상청의 일기예보에서는 중국에서 날아 오는 미세먼지가 주요 원인이라고 했다. 그러나 인천의 경우는 그 정도가 다르다. 넘치는 화력발전소에서 나오는 양에 더해서 중국에서 날아 오는 것이 포함되어 문제는 더욱 심각하다. 대량의 자동차 이동에 따른 배출가스가 합쳐지지 않던가. 시민들의 고통은 심각하기만 하다. 영흥도뿐 아니다. 서구 일원을 포함해 인천 변두리에 위치한 복합화력발전소의 영향도 무시할 수 없다. 앞으로 인천시가 역점을 두어야 할 환경정책의 첫 손가락은 인천에 더 이상 불필요한 화력발전소를 짓지 못하도록 규제하고, 인천 사용량 이상의 화력발전의 가동에 대해서는 환경부담금을 당연히 부과해야 한다. 지방화 시대에 수도권의 편의를 위해 수도권쓰레기매립지 부담 못지않은 피해를 강요당할 수 없는 노릇이 아닌가.

같은 서해안에 위치해 있으면서도 경기도는 전력을 자체 생산하는 것보다 외부에서 가져 오는 부분이 많다. 대부분 인천에서 생산한 전기를 가져가는 것이다. 인천시가 진정 주권도시라면 이런 부분에 대해서 피해를 받는 만큼의 반대급부를 챙겨와 피해를 받는 주민들을 위해 사용할 수 있어야 한다. 보다 근본적으로는 화력발전소를 대체할 대체 에너지 자원 시설인 태양광발전이나 재생자원발전 등을 국가적 차원에서 적극 시도해야 한다. 최근에 들어서야 인천시가 전기차 보급을 확대하는 정책을 추진하고 있는데, 그동안에는 인천시가 국비가 내려와도 시비를 지원하지 않았다. 따라서 부평구에서 구청장 차량을 비롯해서 관공서 차량을 전기차로 바꾸는데 머뭇거릴 수밖에 없었다. 어쨌든 인천에서 가장 먼저 구청장차를 전기차로 바꾸긴 했지만 말이다. 친환경적인 전기차 보급 확대를 위해 국비 지원이 이루어지는 데도 시비를 지원하지 않겠다는 것은 이 사업을 방해하고 제대로 활성화시키지 못하게 하는 것에 다름 아니다. 그만큼 인천시가 대안에너지에 대한 관점이나 의지가 부족하다는 점을 보여주는 사례다. 녹색기후기금 GCF를 송도에 유치했다고 자랑했던 것과도 맞지 않는 매우 모순적인 행정이다.

대안에너지에 대한 모색들

이제 화력발전은 더 이상 늘리면 안 된다. 전기에너지를 넘어 재생에너지로 가야 한다. 석탄, 석유를 비롯한 화석연료의 감축을 위한 정책방안을 마련하고 재생에너지를 비롯한 대안에너지의 확장 정책을 추구해나가야 한다. 어떤 논자들은 효율성을 앞세워 원자력발전을 대안에너지의 범주에 넣으려 한다. 그러나 원전은 결코 대안에너지가 될 수 없다. 원전을 가동한 후 필연적으로 발생하는 방사능물질을 생각해보라. 현재 기술로 완벽할 수 없는 안전관리와 폐기물 처리에 들어가는 엄청난 비용을 생각하면 결코 값싼 에너지원이 아니다. 후손에게 전가되는 비용도 어마어마하겠지만, 발전소 사고가 발생할 경우 재산과 건강에 돌이킬 수 없는 피해를 안기지 않는가. 인구가 밀집된 인천에 원전을 고려하는 정책은 대두될 리 없겠지만 경각심을 가져야 한다. 선거권을 가진 인구가 적은 지방에 원자력이 추진되지만, 인천이든 어디든, 화력발전소를 줄이자고 자칫 원전을 대안으로 내세우는 우를 범해서는 안 된다. 서울시처럼 대안에너지 정책을 잘 세워야 한다. 인천시 역시 재생에너지 정책을 적극적으로 추진한다면 원전을 하나둘씩 줄일 수 있다.

지난해 직원들과 함께 영화 〈판도라〉를 보았다. 부평구 직원을 뽑을 때도 기후변화에 관한 전문가를 특채했는데 기후변화 체험관을 강화해서 교육프로그램을 더 다양화하도록 지시하기도 했다. 부평구의 동네마다 자립에너지 활동을 시작하도록 지원한다든지 직접 주민들을 찾아가는 교육을 강화하려고 노력해왔다. 자동차의 경우, 새로 구입하는 자동차는 가급적 전기차로 선택하도록 하는 등의 생활 속 실천을 강조하고, 지방정부 차원에서도 재생에너지협의회를 구성한다든가 지속가능발전협의회를 통해서 다양한 실천적 대안을 모색해왔다.

계속 강조하지만 대규모의 화력발전소가 영흥도에 있는데도, 워낙 대기 상태가 좋지 않은 인천의 도심에서는 그 심각성을 덜 느낄 수밖에 없다. 미세먼지 문제가 나올 때마다 버릇처럼 중국 아니면 자동차 배기가스만 탓하는데, 영흥도 화력발전소의 문제에 대해 시민들이 경각심을 갖도록 노력해야 한다. 한전에서는 화력발전소 가동으로 챙긴 이익의 일부를 영흥도 주민들에게 혜택을 베푼다고 생색내듯 자랑하지만 사실 규정 이상 내놓는 것도 아니다. 지역의 주민들을 돈으로 현혹하며 대기오염에 대한 문제 제기를 무마하려는 행위는 중단해야 한다. 이제 더 이상은 화력에 의존하지 말고 대안에너지를 찾아야 할 때다.

한때 대안에너지로 착각했던 조력발전소도 도입을 막아야 한다. 세계 최대 조수간만의 차이로 형성된 천혜의 갯벌이 황폐화되는 까닭이다. 강화도 갯벌의 상당 부분을 매립해 대규모의 시설을 축조하는 방식으로 추진된다면 해양 생태계의 파괴는 불 보듯 뻔하다. 많은 전문가들이 지적하듯 자연을 훼손하는 문제점이 심각할 수밖에 없다. 예전 같으면 경제논리, 개발중심사고로 접근해서 별다른 이견 없이 단기간에 조력발전시설을 설치했을 것이지만 이제 시대가 달라졌다. 영흥도 화력발전소도 단순히 미세먼지만 문제가 되는 것은 아니다. 발전소를 가동하면서 발생하는 온수를 그대로 바다로 배출하면서 수온이 상승해서 바다생태계를 왜곡시키고 심지어 송도까지도 그 영향이 미치는 것으로 확인되고 있다.

대안에너지는 갯벌과 바다를 비롯한 자연을 훼손하지 않으면서도 에너지를 발생시킬 수 있는 것이라야 한다. 공공건물에 햇빛발전을 할 수 있는 시설을 만들고 시민들도 태양에너지를 스스로 만들어 쓸 수 있도록 지원을 해줘야 한다. 인천의 화력발전소에서 생산되는 전기에너지에 대해서도 인천이 주권을 실제적으로 행사해야 한다. 인천에서 생산되는 전기를 공급받는 서울이나 부천이나 수도권 지역에서 그에 상응하는 대가를 내놓게 해야 인천의 피해를 상쇄하는 주권을 행사하는 것이다. 인천이 한강물을 식수로 공급받으면서 한강 수계의 상수원 보호를 위한 돈을 내듯이 인천에 피해를 주는 화력발전소에 대한 정당한 대가를 받도록 협상해서 기금을 마련해야 한다고 본다. 기금을 마련해서 인천의 화력발전소 전력을 쓰는 지역에서 재생에너지를 쓰거나 에너지를 줄이는 노력을 하지 않을 경우 해당되는 패널티를 주고 패널티로 모아진 기금으로 인천시가 적극 나서 미세먼지나 온실가스 피해 방지 등을 위한 사업을 추진하고 그 성과를 다시 공급하는 구조를 만들어야 한다. 이것이 바로 인천의 주권이다.

인천시 차원에서도 에너지정책 전환해야

일본을 가보면 에너지 정책과 관련해 참조할 것들이 많다. 일본의 공업단지에는 에너지원으로 이제 화력발전을 쓰지 않는다. 일본의 큰 규모의 건물들은 외부에서 들어오는 전원이 필요 없도록 설계한다고 한다. 자체의 쓰레기를 소각해서 발생하는 에너지를 재활용하는 건물들이 늘어나고 있다. 그 과정에서 대기오염을 일으키지 않도록 철저하게 관리하는 건 물론이다. 우리도 이런 에너지 전환 정책을 연구할 필요가 있다. 새로운 방식으로 재생에너지를 써야 생존할 수 있다는 생각으로 인식을 바꿔나가야 한다. 공업도시에서 세계적 친환경도시로 전환한 스웨덴 발뫼를 비롯하여 이런 정책을 잘 실천하고 있는 선진도시들의 사례들이 있기 때문에 우리도 그런 방향으로 갈 수 있다. 공무원의 해외 시찰로 이미 우리가 실행할 가능성은 충분히 확인하고 있지만, 현실에 안주하려는 정책이 발목을 잡아왔다. 시간이 오래 걸리고 시스템을 바꿔야 하는 등의 문제 때문에 외면하고, 결국은 빨리 건설해서 쉽게 얻을 수 있다는 유혹 때문에 계속 화력발전소를 확대하거나 원자력을 짓고 있는 것이다.

인천시 에너지 정책의 전면적 재검토가 필요한 시점이다. 치열한 자본주의의 전쟁과 도시간 경쟁의 흐름 속에서 우리 인천이 어떻게 해서든 빨리 성장하고 올라타야 된다는 조급증이 문제다. 우리나라가 정치적 민주주의 의식은 높아졌지만 그 단계를 넘어서서 지속가능한 사회로 가야되는 사회·경제적 민주주의가 보다 확장되어야 한다. 화력발전이든 원자력발전이든 단기간 내 쉽게 에너지를 얻으려고 하면 그만큼 반대급부로 치러야 하는 피해가 발생하기 마련이다. 지속가능한 사회로 이행하지 못하게 하는, 잘못된 방향으로 가는 것을 이제는 멈추어야 한다. 충분한 정보와 깊이 있는 대안을 마련해서 미래를 내다보면서 가야 한다. 이제는 에너지에 대한 판도라상자를 열어야 한다. 소수의 마피아가 그것을 독점하고 통제하게 해서는 안 된다. 시크릿공화국에서 벗어나 시민들과 함께 충분한 정보를 공유하면서 대안을 함께 모색해나가는 지속가능한 인천으로 나가야 한다.

인천 갯벌과 섬의 가치

우울한 북성포구 매립소식

인천이 매우 특별한 도시인 이유는 서해안에 갯벌을 가지고 있기 때문인데 그간 여기에 대해 별로 주목하지 못했다. 6·25전쟁을 겪으면서 군사도시가 돼버린 탓이 큰데, 만약 평화로운 시기를 보냈다면 갯벌이 존중받았을 것이다. 안타깝게도 전쟁을 겪고 급격히 산업화하면서 갯벌의 소중함을 상당 기간 동안 놓치고 방치해왔는데 지금도 마찬가지다. 갯벌이 가지고 있는 자원으로서의 풍부함을 인식하는 것은 매우 중요한데, 여러 가지 유무형의 가치에 더해 경제적 가치까지 가지고 있는 갯벌을 보존해야 한다는 생각을 놓쳤다. 인천의 갯벌은 이미 많은 부분이 메워지거나 준설을 해버려서 정박하기 좋은 군사도시의 항구로 전락했다. 인천의 해안에 리아스식으로 존재하던 갯벌은 거의 매립되었다. 그곳에서 어업을 했던 많은 분들이 오래 전부터 차츰차츰 없어졌다.

북성포구

도시변의 갯벌은 이제는 찾아보기 어렵고 마지막 남아있는 것이 북성포구과 만석포구, 화수부두다. 그나마 이곳은 가난한 분들이 몰려 생활의 터전으로 삼아왔기에 남아 있다. 그렇지 않았으면 진작 매립되었을 것이다. 피난민을 비롯해 가난한 사람들이 갯가에 모여 살면서 거길 통해서 바다에 나가서 동죽을 캐면서 생활을 영위했으니, 갯벌은 서민들의 일터이자 삶의 터전이었다. 그런데 그나마 남아 있는 북성포구마저 매립한다는 소식이 들리고 거기에 대한 찬반 논란이 이야기되고 있으니 안타깝기 그지없다.

내가 처음 인천에서 내려와서 공부방을 운영하던 곳이 바로 만석부두 앞이었다. 거기서 조금만 가면 기차길옆 공부방이 있었다. 만석부두를 가운데 두고 바로 옆 동네로 이어진 갯가가 화수부두와 함께 매립 논란으로 시끄러운 북성포구다. 내가 공부방을 운영하며 살던 만석동 43번지는 이북 피난민들이 피난 내려오면서 갯벌에다가 천막 쳐놓고 살다가 전쟁이 끝나면 제일 먼저 배 타고 나갈 사람들이었다. 그런 주민들이 50년씩이나 그곳에서 계속 살게 된 것이었다. 내가 그들과 만난 것이 80년대 후반이었다. 전쟁 끝나고 나서 곧바로 갈 줄 알았던 그들이 사는 집은 천막에다가 기름을 묻힌 루핑집이었다.

그 당시만 해도 루핑집에 사는 300세대의 사람들이 만석부두를 생활의 터전으로 삼았다. 만석부두에서 배를 타고 한 시간 정도 나가다 보면

물이 쭉 빠지는데, 그러면 배에서 내려서 거기서 동죽을 캐곤 했다. 봄날이면 동죽을 캐서 돌아와 시장에 나가 팔고, 겨울이면 굴을 캐서 까서 팔곤 했다. 부두의 한편에는 대성목재 공장이 있어서 원목들이 바다 위에 빼곡했다. 동네 주민들 중에서 공장에 나가서 일을 못하는 어르신들은 바다에 나가서 목재의 껍데기를 벗겨오는 것으로 삶을 유지하고 버텼다. 여러 모로 인천의 갯벌은 농사와 달리 주민들이 아무 노력을 안 해도 주는 것이 참 많은 고마운 자연이었다. 삶을 가져다주는 갯벌이었다. 아이들에게 갯벌은 즐거운 놀이터였다. 주민들은 만석부두와 화수 부두를 통해서 갯벌에서 가져온 물량을 가지고 시장에 싸게 팔아 삶을 이어나갔다. 인천의 냄새를 가장 잘 느낄 수 있는 곳이 바로 그 갯벌이다.

경제논리로 사라진 인천의 갯벌자원

이렇듯 소중한 삶의 터전이었던 갯벌 중에서 이제는 유일하게 남아 있는 곳이 바로 북성포구인데, 이를 잘 보존하고 보완한다면 인천의 소중한 관광자원이 되고, 또 갯벌의 역사적, 문화적 가치를 전파할 수 있는 자원이 될 것이다. 그런데 이를 경제적인 개발논리를 앞세워 준설토기장을 만들겠다니 참으로 안타깝다. 만석부두 앞 만석동 43번지에 살 때 거기에 배 타고 나가서 돌아오는 어부들의 삶의 모습들을 작가들이 참 많이 사진을 찍었다. 달력으로 만들어서 인기가 있었고 인천이라는 곳을 생생하게 보여줄 수 있는 것은 바로 그런 사진들이었다. 오늘날에도 북성포구의 사진들을 보고 많은 사람들이 공감한다는 것은 그만큼 지금 인천에 그 소중한 갯벌이 얼마 남지 않았다는 것을 보여주는 것이 아닐까? 북성포구는 조그만 구역인데도 인천의 특성을 잘 보여주는 곳이다. 한편으로는 안타까운 점도 없지 않은데, 지금 가보면 일부는 남아있지만 사람 중심으로 조성된 것이 아니라 뚝뚝 짤라서 공간을 조성해놓은 까닭에 좀 황량하다는 생각을 갖게 된다는 점이다. 대략 10~15년 사이에 많이 변형이 됐는데, 이곳의 특성에 맞게 좀 세심하게 개발과 보존이 조화를 이루었더라면 지금과 같이 조악한 수준으로 남지는 않았을 것이다.

보존과 개발의 조화는 지금 더더욱 매우 중요한 과제다. 인천의 브랜드 중 하나는 바로 바다와 포구 주변의 공간이다. 북성포구는 소래포구처럼 거창하지 않다. 비록 허름하지만 포구인 동시에 부두로서의 기능이 살아있다. 이것을 우리가 조악하지 않게 자연이 주는 것을 잘 활용할 수 있도록 조성해나가면 된다. 무지막지한 방식으로 개발을 안 해도 좋을 공간이 바로 포구다. 물론 내가 거기서 살았고 애들이 놀고 주민들하고 가서 갯벌에 나가 동죽을 캐보기도 해서 더더욱 애착이 가는지 모르겠지만, 지금 가보면 너무 안타깝다. 월미도와 만석부두, 북성포구를 비롯해서 동구와 중구의 해안가에 대해서는 너무 조악한 수준의 개발이 계속 이루어져서 무척 아쉽다. 자연을 훼손하면 다시 되돌리기 어려운데 그런 방식의 개발이 계속되고 있다.

지금 인천 전체로 봐서도 월미도 방면과 인공적으로 조성된 송도 방면만 그나마 친수공간이지 시민들이 가까이 하기에는 어려운 곳이 대부분이다. 송도 가는 해안도로변도 그렇고 또 월미도도 그게 중간에 대한사료나 곰표 밀가루 공장 이런 것들이 막고 있어서 만석부두나 동구 해안가로 가는 길은 삭막한 길로 가야 한다. 월미도는 놀이공원에다가 횟집만 즐비하고, 해군부대가 남아 있다가 빠져나갔지만 월미도공원 주변도 모텔과 호텔 등이 난립하는 등 불과 10년 만에 조악하게 개발이 이루어졌다. 월미모노레일이 특히 그런 결과물이다. 그나마 월미산은 해군이 주둔하고 있어서 보존이 됐다지만, 월미공원 진입로 주변으로는 큰 공장들이 있어 황량하고 공상을 지나서는 월미공원이 나오지만 조금 더 들어가면 시끄러운 월미도 놀이터가 나오고 바다가 겨우 보이는데, 인천이 그나마 돈이 좀 많을 때 우리의 가치 있는 자연을 잘 보존하지 못하고 온통 시멘트로 덮어버린 것 아닌가?

섬사람을 배제한 섬 정책들

어느 도시를 가든지 오래된 도시라면 고유의 자연적, 경관적 정체성이 남아있기 마련인데, 인천에서는 그런 걸 거의 느껴볼 수 없다는 것이 문제다. 강화도를 포함해서 인천의 바다에는 섬이 170개 정도 있어서 다른 어느 시도에 비해서도 많은 섬을 끼고 있다. 그런데 섬과 갯벌에 대해서도 제대로 그 가치를 바라보고 정책을 펴는 안목이 빠져 있다는 것을 많이 느낀다. 인천의 바다와 갯벌, 그리고 섬들은 생태계에 있어서 상당히 중요한 곳이다. 이것들을 제대로 보존하면서 인천의 가치로 보듬어내는 안목이 있어야 하는데, 그런 게 인천시의 정책에서는 빠져 있다. 남동구와 연수구에도 갯벌이 일부 남아 있다. 그런데 그곳은 지금 공장의 폐수로 몸살을 앓고 있다. 그곳을 제대로 정화시켜야 그곳을 찾는 천연기념물 205-1호인 저어새를 잘 보존할 수 있을 텐데, 일각에서는 저어새 때문에 개발을 못한다고 난리다. 이런 개발의 논리가 바로 지금 인천을 움직이는 중심적 시각의 한 단편을 보여주는 것이다. 섬에 대해서도 마찬가지다. 섬이 단지 관광지가 될 좋은 소재라는 관점보다는 섬과 함께 갯벌을 포함해서 바라봐야 하고, 그곳 섬사람들의 삶도 함께 놓고 접근해야 한다.

인천의 수산업과 관련해서 과거에는 조기와 꽃게 등이 유명했다. 지금은 수온이 변하면서 조기는 거의 잡히지 않지만, 연평도의 꽃게와 굴 등이 여전히 유명하고 백령도도 그렇다. 얼마 전에 큰 소동이 났는데 한창 해산물들이 나올 땐데 백령도를 오가는 여객선의 관광객이 없다는 이유로 배 노선을 폐선시켜 주민들이 난리가 난 적이 있었다. 그나마 여객선을 운용해도 사람만 타는 배를 운용하니까 섬 어민들의 입장에서는 도대체 섬 주민들은 굶어죽으라는 말이냐고, 어렵게 잡아놓은 굴이나 생선을 어떻게 운반하란 말이냐고 육지에 나와 난리를 치니까 뒤늦게 여객과 화물을 나를 수 있는 배를 운행토록 한 적이 있다. 인천 섬들의 이동수단은 관광객만 생각할 게 아니라 거기서 살고 있는 주민들의 생업에 대한 고려가 함께 이루어져야 하는데, 지금 그런 인식 자체가 부족한 것이다.

갯벌과 섬은 인천의 미래

장차는 여객선 준공영제를 실시해야 한다. 어민들의 생계를 위해서는 당연히 배삯을 줄여줘야 한다. 뿐만 아니라 현재 인천의 섬에 시민들이 왔다갔다 하고 싶어도 뱃삯이 너무 비싸다. 여객과 함께 화물까지 운반할 수 있도록 시급히 인천 서해도서에 대해서는 준공영제로 운용해야 한다. 연평도나 백령도 그 주변의 대청도 소청도, 그리고 덕적도와 이작도 등에서는 지금도 해산물이 풍성하게 나온다. 특히나 북한과 가까운 NLL 인근 해상에는 늘 풍부한 수산자원이 있는데, 이런 것들을 중국이나 북한에게 탈취당지 모른다는 불안도 있고, 남북관계의 긴장이 고조되면 그나마 출어를 못하게 되는 일도 자주 발생한다. 웅진군은 각 섬의 인구를 다 합쳐도 2017년 현재 2만여 명 정도에 그친다. 그곳을 삶의 터전으로 삼아 살고 있는 어민들이 아직도 있는데 어민들은 건강복지라든가 위급한 상황에서의 적절한 치료를 위한 병원이나 심지어 보건소조차 제대로 없는 그런 상황에서도 섬을 지키고 계시다. 더 이상 섬의 어민들이 최소한의 복지조차 받지 못하고 고통 속에 살도록 해서는 안 된다.

거듭 강조하지만 인천이 다른 지자체에 비해서 특별히 갖고 있는 자원은 갯벌과 섬들이다. 그런데 갯벌에 대한 인식이 전쟁과 냉전을 거치고 급격한 산업화를 거치면서 그 가치를 놓쳐버린 상황이고 섬도 마찬가지다. 인천의 해안에서 얼마 안 가면 만나게 되는 인천의 섬들은 인천의 보물들이다. 그곳 섬들에 우리의 시민들이 함께 살아왔고 지금도 육지를 오가면서 어민들이 전쟁 같은 삶을 살고 있다. 안보와 환경 문제에 묻혀서 그들의 복지 문제에 대해 그동안 소홀히 해왔다. 옹진군이 경기도에서 인천광역시 지역으로 넘어온 시간도 이제는 어느 정도 지났다. 인천의 행정이 제 역할을 못하니까 툭하면 경기도로 가겠다는 목소리가 나오고 있다. 이런 이야기들이 더 이상 나오지 않게 해야 한다. 갯벌과 섬에서 인천의 미래를 볼 수 있어야 한다.

개성공단, 한반도 평화경제의 보루

충격적인 개성공단의 폐쇄

우리가 통일로 갈 때 여러 가지 방법이 있지만 개성공단은 문화나 정치나 여러 분야 중에 경제 쪽에서 물꼬를 트면서 북한의 가장 절실한 부분인 경제적 측면을 통해 교류해 나갈 수 있는 곳이다. 우리 쪽에서도 국내의 인건비가 크게 오르면서 동남아시아를 비롯해 외부로 나갔던 기업들이 많아진 상황에서 남북이 협력해서 개성공단을 통해서 국내 기업들이 다시 성장할 수 있게 하는 여러 가지 이익을 가져다 줄 곳이다. 이처럼 소중한 개성공단이 어렵게 시작됐다가 폐쇄된 지 2년이 다 되어 간다. 2013년도 한 번 잠깐 중단했다가 재개됐는데, 결국 이명박, 박근혜 정부를 거치면서 중단돼 버렸다. 사실 박근혜 정부 초기에는 남북관계가 잘될 것을 기대했었다. 박 전 대통령이 한반도 프로세스를 공약으로 내걸어서 북한에 올라가서 김정은과 따로 자리도 갖고 개성공단도 잘 운영하기를 바랐는데, 이렇게 남북관계가 악화되리라고는 생각하지 못했다.

인천에서는 이명박과 박근혜 정권으로 넘어가던 시기에 송영길 인천시장이 지방정부 차원에서 적극적으로 남북관계를 개선하기 위해 인천시가 여러 가지 역할을 해야 한다고 강조하고 실제로 실행에 옮겼다. 개성공단을 비롯한 남북간 경제협력에 인천시도 적극적으로 참여하던 상황에서 2016년 2월에 공단이 폐쇄가 돼 안타깝다. 개성공단에 진출한 기업들의 타격이 상당히 심각하다. 애당초 개성공단이 열릴 것이라고 기대하지 않았다면, 만약 개방하지 않고 적극적인 경제교류도 안 했더라면 후유증이 덜할 텐데, 공단 폐쇄의 후유증이 가장 큰 데가 인천시가 아니겠는가. 개성공단 폐쇄로 피해를 본 기업이 전체적으로 120개가 넘는데, 그중에 인천시의 기업이 대략 20% 정도 된다고 한다. 개성공단 입주 인천기업모임에 갔을 때 인천회장이 하시는 말씀이 20% 가까이 되는 인천기업만이 피해를 본 것이 아니라 협력업체까지도 피해를 봤으니까 개성공단 폐쇄가 인천시에 미친 영향은 상당하다고 했던 말씀이 기억난다. '6·25전쟁 때 피난민들이 내려와서 인천 갯가에 천막을 치며 살 때의 심정이 이런 것 아닐까' 한다는 말씀이 특히 마음에 남았다.

개성공단 인천 입주기업들의 커다란 피해

개성공단 입주기업들은 공단에서 물건을 제대로 빼내오지도 못하고 물질적으로나 정신적으로 큰 피해를 입었다. 기업들 나름대로는 통일에 기여한다는 생각으로 정부의 권유에 따라 투자를 하고 공장을 옮겨 공단 활성화를 위해 노력했는데, 정권이 바뀌면서 정치적 논리로 공단을 폐쇄한 것도 그렇지만, 공단이 폐쇄된 지 2년이 되어가는데 정부에서 제대로 된 보상을 하지 않았던 것 등 남북 경제교류에 나서는 기업들의 사기를 크게 저하시키고 또 다시 남북 경협의 기회가 오더라도 전망이 불투명해서 선뜻 나서기 어렵다는 것이 더 큰 문제라고 본다. 그래도 송영길 시장 시기에 지자체 차원의 남북 교류를 적극적으로 추진하면서 제2의 개성공단을 해주 쪽에 염두에 두고 인천, 김포, 강화를 거쳐 그 끝자락인 강화 양사면에서 개성까지 가는 교량과 교동에서 해주까지 가는 교량을 건설할 계획까지 세웠는데, 이런 모든 남북교류가 동결돼 버린 상황이 돼 버린 것이 참으로 안타까운 것이다.

남북관계가 더 이상 악화되기 어려울 만큼 악화된 상태에서 평화의 이야기는 그야말로 얼음장 밑으로 숨어 버린 형국이었다. 그러나 새 정부가 들어서면 서서히 햇볕이 들 것으로 기대해 왔다. 박근혜 정부의 국정농단 사태를 국민들의 촛불로 극복해냈듯이, 경색된 남북관계도 새 정부가 들어서서는 서서히 풀리고, 적어도 개성공단 만큼이라도 풀리지 않을까 기대했다. 북핵 문제가 여전히 큰 문제로 남아있지만, 인내심을 갖고 남북간의 교류를 시도한다면 남북관계가 지금보다는 좀 더 유화적인 관계로 가게 되지 않을까 기대해 볼 것이다. 하지만 불길한 것은 미국의 새 대통령 트럼프가 사드배치를 넘어 북한 핵 위협에 대해 강공책 일변도로 나간다거나, 남북관계에 있어 우리 정부가 주도적으로 움직이지 못하도록 압박한다든가, 사드 배치로 인해 악화된 중국과의 관계가 쉽게 풀리지 않을 것 같다는 점 등 외부적인 조건은 여러 가지로 썩 좋은 조건이 아니다. 새 정부가 들어서고 새로운 지방정부가 들어서면 상황은 한층 달라질 것이라고 기대하고 또 그렇게 되어야 한다. 우리 정부가 주체적인 외교를 펼쳐나가고 남북관계에 있어서도 주도적인 역할을 열어나간다면 지금보다 분명 나아질 것이다. 그런 상황이 됐을 때, 개성공단과 바로 인접해 있고, 남북관계의 거점도시인 인천시가 더 한층 중요한 역할을 하면서 나아갈 수 있을 것이다.

인천시 차원의 남북교류, 노력해야 하는 이유

그러나 현재의 인천시 정부는 개성공단 입주 피해업체에 대해서는 별다른 움직임도 별로 보이지 않고 있다. 서울시에서는 하다못해 개성공단에서 가지고 나온 물품들을 코엑스에서 팔아서라도 입주기업의 피해를 메워주려고 애쓰는데, 인천시는 개성공단에서 가져온 물건이나 협력업체의 피해 등에 대해 시민들에게 적극적으로 호소한다든가 피해를 보상해주려는 노력을 전혀 하지 않고 있다. 한때 지엠대우가 잘 안 될 때 인천시와 시민들이 나서 지엠차 팔아주기 운동을 전개하기도 했고, 기업체에서 근무하다가 실직한 사람들을 위해서 실업극복운동본부도 구성해 도와주기도 했는데, 남북교류를 위해 나섰던 개성공단 피해 업체들에 대해서는 인천시에서 아무런 노력을 기울이지 않았다. 그런 움직임이 혹여 남동공단에서는 있었는지 모르겠지만, 부평공단에서는 전혀 체감되는 것이 없다. 내가 개성공단인천입주기업협의회 회장님과 공단이 폐쇄되기 직전과 폐쇄된 이후 두 차례에 걸쳐 만난 적이 있다. 그나마 파주나 서울 쪽에서는 입주기업을 위해 공단의 부지를 제공해 남한에 본거지를 만들 수 있도록 지원하고 그렇게 해서 사업을 다시 시작한 기업들이 생기기도 했다고 한다. 그런데 인천시는 과연 무엇을 했는지 의문이다.

지엠대우가 무너졌을 때 인천시 차원에서 대책회의를 꾸리면서 실직을 당한 노동자들에 대해서는 상담을 다 해서 취업을 알선하고 실업수당을 지급해줬다. 부평구청의 한쪽 코너에도 상담실을 운영하면서 중앙에서 지원을 받을 수 있도록 연결해주고 실직 노동자들이 실업수당을 받아가도록 배려하고, 인천시 전체 차원에서는 지엠대우차 팔아주기운동을 했고, 하청공장의 피해에 대해서는 융자든지 세제 혜택이든지, 인천시가 직접 지원해줄 수 있는 건 아니지만, 융통성 있는 대책을 마련해주기도 했다. 이제라도 인천시는 지엠대우의 사례를 참조해서 개성공단 입주기업들의 피해에 대해 그런 대책을 적극적으로 마련해줘야 한다. 한때 인천시가 개성공단 입주기업들에 대해 긴급으로 대체 부지를 제공한다고 발표하기는 했는데 협의회장을 만났을 때 피해 입주기업의 처지에서는 그리 큰 도움이 되지 않는다는 말을 듣기도 했다.

나는 북핵 문제로 인해서 지금까지 잘 꾸려온 개성공단을 전면 폐쇄한 무리한 조치를 취한 것부터 잘못됐다고 본다. 2016년 12월 말 드러났지만, 북한이 생존전략의 일환으로 여러 차례 핵실험을 벌이는 것은 잘못된 것이라고 생각하고 이에 대해서 국제사회와 함께 정치적인 압박을 통해 북핵 문제를 해결해나가는 것에 대해서는 동의하지만, 경제적인 부분은 군사적인 것과는 별도로 유지해나가고, 제재가 불가피한 상황이 왔을 때라도 일시중단조치를 취했어야 했는데 성급히 전면중단을 선언한 것이 북핵 문제 해결에 있어서도 하나의 통로를 잃어버린 것은 아닌가 하는 아쉬움을 갖고 있다. 새 정부가 들어서 남북 관계를 풀어나가려는 적극적인 노력을 기울일 때마다 북한의 핵실험과 장거리미사일 발사가 계속되면서 접점을 못 찾고 있지만, 국제사회의 외교적 압박을 병행해나가면서 적당한 때를 봐서 경제적인 부분부터 물꼬를 터 나가는 것이 유용한 방법이

개성공단 식목행사

라고 생각한다.

개성공단의 우렁찬 재가동을 고대한다

개성공단은 북한과의 경제협력을 통한 남북관계 개선, 통일 이후의 남북간 산업구조상의 선도적 모델이라는 측면에서도 그렇지만, 한국경제의 돌파구가 북방에 있다는 측면에서도 하루빨리 재가동해야 할 부분이라고 생각한다. 보수정권이 권력을 강화하는 수단으로 북한의 김정은 독재와 긴장관계를 일부러 조성하거나 활용하는 측면이 그동안 없지 않았다. 게다가 미국이나 일본과의 이해관계에 있어서도 북한을 공공의 적으로 규정해온 동북아 군사전략이 숨어 있다고 본다. 미국의 입장에서는 강대국으로 부상한 중국을 견제하기 위해서라도 북핵 문제를 계기로 동북아에 지속적으로 개입하고, 일본은 미국의 핵우산 아래 후방으로서의 안전성을 보장하기 위해 한국을 전초기지로 삼으려 하다는 점, 즉 남한과 북한 사이의 평화적인 관계가 미국과 일본의 국익에는 도움이 되지 않는다고 보는 냉정한 국가간 이해관계가 깔려 있고, 이를 우리 국민들은 또 냉정하게 분석하고 대처해야 한다고 생각한다.

개성공단 폐쇄 이후 현재까지 전개된 한반도의 위기상황을 돌아볼 때, 다시 한 번 개성공단 폐쇄가 얼마나 성급했는지를 거듭 환기하게 된다.

북한 김정은의 핵실험에 맞서 미국이 한반도 해상에서 연일 대규모 군사 훈련을 벌이고 있는 이 상황을 타개하기 위해서는 아무래도 시간이 필요한 것 같다. 새 정부는 한반도의 위기를 잘 관리하면서 국제사회와 함께 북한의 핵실험을 외교적인 방향으로 풀어갈 수 있도록 적극적인 역할을 도모해나가야 한다. 그리고 북핵 위기가 어느 정도 타협적인 방향으로 나아갈 때, 미국과 국제사회의 경제제재 속에서 위축된 북한 경제의 숨통을 틔워주는 남북간 경협의 손길을 내밀고 그로부터 남북간의 화해 바람을 다시 불어오게 해야 한다. 그 화해의 본격적인 시작은 개성공단의 우렁찬 재가동이 될 것이다.

백령도 그리고 연평도

연평도 포격사건의 충격

2010년 11월 연평도 포격사건이 터졌다. 당시 송영길 시장은 막 중국과의 관계를 확장해나가고 남북간의 관계에서도 지자체 차원이나마 적극적으로 나설 때였다. 그런데 2010년 3월 26일 백령도 천안함 사건이 터진데 이어 2010년 11월 23일 연평도 포격사건이 터졌다. 부평구청장 임기를 막 시작한 직후의 일이다. 이후 임기 4년 동안 연평도와 백령도가 늘 마음에 남았다. 연평도와 백령도는 비단 우리 인천시의 관광지에 그치는 섬이 아니라 그 이상의 평화의 섬이었다. 연평도와 백령도가 있는 그 NLL 주변 해역을 남북간의 평화를 상징하는 수역으로 하자는 데 뜻을 같이 했고 그걸 실현하기 위해 나름 노력해왔다.

사실 북한과 제일 가까운 해역에는 한동안 논란이 뜨거웠던 NLL 문제도 있고 해서 지방정부가 접근하기에는 그 범위를 넘어서는 외교적인 문

연평도 대피소 © 옹진군청

제가 도사리고 있다. 게다가 남북간의 대치상황을 가장 단적으로 드러낸 천안함 피격사건과 연평도 포격사건까지 발생해서 더더욱 평화의 바다, 평화의 섬으로 만들려는 지방정부의 노력이 쉽지 않은 것이 사실이다. 여러 가지로 많은 노력을 기울이기는 했지만, 결국 새 정부가 들어서면 지방정부도 새정부의 남북화해정책과 적극 함께 호흡하면서 인천 앞바다를 평화와 정의가 숨 쉬는 바다와 섬으로 만들자고 다짐을 했었다. 그런 때가 되면 인천지방정부도 기나긴 전쟁의 바다를 끝내고 새로운 화해와 평화의 바다와 섬을 만들 수 있을 것이라고 기대했다. 이런 측면에서는 각별히 송영길 시장이 시장 재임 기간 동안 기반을 잘 다져온 부분이 있다. NLL 인근 해역을 남북이 공동어로를 하는 평화수역으로 만들자거나 교동도에서 남북의 평화축제를 하자고 했던 제안들이 선연하게 떠오른다.

섬 주민들의 입장에서 섬을 바라보아야

그런데 유정복 시장 임기에 와서는 아쉽게도 백령도와 연평도에 대한 평화의 가치는 사라지고 전쟁의 방어섬 내지는 관광 섬으로 접근하는 것을 보면서 참으로 답답하기 이를 데 없었다. 나는 백령도와 연평도를 유정복 시장이 특히 관광산업적 관점으로 접근하는 것에 대해서는 긍정적으로 평가할 수 없다. 스케치북에 크레용으로 아무리 이쁜 색칠을 하는 정도로는, 남북관계가 지금처럼 경색된 상황에서 결코 그 섬들이 관광의 섬이 될 수가 없고 오히려 동토의 섬으로 남아버릴 수밖에 없기 때문이다. 끊임없이 경색된 남북관계를 풀어내기 위해서 남북의 접경에 위치한 이 두 섬을 매개로 평화를 이야기하고 남북이 협력할 수 있다는 다양한 노력과 시도를 보여주어야 한다고 생각한다.

백령도와 연평도에 대해서 새로운 인천의 지방정부는 어쩌면 송영길 시정부와 유정복 시정부의 성과들을 잘 결합하여 발전적으로 계승하는 시정부가 되어야 할 것이다. 다시 말해서 송영길 시정부 때 아쉬웠던 것은 남북관계의 미래만 내다보고 현재의 섬이 처한 상황이나 섬 주민들에 대한 실질적인 복지, 이해관계 부분 등이 잘 해소가 안 된 부분이다. 유정복 시정부의 경우는 섬 주민들의 생활과 관련해서 실실적인 부분을 다소간 보완했지만 근본적인 문제에 대해서는 도움이 안 된 것으로 남아 있다. 그래서 다음 시정부에서는 이 두 가지 요소가 잘 결합되는 서해바다 정책이 나와야 한다는 것이다. 서해안 평화협력지대에 대한 구상은 사실 노무현 전 대통령 때 처음 나왔다. 그러나 구체적인 부분은 좀 미진했다. 미진했던 서해안 평화지대의 구체적인 상을 송영길 시장 때 인천시가 시도했다. 송시장은 큰 꿈이 있으니까 지방정부의 수장이면서도 남북관계에 대해 적극적으로 고민했다. 그런 점에서 남북 공동어로구역을 만들자고 제안하거나, 해주에 제2의 개성공단을 만들자고 했던 것이나, 교동도를 자주 왔다갔다 하면서 남북평화산업단지를 구상했던 것, 남북간 축구 협력을 지속했던 점이나, 중국 단동에 축구화 공장을 만든 것 등을 높게 평가할 수 있다.

반면에 유정복 시장은 박근혜 대통령의 강경한 대북정책 기조를 그대로 이어받은 것 같다. 박근혜 전 대통령이 임기 초반에 '한반도 신뢰 프로세스'를 제안해서 기대도 없지 않았고 유시장도 인천시 차원에서 어떤 진전된 움직임이 있지 않을까 기대했는데 결과는 거의 없었다. 노무현 대통령의 남북정상회담 대화록이 공개되면서 큰 논란이 되기도 했던 NLL 문제는 군사적인 문제이기도 하면서 연평도와 백령도 주민들에게는 생업과 깊이 관련된 문제이다. NLL이 국제적으로 인정받는 부분이 부족하기 때문에 우리는 생존의 문제나 평화의 입장에서나 NLL을 지키면서 그 지역을 남북관계나 대외관계에 있어 공동구역으로 하자고 제안했던 것이다. 그런데 이런 제안이 받아들여지려면 남북관계가 좋아야 가능하다. 남북관계가 안 좋아지니까 생업을 위해 북에서 NLL 이남으로 내려오고 반면에 우리는 금어기라고 해서 꽃게를 못 잡게 하는데, 중국의 불법조업이 기승을 부리면서 어민들에게는 절박한 생존의 문제가 돼 크고 작은 사건이 발생했던 것이다.

평화의 섬, 백령도와 연평도의 가치

연평도 포격사건이 나자마자 연평도 주민들이 뭍으로 나와서 머물다 갔는데, 그분들의 경우는 섬을 떠나서는 결코 살 수 없는 분들이다. 그분들은 포격사건이 났다고 해도 어떻게 해서든 생활의 터전인 섬으로 돌아가서 살 수밖에 없다. 정부에서 이 분들을 위해 많은 예산을 들여서 집을 고쳐주고 방공호 대피시설까지 지어주고 했는데, 이런 조치들보다 사실 남북관계를 평화적으로 관리해서 포탄이 날아다니는 일이 일어나지 않도록 해야 한다. 섬 주민들은 조업을 해서 잡은 물고기들을 육지로 잘 수송해서 팔 수 있는 기본적인 여건을 원하고 있다. 북한에 대해서 적대적이고 분노를 갖고 있기보다는 자기네들보다 높은 정치하는 사람들이 제발 이런 싸움이 안 일어나도록 하여 자신들이 편안하게 생업에 종사할 수 있게 해달라는 것이다. 자기네들이 잘못해서 전쟁이 나고 포탄이 날라 오고 그런 것이 아니고 남북이 강경하게 부딪치니까 피해의식에 빠져 있다. 백령도의 경우도 연평도와 마찬가지로, 섬에서 삶을 영위하는 사람들의 입장에서는 전쟁이 안 일어나고 계속 자기 고향 섬에서 힘들지만 어업에 종사할 수 있게만 돌봐줬으면 좋겠다는 것이다.

백낙청 교수가 이미 분단체제론를 통해 갈파했지만, 남한 정부가 북한과 적대적으로 대결하는 것은 현 정권이 대결의 국면을 일정 부분 정치적으로 이용하는 것과 맞물려 있다는 것은 이미 널리 알려져 있는 사실이다. 이것은 양쪽 정권 모두 마찬가지다. 북쪽 정권의 내부 취약성을 밖으로 돌리기 위해서 남한 정부가 미국의 힘에 종속돼 있다고 비난하면서 미국과의 관계에서 엄포식 벼랑끝 전술을 이용하는 한, 백령도와 연평도에 사시는 분들은 최종 피해자가 되는 것이다. 백령도와 연평도는 한국 서해의 끝자락이 아니라 한국의 열려진 또 하나의 시작점일 수 있다. 연평도와 백령도를 비롯한 서해5도, 교동도, 강화도가 모두 중국과 북한으로 열려져 있는 평화와 화해의 섬이 될 수 있다. 3면이 바다로 둘러싸여 있고 해양 자원이 풍부한 곳이라는 점에서도 여기는 남북분단의 접경에 위치한 끝이 아니라 새로운 세계가 열리는 시작점이 될 수 있다는 시각으로 접근해야 하지 않겠는가? 북한핵 문제를 발화점으로 해서 점점 더 남북관계에서 북한을 고립시키고 사드 배치로 인해 중국과의 관계도 단절적 측면이 생겨버렸는데, 그 중간에 위치한 백령도와 연평도가 새롭게 화해와 평화의 섬으로 열리는 방향으로 나아가야 한다. 그리고 백령도는 지속적으로 남북한과 중국의 중계무역지로서의 역할을 충실히 수행하여야 한다. 새로운 인천시정부는 어렵더라도 인천이라는 도시가 이런 막중한 역할과 책임을 갖고 있다는 것을 알고 이를 해결하기 위한 사명감을 갖는 리더십을 갖춘 사람이 책임을 갖고 경영하여야 한다.

강화 광성보

강화군의 두 갈래 미래비전

강화군이 인천시에 편입된 지 23년

강화군이 인천광역시에 편입된 것이 1995년이니까 2018년에는 23년째다. 강화군이 인천시에 편입되기 이전에는 경기도 강화군이었다. 비록 정치적인 측면에서 인천광역시에 편입되게 되었지만, 강화군이 인천광역시에 편입되면서 인천시가 생활권에 걸맞은 광역도시가 됐을 뿐만 아니라 한반도의 역사를 농축한 특성을 가진 도시가 됐다는 점에서 매우 중요한 의미가 있다. 강화군은 인천시에 통합된 이후로도 여전히 특수한 지역으로 남아 있다. 강화군이 인천시에 편입되면서 정작 인천의 전체적인 발전 과정에서 서구의 끝자락에 있던 검단 지역까지 비약적으로 성장해 왔다. 검단에 새로 공단이 마련되고 또 새빛도시 건설사업이 본격화되고, 서구의 매립지와 강화지역이 연결되면서 강화군과 인천시는 공간적으로 긴밀한 관계가 구축됐다.

강화군이 간직하고 있는 풍부한 자원들

강화군은 강화도, 교동도, 석모도, 주문도, 아차도, 불음도, 서검도 등 여러 개의 섬으로 이루어져 있으며, 강화도는 강화대교와 초지대교로 연륙화 되었고, 강화도와 교동도를 연결하는 연도교인 교동대교와 강화도와 석모도를 연결하는 연도교인 석모대교가 완공됨으로써 교동도와 석모도도 연륙화가 되었다.

강화군의 주도인 강화도는 한반도에서 가장 역사적이고 문화적인 것이 잘 보존돼 있는 박물관이다. 강화 고인돌을 비롯한 문화유산이 유네스코 지정 세계문화유산으로 지정을 받기 위해 준비하고 있다. 세계문화유산이 되기에 충분한 가치가 있는 곳이다. 그런데 강화도와 석모도 및 교동도를 연결하여 세계4대 갯벌의 하나인 강화갯벌 지역에다가 대규모 시설을 건립해서 조력발전을 가동하려는 움직임이 계속돼왔다. 대규모의 갯벌을 파괴하면서 대체에너지원이라는 조력발전을 손쉽게 얻으려는 움직임이었다. 다행히 갯벌을 파괴할 뿐만 아니라 한강을 통해서 공급되는 토사의 흐름을 방해함으로써 일으킬 수 있는 자연재해 및 해저 지형의 가공할 만한 변화를 예측할 수 없다는 측면에서 조력발전을 반대하는 강화주민들과 시민단체들의 강력한 반대로 더 이상 추진이 되지 않은 것은 매우 다행스러운 일이다.

강화도는 옛날에는 하나의 섬이 아니라 여러 개의 섬으로 흩어져 있었는데, 고려시대부터 시작된 간척사업과 매립이 이루어지면서 하나의 섬이 되었다. 그리고 강화도가 연륙화가 되고, 강화도와 교동도에 다리가 놓이고, 최근 강화도와 석모도에도 다리가 놓이게 되면서, 강화도, 석모도, 교동도가 이제는 섬이라기보다는 인천시의 연안지역이 되었다. 강화도, 교동도, 석모도 등은 북한과 마주하고 있는 접경지역이기도 하다. 강화 북단과 북한 지역을 가리는 경계는 육지부의 DMZ가 아닌 한강과 임진강이 만나서 하나의 강을 이루고 있는 조강(祖江)이 가르고 있다. 조강과 한강하구는 민통선과는 또 다른 해양접경지역을 형성하면서 매우 특수한 공간적 성격을 간직하고 있다. 강화도와 인접한 하강하류는 자연도 크게 훼손되지 않으면서 북한과도 매우 가깝게 남아있는 곳으로, 강원고 고성에서부터 경기도 김포에 이르는 DMZ과 민통선지역의 완강한 단절성과 달리 바다를 사이에 두고 있기에 소통이 언제든 가능한 요소를 간직하고 있다. 강화도 옆의 김포에 해병대 지역이라든가 이런 곳과는 너무도 다른 군사적 완충지역이기에, 이 또한 향후 중요한 공간적 자원이 될 수 있는 곳이다. 강화도의 문화유산이 유네스코 세계문화유산으로 등재되면 이 지역의 가치도 더 부각될 것이다. 장차 남북관계가 평화협력의 방향으로 전환한다면 강화도와 한강하구지역에서 새로운 접점이 형성될 수 있는 것이다.

강화도가 그나마 현재와 같이 문화유산과 자연유산을 잘 보전해나갈 수 있었던 것은 대규모의 토목사업을 막은 시민들의 힘이 있었기 때문에 가능했다고 생각한다. 강화 조력발전 건설사업에 대해서 사실 찬반으로 주민들의 여론이 극렬하게 갈렸다. 강화도의 가치를 알고 강화도에 들어간 인천시민들을 비롯해서 일부의 운동가들이 특히 강화도 갯벌의 가치와 한강을 통해서 공급되는 토사의 흐름을 방해함으로써 일으킬 수 있는 자연재해 및 해저 지형의 가공할 만한 변화를 예측할 수 없다는 논거를 들어 조력발전소 건설에 대해 아주 적극적으로 반대했고, 반면에 강화에서 토박이로 살아온 일부 주민들이 보상을 비롯한 재산가치의 상승과 먹거리의 확대를 기대하면서 찬성율이 높기도 했다. 여기에 더해 환경단체들이 전국적으로 많은 갯벌들이 조력발전이나 공단조성 등을 이유로 매립된 상황에서, 세계 4대갯벌의 하나로 손꼽히는 강화도 갯벌이 훼손될 것에 대해 많은 우려를 하고 적극적인 반대운동을 전개했다.

강화도의 첫 번째 미래비전

강화도의 장기 비전은 아무래도 역사문화유산의 가치를 염두에 두고 설계되어야 할 것이다. 전국적으로도 유네스코 세계문화유산으로 등재될 만한 곳은 강화도가 아마도 가장 유력할 것이다. 강화도는 가는 곳곳,

밟는 데마다 유적이 남아 있다. 잘 가꾸면 세계적인 곳이 될 것이다. 유네스코 세계문화유산으로 지정되는 것과 함께 강화도를 남북의 평화협력이 이루어지는 지역으로 만드는 일도 매우 의미가 있으므로 강화의 미래 비전에 포함시켜야 한다. 또한 강화도의 자연을 잘 보존하는 것도 중요한 과제다.

강화도의 역사는 단군의 유적이 있는 마니산에서부터 근대의 역사를 보여주는 병인양요(1866), 신미양요(1871), 운요호사건(1875)의 유적지 등 거의 모든 시대의 역사 유적이 남아있다. 국가적으로 경주는 역사문화유산인 왕릉을 도심 한복판에 잘 모셔두고 관리하면서 잘 살고 있다. 나라에서 매년 2,000억씩 지원해주고 있다. 경주가 유네스코 유산목록에 등재되어서 역사문화유산을 보존해주는 비용이 국가에서 나오고 이를 보기 위해 관광들이 찾아들면서 관광산업도 발전하고 있다. 나는 중국의 기업단체관광객들이 월미도에서 치맥 파티를 열고 하는 식의 관광지가 되는 것보다는 다른 어느 곳에서도 볼 수 없는 역사문화유산을 느끼고 만날 수 있는 강화도의 가치가 훨씬 고부가가치 매력 관광요소라고 생각한다. 강화도는 실로 제주도 못지않은 소중한 곳이다. 또 강화군에는 교동도와 석모도라는 또 다른 섬들이 있다.

그런데 제주도는 한반도의 최남단에 떨어져 있어서 평화의 섬, 평화의 구역이라고 할 정도로 전쟁이 일어날 가능성이 없는 곳인데 반해, 강화도, 교동도는 북한과 바로 접하고 있는 곳으로 언제든지 전쟁이 일어날 수 있는 인접지역이라는 점에서 현재는 관광적인 측면에서 한계를 안고 있다. 남북간의 군사적 긴장이 완화되고 남북이 본격적인 교류협력을 진행하는 시간이 다가오면 강화도의 가치는 크게 치솟을 수밖에 없을 것이다. 관광을 통한 경제적인 부가가치는 말할 것도 없다. 선사유적인 고인돌의 상품화뿐만 아니라 역사적인 문화유산인 강화산성, 전등사를 비롯한 고찰 등 다양한 역사문화유적을 관광할 수 있고, 강화도의 해양문화와 석모도의 온천체험까지 상품화 할 것이 무척 풍부하다. 전등사를 비롯한 강화도의 고찰의 사찰음식이라든가 사찰문양 등도 매우 값진 생활문화유산이다. 경주와 함께 역사문화도시로 발전하고 있는 전주의 한옥마을에도 매년 정부가 2,000억 원을 쏟아 부으니까 전주시 자체가 문화적인 것만 가지고 관광을 통해 경제적인 부가가치를 향유하고 있다. 강화도는 그에 못지않은 역사문화자원이 가득한 섬이다.

평화의 미래비전도 함께 지향해야

강화도의 미래비전과 관련해서 또 하나 중요한 미래비전이 평화이다. 영종도에서 신도를 거쳐서 강화도를 잇는 다리를 건설할 것이고, 강화도 외포리 쪽으로 해서 쭉 가다 보면 강화도의 끝 양사면에서 두 갈래의 길을 만나게 된다. 한 갈래는 양사면에서 개성공단으로 가는 다리가 이어질 것이고, 한 갈래는 교동대교를 넘어 교동도로 이어지고, 교동도로부터는 제2의 개성공단인 해주공단까지 이어지게 될 것이다.

강화본도에 비할 바는 아니지만 교동도도 문화유산이 매우 많은 곳이다. 교동향교를 비롯한 많은 문화유산이 있다. 그러나 교동도는 과거에 뱃길로 고려 개경 벽란도와 연결되는 곳이었다. 교동도에서 북한 땅이 바로 지척으로 건너다 보인다. 6·25전쟁 때 황해도의 많은 피난민들이 교동도로 건너온 것도 그 때문이다. 불행하게도 전쟁통에 교동도에서 많은 민간인학살이 일어나기도 했다. 그렇기 때문에 더더욱 교동도는 남북 서해평화협력의 중심지로 거듭나야 한다. 송영길 시장 때 이곳에 평화산업단지를 조성하려고 많은 노력을 기울였다. 제2의 개성공단인 해주공단으로 가는 시작점인 교동도는 해주공단을 위한 전진기지여야 할 것이다.

인천에서 현재는 초지대교나 강화대교를 건너 48번 국도로 달려가다 보면 만나게 되는 두 갈래길인 강화군 양사면과 교동도에서 남북의 화해와 평화가 단지 꿈이 아니라 현실이 될 수 있도록 하는 것, 그것이 강화도가 품고 있는 또 하나의 미래비전이다. 이 미래를 실현하기 위해서는 무엇보다도 한반도의 평화체제가 정착되어야 한다. 강화군이 인천시로 편입된 것은 어쩌면 한반도의 분단을 극복해야 한다는 시대적 소명이 만들어낸 역사적 계기가 아니었을까? 강화군이 인천시로 편입된 지 이제 곧 4

반세기가 될 것이다. 그 무렵부터라도 세계문화유산으로 빛나는 강화도를 한반도 평화, 나아가 세계평화의 기여하는 평화의 섬으로 만드는 일이 현실화될 수 있기를 고대한다. 이를 위해서는 무엇보다 새로운 인천광역시장이 그런 안목과 의지, 그리고 리더십을 가진 사람이어야 할 것은 두말할 나위도 없다.

미래 한국을 위해 풀어야 할 보육문제

대한민국 보육의 민낯

정치인들 누구나가 하는 말로는 "애만 잘 낳아라. 안심하고 키워주겠다." 이렇게 이야기했지만 실제로는 우리 국가가 그것을 책임지지 못하기 때문에 저출산 문제가 이처럼 심각하게 된 것이다. 여성들이 안심하고 아이를 낳고 보육 문제에 시달리지 않기 위해서는 재정과 행정의 책임이 뒤따라야 하는데, 우리 사회는 그런 것에 대해 극히 인색했다.

인식과 현상의 모순이라고 할 수 있다. 인식의 이중성이라고도 말할 수 있는 것이 보육 쪽에서 특히 심하게 드러난다. 보육 문제의 줄기를 단순히 보육기관의 숫자늘리기로 접근하는 방안들을 많이 제시해왔는데, 보육기관의 숫자늘리기 정책조차 근본적으로 잘못되었다. 국공립 보육시설 설립 및 운영 예산이 많이 들어가니까 공공보육의 숫자는 줄이고 민간 보육시설에 의존하게 만들었다. 민간보육시설들에 대해서 정부에서

적극적인 지원을 안 하고 감독만 강화하려고 한다. 게다가 민간 보육기관 담당자들이 대부분 대표나 종사자들이 여성들이니까 만만하게 보는 면도 없지 않다. 그러다 보니 민간 보육시설에서는 운영의 열악함에 더해 정부의 관리, 감독에 불편한 것을 느끼면서 힘들어 하게 된다. 지금까지 이렇게 유지되면서 흘러왔던 것이 대한민국의 보육이었다.

양적 확대라는 미봉책

한국은 90년대 초반 OECD 국가군에 진입했다. OECD 진입할 때 척도 중의 하나로, 국가가 얼마나 공공보육을 하는가, 보육시설을 얼마나 사회적으로 마련하는가가 주요한 기준이었다. 그런데 김영삼 정부는 OECD에 진입하는 조건을 맞추기 위해 국가 예산을 많이 마련해서 어린이집을 만든 것이 아니라, 누구든지 은행에서 대출을 받은 돈으로 어린이집을 하겠다고 하면 허용해서 민간 보육시설을 늘리고 국가적으로 보육시설의 갯수를 채워서 OECD에 들어간 것이다. 이것이 국가가 보육정책에 대해 첫 번째로 한 미봉책이었다.

그 뒤에도 여러 미봉책들이 많이 있었지만, 정치인들이 현장과 지방정부의 의견을 충분하게 듣지 않은 채 3세부터는 아이들 보육을 국가가 책임지겠다고 한 것이 몇 년 전부터였는데, 급기야 박근혜 정부에서는 0세부터 무상보육을 하겠다고 공약을 했다. 그때 어떤 일이 일어났는가 하면, 직장 다니는 사람이나 아니면 그냥 내가 애를 키우겠다고 생각한 사람도 누구나 보육비를 신청하지 않으면 돈을 못 받는다는 사실이 알려지니까 모든 사람들이 보육시설에 맡기겠다고 했다. 그렇게 되니까 보육시설을 늘려야 하는데 급작스럽게 보육시설 늘리는 것 때문에 구청장은 몇 달 동안에 보육신청한 사람들을 뽑기식으로 선정을 해야 했다. 민간 보육기관들의 입장에선 갑자기 수요가 늘어나니까 사업이 되겠구나 싶어서 줄서서 뽑기 신청을 해서, 된 사람은 좋아하고 안 된 사람은 또 로비를 통해서 할 수 있나 시도하기도 했다. 보육기관이 늘어난 다음에는 교사를 채용해야 하는데 충분히 유아의 특성, 발달과정, 돌봄에 대한 철학이나 경험과 상관없이 1~2년 동안 연수를 통해서 교사 자격을 얻으면 되니까 자격이나 훈련되지 못한 보육교사를 양산할 수밖에 없었다. 그런데 막상 양산된 보육교사들이 사업이 되겠다 해서 급하게 만든 열악한 조건의 민간 보육시설에서 일하다 보니 갖가지 문제가 생겼던 것이다.

예산 문제를 고려하지 않고 대통령이 공약으로 0세부터 무상보육을 하겠다고 선언은 했지만, 중앙정부에서는 그에 수반되는 예산 부담은 기초지방자치단체에 다 전가시키고, 기초자치단체가 광역자치단체에 도저히 부담 못하겠다고 건의서를 내고 국회를 찾아가서 법을 개정하게 해달라고, 예산 비율을 조정하게 해달라고 몇 년 동안 애원하기도 했다. 심지어

일 다니지 않는 엄마들이 보육을 보육기관에 맡기기 때문에 실제로 일 다니는 엄마들이 보육시설에 아이를 맡기지 못하게 되는 현상도 다반사로 빚어졌다. 최근에 나온 맞춤형 보육이란 것은 말은 그럴 듯하지만 실제로는 일 다니지 않는 사람들을 걸러내서 보육을 못 맡기게 하는 것이다. 그동안 집에서 애 키우는 일만 하던 엄마들도 일부 있기는 하지만, 이제 아이를 나라에서 봐준다고 하니 보육시설 맡기고 이제부터 학원도 다니고 또 알바도 다니면서 새로운 일을 준비했던 엄마들에게 "맞춤형 보육 종일교육은 안된다." "당신이 직업을 가진 증빙을 내놔라."라고 요구한 것이다. 기초자치단체에서 맞춤형 보육을 근거로 아이들 짤라 내느라 난리를 치렀다. 동사무소마다 자기가 직장 다닌다는 걸 증빙해야 되는 사람과 직장은 안 다니고 있지만 꼭 아이를 맡겨야 되는 사람이 와서 싸우기도 하고, 이것이 다 구청과 동사무소에서 빚어진 일이었다.

남녀 불평등·중앙정부와 지방정부의 갈등이 만든 미봉책

보육의 문제는 여러 가지 문제들과 연관이 있다. 인구절벽 시대의 중요한 과제 중의 하나인데 저출산 문제와 직접적인 관련이 있을 뿐만 아니라 국가의 복지정책과도 관련이 돼 있다. 우리사회가 보육에 관한 것을 여성의 영역이라고만 한정하면서 공적 보육의 책임을 안 지고 사적 보육을 강화하면서 오는 어긋난 문제들이 많다. 이런 상황에서 보육의 문제를 그냥 미봉책으로 다루기는 어려운 매우 중요한 영역이 아닐 수 없다. 여성만의 재생산의 문제로만 치부해서는 안 된다. 성적 차별이 구조화된 한국사회에서 불평등한 사회라는 것을 여실하게 보여주는 것이 바로 보육과 관련돼 나타나는 여러 현상이다. 근본적으로 불평등한 사회이기 때문에 개선도 잘 안 되고 있다. 전세계적으로 보육과 관련해서 여러 대안들이 나오고 실제로 진전된 정책들도 이런 세계적 추세에 비해서 한국은 늘 미봉책에 그치고, 정치적으로 이용할 필요가 있을 때만 도구적인 방책만 많이 쏟아 냈다.

지방의 보육시설들이 더 열악하다. 지방 보육의 구체적 경험에 대해서 들어보면 지방정부가 예산이 부족하다고 한다. 그런데 다른 분야의 예산을 먼저 편성해서 다 주고 나서 보육 교사의 예산이나 보육시설의 예산은 몇 달 뒤에나 주고 하는 일이 다반사로 일어났다. 정부의 정책에 맞춰 교사를 늘리고 시설을 갖춘 민간 보육기관의 원장들은 정부의 지원예산이 안 나오니 미리 돈을 변통해서 월급을 주고 하는 일이 잦다고 한다. 이것이 우리사회의 이중성이다. 아이들이 중요하다고 해놓고 많이 낳고 잘 키워줘야 한다고 말들은 해놓고 실제로는 이를 받쳐주거나 국가가 해야 할 부분을 방기하는 것이다.

이런 상황에서 지방정부가 할 수 있는 부분은 아주 적다. 보육 선생님들이 워낙 열악한 환경, 열악한 운영조건에서 고된 노동을 하고 있는 상황인데, 제대로 돌봄이 되겠는가? 그런 가운데 아동학대 문제도 빚어지고 그럴 때면 우리 사회가 일방적으로 교사의 인성을 탓하고 있다. 아동학대나 아동방치와 같은 문제를 어떻게 개선할 것인가에 대해 근본적인 대책을 세우지 않고 기껏해야 CCTV를 어린이집마다 달아서 감시나 하자고 나서는 미봉책만 내놓고 있다.

육아휴직은 대체인력이 보완이 되어야 한다. 공적인 육아휴직, 어린이집 대체인력도 포함해서 동시에 가야 한다. 어린이집 원장님들이 보육 선생님 대체인력이 없으니까 대체인력 지원해달라고 10년 전부터 요구해왔지만 이루어지지 않고 있다. 임신을 해도 대체해줄 인력이 없는 것이 보육 현장이다. 그래도 공직의 경우는 육아휴직을 가긴 가는데, 관리자나 동료들 입장에서는 사실 좋아하지 않는 게 현실이다. 그만큼 일이 많아지니까. 공직에서도 겉으로는 육아휴직 적극 권장한다고 하지만 아직 먼 게 사실이다. 육아 휴직 예산을 늘리는 것 만큼 대체인력의 확보도 같이 가야 한다. 대체인력 없이 육아휴직 하라고 하면 사실 하지 말라는 것과 같은 것이다.

광역 지방정부 안에도 보육의 중요성이 재인식되어야 한다. 한때 정부와 인천시교육청 간에 예산을 둘러싸고 핑퐁게임이 벌여졌던 누리과정 예산 문제도 보육에 대한 인식이 제대로 되어 있지 못해서 초래된 사태라고 본다. 즉, 저출산 문제와 깊이 관련이 있는 보육 문제를 특히 0-5세 누리과정예산을 정부에서 무조건 예산도 없는 교육청으로 떠넘기고, 교육청은 예산도 없을뿐 아니라, 보육시설의 감독기관도 아닌데 왜 예산을 내야 하냐는 입장차에서 문제가 풀리지 않았다. 정부와 교육청 · 지방정부가 대립하니까 보육 현장에서는 보육 선생님들에게 월급이 못나가는 일까지 빚어졌다. 월급이 못나가니까 시에서는 구가 가진 돈으로 먼저 지급하라 하여 시와 구 사이에서도 예산 전쟁이 벌어지기도 했다.

근본적으로 국가적 차원에서 보육을 잘 하기 위해서는 국공립 공보육시설을 더 확충하고 공보육과의 차이 · 차별을 줄여야 한다. 국가에서 보육에 조금 더 투자되어야 하고 보육에 대한 국가의 행정력은 증대되어야 한다. 부평구에서는 보육과라는 독립된 부서를 몇 년 전에 만들었는데, 그만큼 중요한 부분이 소홀하게 다루어져서 비중을 두기 위함이었다.

보육에 관련해서는 근본적인 인식전환이 필요하다. 아이는 여자가 키워야 되고 여자가 원래 집에서 키우던 것을 정부가 예산을 줘야 하나 하는 생각들, 게다가 예산을 덜 주거나 늦게 줘도 괜찮을 거라는 이런 생각들이 특히 행정에 깊이 자리하고 있다. 이런 인식부터 근본적으로 바꾸고 보육 관련 제도를 개선해나가야 한다. 이렇게 하지 않는 한 애를 더 낳고 키우고 싶을 한국의 여성들은 별로 없을 것이라고 본다. 이제 더 이상 미봉책으로 보육 문제를 대해서는 안 된다.

보육 정책의 이런 변화란 것이 미리 밑에서부터 논의되고 수렴돼 추진된 것이 아니고 선거 때마다 갑자기 돌출하고, 민원이 급증한 때마다 또 갑자기 변경되면서, 일선 보육과 공무원들은 신문에 보도된 기사를 보고 보육 정책이 바뀐다는 걸 알게되어 나중에 직원들에게 통고가 된다는 거다. 보육과 직원들이 제일 힘들어 했던 것은 너무 자주 바뀌는 법과 정책과 방침들이다. 이렇게 자주 바뀌는 정책과 방침 때문에 밤늦게까지 일하게 되는데, 보육문제에 대한 지방정부의 정책을 고민하느라 바쁜 것이 아니라 바뀐 것들, 새로 내려온 것들 확인하느라고 보육과 직원들이 제일 늦게 퇴근하는 사람들이다. 기초 지방정부는 30대 유권자들이나 맞벌이 하는 유권자들의 표심을 겨냥한 중앙 또는 광역 정부의 인기야합성 임기응변식 정책과 지방정부의 부족한 예산으로 더욱 어려워지고 있다. 결국 이런 문제 때문에 고충을 겪게 되는 건 국민들이지만 지방정부에서 일하는 사람들도 괴롭기는 마찬가지다. 이런 게 반복되다 보니 주민들 입장에서는 매우 불친절한 보육 서비스와 보육지원을 받게 되는 것이다.

보육정책 대안; 중앙 정부가 일관적으로

보육의 수준과 질을 높이기 위해서 행정은 어떤 역할을 해야 하는지 고민을 많이 해왔다. 우선은 새 정부의 출범을 계기로 보육과 관련해서 인기영합적이고 임시응변적인 정책이 아니라 미래와 인구의 문제까지 감안하면서 현장을 기반으로 제대로 된 보육정책이 세워져야 한다.

지방정부의 경우 각각의 지방정부마다 예산이 많으면 조금 넉넉히 보육에 관련된 지원을 해야 하겠지만, 예산이 없는 지방정부의 경우는 할 수 없이 열악한 환경을 존속해나갈 수밖에 없다. 그러나 이것은 부자도시에서 태어난 아이는 조금 더 혜택을 받고 가난한 곳에서 태어난 아이는 도시의 재정 문제로 혜택을 덜 받는다는 것이므로 결코 바람직하지 않다. 적어도 인천 안에서는, 연수구에 태어나건 동구 달동네에서 태어나건 부평구 구도심의 지하방에서 태어나건 간에 적어도 우리 아이들의 보육과 교육은 차별 없이, 차이 없이 이루어져야 한다.

그러나 현실은 그렇지 못하다. 연수구의 보육시실과 보육 선생님에 대한 지원이 다르고 남구나 부평구가 다르다. 인근 부천시와도 큰 차이를 보이고 있다. 이것은 옳지 않다. 적어도 인천시에서 태어났다면 똑 같은 혜택을 받아야 한다. 보육과 교육 문제는 전적으로 국가가 담당해야 한다. 예를 들면 서초구 같이 지방재정이 여유로운 데는 국가에서 재정지원을 20% 정도만 지원하되, 재정이 안 좋은 자치단체에 대해서는 국가에서 전적으로 예산을 지원하는 차등 지원의 룰을 만들 필요가 있다. 그러나 지금은 거의 모든 지방정부가 똑같이 일률적인 매칭 방식으로 하고 있다. 다만 서울시의 경우는 강남에 있는 구와 강북에 있는 구 사이에 매칭비율에서 있어 차이를 두는 것으로 알고 있다. 그나마 서울특별시니까 시장으로서 지자체의 여건에 맞게끔 매칭비율을 조정할 수 있는 권한을 가지고 있는 것이다.

거듭 강조하거니와 공보육은 중앙에서 전적으로 책임져야 한다고 본다. 사회복지도 기초생활수급자에 대해서는 국가가 다 책임을 지고 있듯이 말이다. 보육 문제도 그렇게 해야 한다. 국가가 이런 책임을 안 지면서 여성들에게 아이 안 낳는다고 하고, 여자들 스펙을 줄이라고 하는 것은(여자들 스펙을 많이 요구하자고 하는 것은) 말도 안 되는 것이다. 보육 관련 예산이 2조 원 조금 넘는 수준인데 벌벌 떨 일이 아니다. 이것은 국방비에 들어가야 될 예산의 중요성 만큼 출산율 저하를 막는 중요한 예산 투자라고 생각해야 한다.

예전 만났던 호주의 여성부 차관이 여성인데 아이가 일곱이다. 아이가 일곱일 동안에 남편하고 자기하고 다양한 보육시설에 아이들을 맡겨서 다 잘 키웠다고 한다. 일곱 명의 아이들을 호주에 있는 보육시설을 충분히 활용해서 키워냈고, 그녀는 회사에 다니면서 실력을 발휘해 승진하면서 차관까지 올랐다는 것이다. 호주의 여성부 차관이 탄생할 수 있었던 기본 전제는 보육제도였다. 다양한 보육시설에서 아이를 안심하고 맡길 수만 있으면 여성들이 경력단절을 겪지 않고 사회활동에 나서 능력을 발휘할 수 있었던 것이다. 이제 우리나라도 이런 보육 시스템을 갖추기 위해 집중해야 할 시점이다.

안타깝게도 한국의 최근 보육에 대한 주된 관심은 보육시설에서 일어나는 아동학대 문제이다. 시민들은 무책임하게 선심성 공약을 내놓고 집권해서는 국가가 책임지지 않는 정책이 근본적 원인이라는 것을 보지 않은 채 교사들만 탓하는데, 이래서는 보육의 현실이 결코 바뀔 수가 없다. 육아정책, 보육정책은 정치의 도구가 아니다. 우리 국민과 국가의 미래에 있어서 매우 중요한 정책으로 봐야 된다.

한명숙 국무총리, 지은희 여성부 장관이 있을 때, 보육예산이 크게 증액되었다. 당시 나는 국회의원으로 보육 예산을 늘릴 것을 요구했고, 늘리게 되면 당연히 행정 인력도 늘려 달라고 요청했다. 오늘날 사회복지를 예로 들자면, 사회복지 예산은 계속 늘어나는데 행정인력을 안 늘려 주면 깔때기 현상, 즉 위에서는 물이 콸콸 내려오지만 받는 사람은 한두 사람밖에 없어 큰 어려움이 발생하게 되는 것과 같다. 사회복지사업은 늘어나는데 실제로 일을 하는 사람은 적고 그래서 자살하는 사람도 발생하고 있다. 그런 문제가 생기고 나서야 결국은 복지 예산 증액과 더불어 복지 인력도 증원하게 되었고 최소 3년의 근무기간은 보건복지부가 보장을 해준다. 그런데 보육에 관련해서는 아직도 그런 조치가 이루어지지 않고 있다.

보육 문제 전반에 대해 정부가 왜 이리 인색한가? 결국은 원장과 선생님들을 여자가 하고 있기 때문에 그렇게 버티는 것 아닌가? 만약 남자들이 보육을 담당했다면 사단이 나도 벌써 났을 것이다. 나는 육아휴직이 활성화 되어야 한다고 보는데 공적 영역에서는 그나마 조금 가능하지 사적 영역에서는 안 된다. 공적 영역에서 먼저 모범을 보여야 한다.

육아를 여성 혼자 책임지는 시대, 다시 말해 독박육아는 이제 끝나야 한다. 육아휴직도 여성만이 가야 하는 것이 아니라 남성도 육아휴직을 통해 가장 힘든 육아를 분담해야 한다. 스웨덴은 남자의 육아휴직을 여자의 3/4 정도까지 보장해줬다고 한다. 그런데도 남자들이 육아휴직은 조금밖에 안 하니 정부가 법적으로 보장된 육아휴직을 제대로 활용하지 않으면 승진을 못 하게 하는 제도를 도입했다고 한다. 육아휴직은 메리트도 주어야 하지만 육아휴직을 충분히 잘 활용하지 않을 때는 패널티도 주어야 인식이 바뀌어 질 수 있다. 육아휴직을 제대로 활용하지 않으면 나중에 승진 기회가 늦춰진다고 하면, 어느 사람이 육아휴직을 마다하겠는가? 육아휴직을 권한다고 선언을 하는 것이 중요한 것이 아니라 그것이 실행되도록 뒷받침이 돼야 한다.

보육 정책과 관련해서 또 하나 대안으로 광역자치단체의 보육 예산을 확대하는 새로운 방식을 제안해보고 싶다. 국가와 지방정부간 보육 예산에 대한 매칭방식 말고도, 전체적으로 육아지원금이 부족하니까 인천시 재정 부분에서 일정한 포션을 빼서 보육에 더 집중해야 한다고 본다. 부평구처럼 구 예산의 60%를 사회복지비로 쓰고 예산의 30%를 일반예산으로 쓰는 경우는, 그런 포션을 담을 수가 없다. 그러나 인천시의 10조 원의 예산을 쓰는 중에 개발에 관한 투자를 다소간 줄여서라도 육아와 보육에 좀 더 많은 예산을 편성해야 한다. 다만 최근 인천시 보육 재정지원처럼 인천관련단체와의 충분한 협의없이 결정하고 게다가 그 비용 일부를 덜컥 기초지자체에 부담시키며 생색은 인천광역시가 내는 식은 반드시 지양되어야 한다.

사회적 인식의 변화 외에 과감한 예산 투자가 필요하다. 내가 10년 전부터 외쳐온 사항이다. 보육 문제에 대한 이야기는 결국 평등에 관한 이야기가 된다. 평등의 문제는 결국은 국가의 미래까지도 좌우할 수 있는 중요한 변수인 인구와 관련된 문제 아닌가? 부부의 삶의 질에 관한 문제이기도 하다. 또 편안한 노후의 삶을 보장받고 싶어도 육아와 보육 문제 때문에 출산을 기피하고, 이 문제를 국가적으로 해결하지 못하니까 자식들 세대에게는 많은 노인을 부양해야 하는 짐이 되고 있는 현실이다. 결국 보육의 문제는 부부의 삶과 가족 전체의 삶뿐만 아니라 국가 전반의 지속가능성 문제까지도 관련된 중요한 현실이다. 이 문제가 행복하게 풀리면 그 국가와 그 도시의 구성원들은 모두 행복하게 될 것이다.

인천의 교육,
교육자치로 풀자

인천교육의 딜레마

인천의 교육은 변방의 교육처럼 흘러왔다. 오래 전에는 지방, 인천에서 공부 잘 하면 서울로 보낸다고 하던 시절이 있었다. 인천에서 목동으로, 목동에서 강남으로 학군을 좇아 이동해야 좋은 대학에 진학할 수 있다고 여겼다. 인천시민이 인천교육의 질을 믿지 못했던 것이다. 학교 문화도 서울이나 경기에 비해 낙후되어 있다 보니 교사들의 근무 의욕도 떨어졌다. 지금은 인천교육의 질이나 교사들이 근무 여건이 많이 개선되어 서울이나 경기로 옮겨 갈 요인은 많이 사라졌다. 그렇다고 서울이나 인근 도시보다 인천교육에 대한 만족도가 높아진 것은 아니다. 혁신학교 정책이나 교육혁신지구 사업을 먼저 시작한 도시에 비해 미래 교육에 대비하는 역량은 아직 부족하다.

인천 교육환경도 문제가 많다. 신도시 쪽은 학교가 부족하고 구도심은 학교가 노후화 되어 가니, 이로 인해 인천의 교육환경이 양극화되어 가고 있다. 여러 요소들이 중첩되어 상호작용하면서 악순환을 반복하고 있다. 초등학교 무상 급식도 전국에서 늦은 편이었고 중학교 무상 급식도 몇몇 시도와 함께 후순위에서 겨우 시작했다. 그나마 고등학교 무상 급식은 급식운동시민단체에 의해, 또 지방선거를 앞둔 시점이어서, 인천시와 시교육청, 우리 부평구를 비롯한 자치단체장들이 전격적으로 합의를 이뤄 올해 3월부터 실시하기로 결정했다.

이런 상황인데다가 인천의 교육감들이 연거푸 불명예스럽게 임기를 채우지 못하는 사태가 이어지다보니 교육현장에 대한 신뢰감이나 안정감이 많이 떨어졌다. 교육 예산도 늘 부족하고 중앙정부나 시에 대한 의존도가 높다보니, 교육부나 인천시가 교육정책에 개입할 수 있는 여지가 많을 수밖에 없다. 교총이나 전교조 등 교사들의 모임이 활발하지만 인천의 교육이 많은 진전을 못 보고 있어서 늘 안타깝다. 아이들의 교육을 진정으로 걱정하고 그것을 위해 노력하는 좋은 교사들의 모임과 교육에 관심을 갖고 있는 시민운동단체들이 활동하고 있어 미래의 전망은 나쁘지 않지만 현재 수준에서는 아쉬움이 크다.

어디에서부터 대안을 만들까?

인천 교육을 발전시키기 위한 대안을 만들어 내려면 인천시장의 마인드가 중요하다. 교육청 안에서 교육의지를 갖고 열심히 교육하는 훌륭한 교사들과 행정가들을 보호할 수 있는 울타리가 필요하다. 인천시교육청이 재정적으로 정부와 광역시에 의존하면서 교육행정을 펴고 있기 때문에 교육의 형식적 독립성은 의미가 약하다. 다른 지방 교육청의 경우도 마찬가지여서 쉽게 해결할 수 없는 상황이지만 장기적으로는 교육자치로 가야 한다. 나아가 일반 행정과 서로 긴밀하게 협력하는 자치로 가야 한다. 장기적으로는 치안, 교육, 일반행정이 통합이 돼 같이 가는 것이 마땅하다. 교육의 정치적 중립성 이야기를 많이 하지만 중립을 지키기 어려운 것이 현실이다. 예산 문제만 보더라도 인천시와 교육청이 협력적으로 사업을 펼치는 모델은 여전히 부족하기만 하다.

교육자치와 깊은 관련이 있는 교육감의 선거방식은 처음에는 직선제가 아니었다. 지금은 없어진 제도인 교육위원도 직전제로 뽑지 않았다. 그런데 직선제로 바꾸고 나서는 시민의 의사를 직접 반영한다는 좋은 점도 있지만 선거 비용 때문에 오히려 교육에 역행하는 사태가 발생하기도 한다.

우리사회구조에서 보육과 교육은 지방정부에서 어떻게 해보기에는 한계가 있다. 새로운 대통령과 정부에서 이 문제를 제대로 풀어야 한다. 아이들에 대한 부모들의 정성은 세계 제일인 반면에 교육행정과 정책은 오히려 반대로 가고 있다. 교육행정은 교육자치로 가야 하지만 교육과 보육을 통합하려면 독립된 교육감 선거 제도에 대해서도 또다른 고민이 필요하다. 외국에 나가보면 우리나라와 같은 지방자치의 형태를 가진 나라가 별로 없다. 미국, 영국의 예를 들어 보아도 거기선 시장이 교육과 치안을 통합해서 운영한다. 그곳의 초등학교와 중학교는 시장이 시의 예산을 배정해 운영한다.

아이들도 현재의 주민일 뿐만 아니라 미래의 주역이라는 점에서 충분히 시민의 세금을 들여 교육해야 자치 공동체의 본령에 맞는 행정을 펼칠 수 있다. 그러나 한국의 경우는 시의 행정 따로 교육행정 따로 치안행정 따로 운영되다 보니 문제가 많다. 예전에 독재 권력이 분산시킨 부분을 각각의 영역에서 기득권을 안 놓치려고 하다 보니 계속 이대로 가고 있는 것이다. 중앙에서 예산과 인사를 가지고 지방교육마저 통제하고 있는데, 지방자치를 제대로 하려면 근본에서부터 다시 논의를 해 봐야 할 것이다.

교육 불평등의 해소도 시급하다

인천 교육이 처한 문제의 보완책이라고 한다면 교육환경을 학교나 교육청만 담당해야 한다는 인식에서 벗어나야 한다. 교육청 자체의 예산만으로 인천 교육의 질을 끌어올릴 수 없다는 점부터 감안하고 접근해야 한다. 어느 자치구의 학생은 좋은 환경에서 예산지원을 잘 받으면서 교육을 받고, 어느 가난한 자치구의 학생은 나쁜 교육환경에서 안 좋은 조건의 교육을 받는 것은 형평에 맞지 않는다. 무엇보다 먼저 인천시가 형평성 있는 교육환경을 마련해주기 위한 정책적 노력을 기울여야 할 필요가 있다. 그나마 최근 인천시나 자치구가 학교에 보조해주는 예산이 많이 늘기는 했다. 무상급식에 있어서 자치구에서 30% 정도를 부담하면 시에서 나머지 예산을 지원해서 실시하게 됐고, 학교시설 개선을 위해 지원을 해주는 것도 공모를 통해서 지원하고 있다.

그런데 예산의 자립도가 높은 OO구의 경우는 구비로 40개의 학교에 20억 원을 지원한다. 적어도 한 학교에 5000만원을 지원하는 것이다. 그런데 부평구의 경우는 학교 수만 60개 학교인데 예산이 7억밖에 없는 실정이다. 이런 형편에서 부평구의 경우는 예산지원을 신청한 학교에 대해서 부득이하게 예산을 못주게 되고 그나마 지원하는 학교도 최대 2000만 원밖에 지원을 못한다. OO구의 경우는 신규로 새로 잘 지은 학교에도 구의 예산 5000만 원이 지원되니까 교육환경이 더 좋아질 수박에 없다. 그러나 부평구의 30~40년 된 노후화 된 학교는 기껏해야 2000만 원밖에 지원이 안 되니 땜질밖에 안 되는 것이다. 이러한 현실에서 부평구에 사는 학생과 연수구에 사는 학생의 교육에 대한 만족도가 달라질 수밖에 없다. 이런 문제들을 교육청이 못해주고 구청에서 해야 한다면, 인천시가 보조해주면서 전체적으로 조화롭고 형평성 있는 교육여건을 마련해야 할 것이다.

교육의 문제는 곧 사회의 문제이고 지방정부의 책임이다. 우리의 아이들을 학교를 졸업할 때까지 안전하고 좋은 환경에서 지혜롭게 성장할 수 있도록 하는 것이 지방정부의 사회적 책임이라고 본다면, 자치구별로 불평등한 부분은 전적으로 국가나 지방정부가 책임져야 할 사안이다. 그것이 평등이고 정의이다. 그렇게 공평하게 교육을 받게 한 후에 거기서 차이가 생겨서 공부를 좀 못하거나 다른 방면의 기술이 있거나 개인적인 관심과 주변관계에 따라서 각자 다른 길을 찾아가는 것은 아이들의 몫이사 가성의 몫이지만, 기본적인 것은 국가와 지방정부와 사회가 챙겨주어야 한다. 그런데 지금 우리 사회는 심각할 정도로 각자도생의 길을 가도록 하고 있다. 각각의 도시에 전적으로 맡겨놓고 임시변통적인 정책으로 교육을 다루고 있기 때문에 악순환을 반복하게 된다.

교육자치는 인천의 백년지대계

교사자격증은 국가고시를 통해 선발한 자격증 성격이고 그 직무를 맡은 사람이 그 지역, 그 아이들에 대해 책임성이 주어지는 것인데, 인천이 변방이라는 것 때문에 마땅히 가져야 할 정체성이나 정주성이라는 게 부족한 게 또 다른 문제이다. 인천에서 공동체적인 교육을 한다면 교사 자격을 부여할 때 조금 더 지역적 소속감을 감안해야 교육자치의 바탕을 이룰 수 있다. 그런데 인천에서 교사 자격증을 얻어서 몇 개월, 몇 년 근무하다가 기회만 되면 타 지역으로 가려고 하는 교사들이 많다면 인천의 교육은 정체성을 지니기 어려울 것이다. 지금과 같은 반자치적 교육행정은 결국 국가가 교육을 통제하려던 구시대의 산물이다. 현재 인천시 공무원을 뽑을 때는 인천시민에게 인센티브가 주어져 채용이 되고 나서도 인천 외부로 잘 안 나간다고 한다. 인천시의 교원 선발에도 이같은 보완 방안이 마련될 수 있다면 좋겠다. 인천에서 인천의 정체성을 가르치려면 인천을 잘 아는 교사들이·많이 필요할 것이다.

이는 교육자치의 본질과도 연결되는 문제다. 인천시민들의 정주성이나 교육의 공동체성, 시 행정의 지방자치성은 서로 다른 영역이지만 일관된 흐름으로 이어져 있다. 교육은 국가의 백년지대계이지만 인천의 정체성에 기반한 교육자치는 인천시의 백년지대계라는 생각으로 인천시정부가 보다 적극적으로 교육청과 협력해나가야 할 것이다. 시장이 협치의 관점을 유지하면서 인천교육에 대해서도 전망을 그릴 수 있을 때 인천이 교육도시로 성장해 갈 것이다.

세월호 촛불,
안전사회를 향한 다짐

세월호 참사에 대한 부끄러움

우리 사회 국민으로서 2014년 4월 16일 오전 11시쯤부터 보도되기 시작한 세월호 참사를 보지 않은 국민은 단 한 사람도 없을 것이다. 보도 초반인 11시경에 바다에 빠져서 선체가 뒤집어 진 모습을 충격적으로 지켜본 이후 곧 "전원 구조가 되었다."는 보도를 접하면서 점심을 먹은 사람도 무척 많았을 것이다. 전원 구조가 되었다니 별일 아니구나 하면서 흔한 교통사고 정도로 생각하면서 점심을 먹었던 사람들은, 그 뒤에 세월호가 끝내 침몰되며 마지막 가라앉을 때까지 속수무책으로 지켜보면서 적지 않게 죄의식을 느꼈을 것이다. '끔직한 침몰사고를 바라다보면서 편안하게 밥을 먹었구나!' 하는 마음에서부터, 특히나 자식을 소중하고 애틋하게 키워본 부모들이나 단원고 학생 또래의 학생들을 비롯한 전국민들 대다수가 그런 죄책감에서 쉽사리 벗어나지 못했을 것이라고 생각한다.

나 역시 점심 때 텔레비전을 보면서 식사를 무심하게 했던 것이 아직도 잊혀지지 않는 미안한 마음으로 남아 있다. 또 사고 발생 초기에 어찌하지 못하고 끝내 침몰하는 모습을 지켜봐야 했던 안타까움과 희생자들에 대한 불쌍한 마음을 쉽사리 떨치지 못했다. 세월호에 갇힌 아이들은 끝까지 어른들을 믿고 거기서 그렇게 기다리고 있었는데, 어른들이 무책임하게 약속을 지키지 못한 미안함. 어른들이 그들을 구해주지 못하고 그야말로 수장시킨 것에 대한 죄의식이 컸다. 몇 백 명이나 되는 아이들이 배가 가라앉을 때 안 보였던 것은 어른들 말만 믿고 그냥 그 자리에 앉아 있었기 때문이었다. 어찌 이 죄책감과 부끄러움을 씻을 수 있겠는가. 고통스러워하던 시민들이 자식을 잃은 부모들에 대한 위로와 물 속에 가라앉은 수많은 희생자의 시신이라도 모두 수습하는 것이 마지막 도리라고 생각하고 촛불을 들었던 것 아니었을까.

그런 죄책감과 미안한 마음으로 세월호 참사 3주기를 보냈다. 한국인의 정서에서 보면 세월호 참사는 희생된 인원이 많아서가 아니라 그 어떤 참사보다도 가장 참담한 과정을 겪었기 때문이 아닐까 생각해본다. 세월호 참사는 누구의 책임인지도 알 수 없는 상황 속에서 아이들만 희생되었으니 더더욱 억울했던 것이다. 그런데 시간이 갈수록 박근혜 정부에서는 거꾸로 세월호 희생자 가족들을 마치 배제되어야 할 집단처럼 매도하고, 또 일부 세력들은 문제를 일으키는 피곤한 사회적 병리인 것처럼 몰아갔다. 많은 사람들은 한국전쟁 중 발생한 노근리 사건이나 산골짜기에서 집단학살을 당해 유해가 발굴된 사건들에 대해서 함께 통곡하고 붙들고 울어줄 공감대가 있다. 그런데 세월호는 어떤가? 전시도 아니고 평시에 학생들을 포함한 300여 명이 수장되는 것을 전국민이 지켜봐야 했던 세월호 사건의 적은 누구인가? 바로 어른의 책임이다. 이 사건을 계기로 생명을 중시하지 않고 무조건 돈만 많이 벌고 빨리빨리 하는 것이 능력 있는 것이라고 용인하고 책임을 부정하고 살아왔던 기성세대들은 자신들을 냉정하게 되돌아보아야만 했던 것이다.

한국의 천박한 자본주의가 침몰시킨 세월호

세월호의 문제는 애초부터 한국의 천박한 자본주의의 극단적인 면모가 드러난 사건이었다. 일본에서 폐기처분한 배를 값싸게 사서 더 많은 물건을 싣기 위해서 안전하지 않은 배로 개보수를 하고 거기에 충분한 자격과 능력이 검증되지 않은 선장과 선원들을 비정규직으로 고용해서 빨리빨리 운행해 돈을 벌어야 한다는, 그런 관행적 행태가 끔찍한 참사를 빚고 만 것이다. 돈만 많이 벌면 된다는 천박한 자본의 부도덕한 행태가 유지될 수 있었던 것은 유착으로 얼룩진 해양 적폐들의 묵인과 통제가 있었고 좀 더 본질적으로는 그 이면에 자리잡고 있는 통제된 한국사회 시스템 때문이다.

아직도 구조가 빨리 이뤄지지 않은 의문점 중에는 제주의 강정항에 군항을 만들기 위한 자재가 세월호에 실려 있어서 그것이 뒤집어 진게 아닌가 하는 점이다. 국정원과 교신하는 것이 승객의 안전보다 우선했던 비밀주의의 문제가 도사리고 있는 것 같다. 또 우리나라가 해양국가임에도 불구하고 해양에 관련해서는 엄격한 행정의 감독이 제대로 되지 않았다는 것도 드러났다. 분단과 휴전체제의 영향이기도 한데 생업 이외에 바다와 관련해서는 군사적인 부분으로 통제되고 국가가 국민의 생명과 안전을 위해 바다를 관리하는 부분은 총체적으로 부실했다. 부실의 최정점에는 국가의 위기관리를 담당하는 컨트롤타워의 문제점이 자리하고 있었다. 국민에 대한 생명의 존엄성이 있었다면, 헌법에 규정된 국민의 생명을 지켜야 된다는 규정에 대한 최소한도의 책임감이 있었더라면 저렇게 엄청난 사고로 끝나지 않았을 것이다. 컨트롤타워의 최종책임자인 박근혜 대통령이 세월호 참사의 골든타임이었던 7시간 동안 행적이 묘연했던 것은 결국 그런 책임감을 다하지 못하고 권력을 남용하고 책임을 방기했다는 유력한 증거였다. 그러면서도 청와대는 자기 책임을 모면하기 위해 세월호를 3년 동안이나 저 바다 속에 내버려 두었던 것이다. 그렇게 모면하려고 했던 세월호 참사의 책임을 결국 국민들이 나서 촛불의 힘으로 탄핵한 것은 그나마 책임을 다하려 했던 국민들의 승리였다고 생각한다.

세월호 참사가 일깨운 안전사회라는 과제

세월호 참사가 벌어졌을 때 부평구청 마당에 지구의 날을 기념하기 위한 자전거 바퀴 돔을 두었는데 그 돔이 세월호 참사의 추모리본의 역할을 대신했고 구청 로비에 추모 분향소를 두어 밤 12시까지 시민들이 분향하게 했다. 시민들이 매단 리본에 쓰여진 글을 보면 정말 가슴을 저미었다. 그런 글 중에서 희생된 아이들의 가족이나 친척이 매단 안타까운 글도 직접 보기도 했다. 인천에서 출발한 세월호에서 살아나긴 했지만 병원에 입원해야 했던 시민들을 직접 찾아가 만나 위로하기도 했다. 인천성모병원에 입원하고 있는 사람 몇 분이 있어서 위로도 하고 또 그분들 중에 우리가 도와줄 수 있는 방법이 있는지 행정적으로 알아보기도 했다. 그들 중에서는 화물자동차로 물건을 싣고 가서 제주에 가서 내려놓고 판매하는 화물회사 직원도 있었다. 그분은 다행히 생명은 건졌지만, 침몰하는 배에서 탈출하면서 다치고 생존을 위한 수단인 화물차와 물건들을 고스란히 수장시켰는데도, 세상 사람들이 죽은 사람들만 안타까워하고 자기 같은 사람은 관심도 없고 해서 내놓고 이야기할 수도 없는 고통을 이야기했다. 자기 삶 전체를 흔드는 충격적인 사건을 경험해서 정신적으로 잠도 못 이루는 분노와 억울함과 절망감에 빠져 있는데도, 이걸 밖으로 꺼내놓을 수 없어서 수면제 없이 잠을 못 자는 고통에 대해 이야기 했다. 그 또한 세월호 참사의 안타까운 희생자였다.

나는 매년 4월 16일을 맞을 때마다 희생자들을 추모하기 위해서 안산에 가기도 했다. 안산에 가서 유족들을 만나보면 그들의 분노와 슬픔을 헤량하기 어려워서 차마 위로의 말을 건네기도 어렵다. 우리 사회가 이 문제를 조속히 치유해야 하는데 치유의 과정이 너무 더디다. 그나마 빠른 치유를 위해서는 대통령을 비롯해 정치인들이 참회하면서 위로부터 치유를 위한 반성을 해야 하는데, 거꾸로 이 사람들이 유족과 국민들의 분노를 일으키고 시민들에 의해서 치유를 위한 진전이 어렵게 이루어져왔던 것이 눈물 겨웠다. 내가 할 수 있는 일이 무엇이 있겠는가? 가서 위로하고 하는 것도 한 부분도 되겠지만 우리 지역에서라도 생명이 존중되고 구민들이 안전하게 살 수 있는 그런 철학을 가진 행정을 해야겠다는 반성과 실행에 적극 나서는 길뿐이었다.

안전 문제는 행정에서 늘 긴장해야 한다. 부평구도 노후된 건물들이 밀집해 안전상 위험이 가득한 구도심이 많다. 언제든 예측할 수 없는 기후재난도 대비해야 한다. 이런 안전 문제에 대비해 부평구의 공직자들과 함께 내가 직접 훈련을 받아보는 이유는 우리가 개인 문제보다 주민의 안전과 생명과 재산을 보호해야 하는 공직자이기 때문이다. 그런 책임감을 가지고 의식적으로 훈련하고 의무적으로 연습을 한다. 지금 십정동에는 노후주택들이 있어서 바람 불면 무너지고 큰 비가 오면 지붕이나 축대가 내려앉고 있다. 이런 보고를 받으면서 그 주변에서 멀리 있지 않으려고 노력해왔다. 지휘자가 없으면 제대로 조치가 안 된다는 것은 그간의 행정 경험에서 배운 것이다. 지휘자가 팔 걷어붙이고 앞장서야 다른 담당 공직자들이 같이 움직여 주고 그러는 거지 지휘자가 없는 경우 공직자들이 적극적으로 나서지 않는다. 이런 점에서 지도자의 역할이 굉장히 중요하다. 영화 〈허드슨강의 기적〉에서 비행기가 추락했을 때 기지를 발휘해 강에 안착했지만 마지막까지 기내를 돌아보면서 누구없냐고 확인하고 나온 그런 행위가 바로 지도자의 자질이다.

생명을 존중하는 정의로운 사회로 가자

내가 구청장이 아닐 때와 구청장일 때가 참 다르다. 1,000여명의 직원을 데리고 56만의 부평구의 주민을 위해 내가 앞장 설 때는 공직자들이 훨씬 큰 역할을 한다. 그러나 그렇지 못할 때 아니라는 것은 수시로 느낀다. 세월호 참사를 지켜보면서 새삼 제가 해야 할 역할을 제대로 수행해야 한다는 책임감을 깊이 마음에 새기게 되었다. 부평구에서는 세월호 이후 "부평구 안전재난체험관"을 운영하면서 안전에 관해서 주민들이 훈련하도록 하고 또 해빙기 같은 때는 내가 직접 직원들을 데리고 취약현장에 나가서 사전 점검을 하는 등 전에는 별로 못 가졌던 마음자세를 갖게 됐다. 세월호 있기 전에는 그런 지역에서 미리미리 점검해야 한다는 생각이 많이 들지 않았지만 세월호 이후 미리 점검하고 한 번 더 점검하게 됐다. 이런 것들이 직원이나 나나 달라진 측면 중의 하나이다. 전에는 도시의 구호가 대부분 개발이나 확장을 위한 표현들이 많았다면, 세월호 이후는 안전과 생명존중의 중요성을 주로 이야기하고 다닌다. 사실 안전 부분은 많은 돈보다 관심과 배려가 우선이다. 주민들도 구청에서 주민들을 위해 안전문제와 관련해 여러 가지 챙겨주는 것에 대해 공감대를 많이 보이고 있다.

이제는 3만불시대이다. 물론 가계부채가 많아서 경제적 어려움과 상대적 빈곤감에 빠져 있는 국민들도 많지만 3만불 시대의 국민들이 가장 바라는 것은 국민들을 정의롭고 안전하게 돌보는 것에 대한 리더십을 갈구하고 있다고 느낀다. 이를 위해서 작은 실천이라도 하면 공유해주는 주민들이 많다. 허겁지겁 빨리빨리 바벨탑 세우듯이 했다가는 제2의 세월호 참사가 일어날 수 있다는 자각이 싹텄다. 이제는 국가와 행정이 국민들한테 책임을 져주고 좀 더 정의롭게 가야 한다. 내가 리더십을 인정받은 것은 세월호 참사가 있기 전인데 특정 종교집단이 구청에서 건축허가를 내주지 않았다는 이유로 부평구청을 둘러싸고 수 천 명이 들어왔다. 구청 마당에 전경차 몇 대를 들어옮기고 진입해서 구행정이 위기에 빠질 상황이었는데, 그때 단호하게 원칙을 지켰다. 집단으로 칼 들고 와서 협박하는 듯한 사람도 있는데 원칙에 맞지 않으면 응하지 않았다. 옳지 않다고 생각하면 끝까지 정치적 외압이나 물리력으로 밀고 들어오더라도 끝까지 직원들을 책임감 있게 끌고 나간다. 이런 것이 바로 세월호 참사를 겪고난 이후 달라진 행정의 모습이다.

나라를 바로 세운 광화문 촛불

광화문 광장 거리에서

지난해 광화문 촛불집회가 열릴 때 대부분 참석했었다. 촛불집회에 참석하기 전에는 정치인으로서, 또 시민 한 사람으로서 혼자서 무척 답답하고 가슴앓이 했던 것이, 광장 안에서 시민들과 함께 하는 과정을 통해 굉장히 힐링이 되었다. 그것은 개인뿐만 아니라 모든 사람들이 대한민국이 이렇게 가면 안 되는데, 우리 사회가 이렇게 가면 안 되는데 하는 생각을 함께 나눈 자리였다. 내가 혼자 생각으로 힘들고 답답한 부분이 거기에 가서 국민들과 같이 함께 하면서 힘이 되는 경험을 오랜만에 했다.

내가 그동안 살아오면서 우리 역사에 빚을 졌다라고 생각해왔던 것은, 1974년부터 대학에 들어가 학생운동을 하다가 1978년에 결혼을 하면서 갖게 된 부채의식에서 비롯되었다. 비록 결혼을 했지만 사회에서 뭔가 역할을 하려고 했는데, 결혼의 굴레 속에서 아이를 낳고 하다보니까 1980

박근혜를
구속하라
박근혜
즉각퇴진!!
박근혜
즉각퇴진!!

년 5월에도 그렇고 84년 빈민운동을 하며 만석동 갈 때까지 독재정권에 떨쳐 일어났던 광장에 함께 하지 못했다. 어쩌다가 아이를 등에 업고 나간 적이 있기는 하지만, 민주화운동의 역사에서 중요했던 1980년대 초 함께 하지 못한 것이 늘 부채로 남았다. 그래서 이번만큼은 비록 공직자의 몸이기는 하지만 "일반 시민으로서 내가 참여할 수 있는 몫을 해야 한다."라는 그런 생각으로 촛불집회에 참석했던 것이다. 한번 참석한 이후 다음번 집회까지 적폐를 청산하는 방향으로 어떤 변화가 있으면 안심하겠는데, 그런 변화가 별로 없으니까 거의 매번 참석하게 됐다. 박근혜 전 대통령의 태도라든가 정치권들의 모습들을 보면서, 다음번 촛불집회에 촛불의 힘이 줄어들거나 없어지면 안 된다는 생각에서, 좀 더 많은 국민들이 모여야 한다는 생각에서 나라도 참여하면서 양희은의 노래도 듣고 전인권의 노래도 듣고 했던 경험이 새롭다. 전인권은 라디오로 듣거나 할 때는 탁한 소리에 별로 좋아하지 않았는데 광장에서 애국가라든가 민중가요, 국민 애창곡 등 노래를 들으니까 가슴이 다 떨렸다. 젊은 날의 부채의식을 털어버리듯 매주 토요일마다 중요한 행사처럼 나갔던 셈이다.

광화문 촛불집회는 이전의 집회와는 많이 달랐다. 광우병 촛불집회 때도 많은 시민들이 참석했고 민주적으로 집회를 이끌었지만, 그때는 피해의식이나 억울함으로 끝난 부분도 없지 않아 있었는데, 광화문 촛불집회는 우리 국민들의 격이 얼마나 높은지를 보여줬다. 이번에는 그야말로 새로운 대한민국을 만드는 주체로서 국민들의 힘과 지혜를 보여줬다. 광화문 집회가 이렇게 평화적으로 된 것에는 종로구청을 비롯해서 서울시의 역할이 참 컸다. 살인적인 살수차의 살포로 백남기 농민이 돌아가신 문제로 시민들이 강력하게 저항해서 경찰이 강경대응을 하기도 어려웠지만, 서울시가 소화전 제공을 안 해주니까 경찰의 물리력이 무력화된 것이다.

시민들이 연출한 평화적 집회문화

시민들이 아이들 손잡고 많이 나오고, 청소년들이 많이 나온 것도 커다란 변화를 연출했다. 자라나는 아이들과 청소년들한테 대한민국의 좋은 모습을 보여줘야 한다, 대한민국이 올바른 방향으로 변화하는 것을 보여줘야 한다, 참여한 시민들이 모두 이런 생각을 가진 것 같았다. 그때가 마침 수능이 끝나고 정유라에 대한 분노가 청년층에서 폭발했다. 또 아이들한테 민주주의에 대한 생생한 교육이 되어야 한다고 생각한 30-40대 젊은 부모들이 아이들을 데리고 와서 그것이 평화집회를 만들어 가는 큰 힘이 되었다. 거기에 아마 젊은 사람들이나 운동가들, 시민대표들만 있었다면 감정이 격해질 때 통제가 되기 어려웠을 텐데, 제일 추운 날에도 가족끼리 담요를 둘러쓰고 모였고, 12월 31일에도 가족과 아이들 손을 잡고 행진하고 같이 노래를 부르고 있다는 것이 자랑스럽고 새로운 힘도 생기고 용기도 생기고 그랬다.

나도 물론 손주 데리고 여러 번 참석했다. 우리 부평구의 직원들도 알게 모르게 많이 참석했다고 들었다. 직원들한테는 월례조회 때 『분노하라』라는 책의 주요 내용도 읽어주면서 "침묵이 악이다. 우리 사회에서 이런 것을 용기 있게 외치는 것이 필요하다."고 이야기를 하곤 했다. 월례조회 때 이런 이야기를 들은 부평구의 공무원 노조는 곧바로 몇월 며칠 광화문 어디에서 모이자고 공지를 하기도 했다. 뜻이 맞는 직원들도 함께 모여 가고, 그렇게 광화문을 우리가 채웠다. 광화문에 많은 국민들이 모였던 이유 중의 하나는 세월호가 있었기에 가능했다고 생각한다. 세월호 참사의 진실이 영영 묻혀버려서는 안 된다는 생각들을 품고 있는 국민들이 현 정부 아래서는 진실을 밝혀내기 어렵다는 안타까움이 있었다.

최순실의 국정농단 중에서 나온 정유라의 문자메세지처럼 "돈도 능력이다. 돈 없는 너희 부모를 원망하라."라는 말이 많은 국민들을 떨쳐 일어나게도 했다. 흙수저 출신으로 열심히 살고 있는 가장과 가족들에게 국정농단은 용서할 수 없는 일이었고, 세월호 참사에 대해 7시간 의혹에 휩싸인 대통령이 책임지지 않는 모습을 보면서 분노했던 것이다. 때마침 JTBC가 최순실의 테블릿피시를 처음 보도하고 대통령의 그런 모습을 여실히 잘 드러내 준 것과 함께, 처음에는 의아했지만 조선일보와 청와대간의 권력다툼의 와중에서 보수언론들이 돌아선 것 등이 함께 작용하면서,

JTBC만 보도했다면 공감대를 넓게 못 가졌을 텐데 TV조선이나 조중동 같은 보수언론까지 가세하면서 언론의 힘도 작용을 한 것도 잘 맞아 떨어졌다. 오히려 제 역할을 못한 건 국회와 정치권이었다.

내가 보기에 박근혜 대통령의 탄핵에까지 이른 과정에서 가장 결정적이었던 것은 이화여대 여학생들이 나선 장면이었다고 본다. 처음에 이대 학생들이 교육부의 평생교육센터 지원을 반대한다고 데모를 할 때 많은 사람들이 자기네들만의 선민의식에 사로잡혔다고 비판하기도 했다. 그런데 학생들의 거듭된 집회를 통해서 대학 당국과 교육부가 공모해서 이대가 정유라를 부정입학시키면서 그 댓가로 지원이 이루어진다는 사실이 드러나고, 정유라의 부정입학 문제에 대해서 보수적이었던 이대생들까지도 자기 얼굴에 가면을 쓰면서 항의하고 나섰던 것이 최순실 국정농난을 푸는 첫 열쇠였던 것이다. 최경희 총장이 경찰력을 동원해서 막으려고 했던 학생들의 공정성에 대한 항의가 만약 일부 운동권 학생 대표들만의 문제제기로 나왔다면 확산이 잘 안 되었을 텐데 불공정한 특혜와 특권이 많은 여학생들을 같이 묶어주고 움직여주었던 것이다. 이대 여학생들은 3년, 4년 학교를 다녀도 얼굴 한 번 경찰에 보이는 것을 싫어하는 평범하고 소심한 약자들이었다. 그런 여학생들이 돈과 정치권력에 의해서 자기의 미래가 달라질 수 있다는 것에 대한 두려움에 항의하고 당당히 나섰던 것이다. 이대생들의 이런 움직임이 없었더라면 과연 대통령 탄핵까지

갈 수 있었을까?

평범한 시민들이 만들어낸 시민혁명

광화문 촛불집회에서 군주민수(君舟民水)라는 말이 올해의 사자성어로 뽑히기도 했다. 국민이 물이라면 군주는 물 위에 떠있는 배라는 뜻이다. 광화문 촛불집회 기간 동안에 얼마나 많은 국민들이 물처럼 흐르면서 무서운 존재인가를 여실히 보여주었다. 국민들의 물결을 아무리 막으려고 태극기 들고 나오고 성조기를 들고 나오고, 돈을 뿌려 숫자를 늘려 봐도 대통령에 대한 탄핵을 지지하는 국민들의 뜻은 75~85% 사이를 오고갔다. 태극기집회가 촛불에 맞서 한때 늘어난 것은 물론 정치적 의도가 작용한 부분도 있지만 세대갈등이 드러난 부분도 없지 않았다. 노인들에게 세대갈등을 선동하고 카톡 등을 통해서 가짜뉴스를 유포했다. 가짜뉴스를 양산해내는 잘못된 극우 집단도 있지만 그것을 끊임없이 실어 나른 것은 댓글부대만이 아니라 70을 전후한 어르신들이 겪고 있는 사회적 소외감과 전쟁에 대한 오래된 안 좋은 부정적 경험이 깔려 있어서 그렇게 실어 나르게 했던 것이고, 거기에 일부 극우적인 교회집단들이 합류하면서 일부 젊은 사람도 많이 들어가게 됐던 것으로 보인다. 북한은 기독교를 탄압하는데, 탄핵이 북한과 이쪽의 동조세력이 추동하는 것이라는 이분법적 흑백

논리가 여전히 우리사회에 작동하고 있다는 것을 잘 보여주었다.

태극기 집회의 숫자가 늘어난 것을 보면서 박근혜와 그 측근들이 판단을 잘못한 것이 있었던 것 같다. 저 정도 숫자의 집회가 열리면 자기네들이 임명한 판사도 있으니까 설마 탄핵이야 되겠는가 하는 판단미스, 이런 걸 리플리증상이라고 하는데, 잘못된 것을 믿고 어느덧 자기가 한 거짓말도 사실인 것처럼 믿고 확신하게 되는 증상인데, 박근혜의 비극이다. 옛날 아버지시대의 청와대 권력처럼 독재권력을 행사하고 봉건 군주처럼 국정을 좌지우지하도록 김기춘 왕실장이 분위기를 만들어가니까 박근혜가 거기에 빠졌던 것은 아닐까? 내가 17대 국회의 행자위에서 김기춘이나 박근혜와 같은 상임위를 할 때 자주 보았다. 노무현 정부 시절이었던 그때 그 사람들은 비주류로서 어떤 정치적인 태도들을 보였는지 기억한다. 그때 모습에 비추어봤을 때 나는 4년간 김기춘이 저렇게까지 하리라고는 생각 못했다. 박근혜 의원은 6개월 상임위 기간 보았는데 그녀 역시 저런 모습은 아니었던 것으로 기억한다. 누가 주류이고 누가 최고의 권력자인가에 따라서 세상이 달라진다. 그들은 비주류로 남았어야 했는데, 권력을 잡으니 세상이 이렇게 된 것이다.

이제는 국회와 정치인들이 정신 차려야 한다. 노무현 정부 이후의 역사에 대해서 조금 더 철저히 반성하고 시민과의 밀착된 정치를 했어야 했다. 노무현 정부 들어설 때 많은 운동권 단체 사람들이 정치권력으로 들어왔지만 그것을 받쳐주는 새로운 세력이 형성되지는 못했다. 예전에 시민단체 세력들은 학생운동을 통해서 탄압을 받으면서 훈련되거나 단합된 사람들이 시민단체로 이어지고 거기서 일부가 성장하면서 순환구조를 가지고 우리 사회내에 일정한 건전하고 반듯한 부분을 형성했다. 노무현 정부 때 상당히 많은 사람들이 정치권력에 들어가게 되고 여기저기서 들어간 사람들을 부러워하면서 주변에 배치되고 했다. 그러다 보니까, 시민사회가 일종의 '정치권의 회색지대'처럼 변화와 리더가 없어지고 나이 드신 분들도 돌아가시고 하면서 변화했다. 노무현 정부 때부터 시민운동이 주된 활동영역을 찾지 못해 활동하기가 어렵고 세상 바로잡기가 어렵다는 생각이 들던 때도 있었다. 그러던 것이 이명박과 박근혜 정부를 거치면서 좀 더 정치적 리더십을 못 가진 상태에서 오히려 시민들이 밑에서부터 올라오면서 새로운 시대를 맞이했던 것이다. 이런 시대적 변화를 국회와 정치인들은 제대로 알아야 한다.

탄핵을 끝까지 밀고 가고 헌법재판소에서 탄핵을 결정한 것은 일종의 시민혁명이라고 볼 수 있을 것이다. 4·19혁명은 직접 총을 맞으면서 피를 흘리면서 쟁취한 것이라고 볼 수 있는 것이고, 87년 6월민주항쟁도 이한열 열사라든가 많은 분들이 앞서 죽으면서 얻어낸 역사적인 시민혁명이었지만, 이번의 경우는 그런 두드러진 피흘림이 없었다. 물론 백남기 농민이 살수차에 희생되면서 많은 사람들이 모이는 계기가 되기도 했지만, 커다란 직접적인 희생 없이 인내하면서 서로 치유해 가면서 시민혁명을 이루었다. 문화계 블랙리스트가 나온 것이 한편으로 촛불집회를 풍성한 문화의 장으로 변화시켜 국민적 분노를 분출하는 데 멈추지 않고 서로 인내하면서 결국은 헌재의 판결을 만들어냈던 힘은 놀라운 것이다. 헌재의 이정미 재판관도 막말을 들으면서도 머리에 헤어롤을 떼는 것도 잊은 채 공정한 탄핵심판을 내놓은 것처럼, 우리 국민들의 생각과 헌재의 판단이 정확하게 일치한 부분이 대한민국의 민주주의를 다시 바로 세우게 하는 데 큰 역할을 할 것이라고 믿는다.

촛불혁명 이후의 과제

탄핵 이후 우리 사회는 어떤 방향으로 가야 할까? 해방 직후에 이승만 대통령은 통치의 효율성을 위해 일제 때 부일 협력 활동을 했던 사람을 썼다. 반민특위가 구성은 됐지만 친일파를 청산하지 못한 채 역사가 후퇴했다. 1987년 이후에도 우리가 승리의 계기를 가질 수 있었지만, 야권이 분열하고 결국 노태우가 당선되면서 다시 역사가 후퇴했다. 역사를 정의롭게 바로잡아야 할 때마다 북한 문제가 터진다든지 야권이 분열해서 통합이 안 된다든지 하는 여러 가지 한계로 인해, 정의로운 역사를 쓰지 못하고 퇴보하다 보니 괴물 같은 박근혜 정권과 집단들까지 득세를 해서 상상하기 어려운 국정농단을 벌이고 대통령이 임기 중 탄핵되는 초유의 사태가 벌어졌다. 헌재의 대통령 탄핵과 조기대선을 통해 문재인 새 정부가 출범했다. 이제는 더 이상 역사의 시계를 뒤로 돌려서는 안 된다. 30년 전 민주화운동을 통해 탄생했던 87년 체제의 낡은 것들을 개헌을 통해 바로잡고 우리 사회의 곳곳에 똬리를 틀고 숨어 있는 적폐를 철저히 드러내 없애야 한다. 지방자치분권을 포함해서 부족한 체제를 갖추기 위한 개헌도 해가면서 새로운 국가의 비전을 바로 세우는 일도 중요한다. 행정부 내의 개혁을 해낼 부분들이 적지 않다. 정부 부처 안에서도 지금까지 토건사업으로 국가예산을 낭비하고 국가를 망치고 했던 것에 대한 대수술이 필요하다. 문화 쪽이나 모든 분야에서 혁신적인 개혁을 통해 대한민국을 지속가능한 나라를 만들기 위한 일대 변화가 필요하다.

광화문 촛불집회에서 국민들이 발신한 메시지는 척사위정(斥邪衛正)이었다. 삿된 것을 척결하고 정치를 바로 잡는다는 뜻이다. 척사위정은 구한말의 낡은 수구적인 구호가 아니라 오늘의 시대에 새롭게 적용해야 할 살아있는 구호다. 군주민수(君主民水)라는 기초적인 인식 다음에 나와할 부분이 바로 척사위정이 아닐까? 촛불도 그것의 한 맥이고 탄핵도 그것의 한 맥이었다. 이정미 재판관의 판결문을 보면 그 핵심은 바로 척사위정에 있다. 척사위정 하는 과정의 진통과 고통을 딛고 새로운 시대를 넘어가야 할 과제가 우리 모두에게 있다. 지금 우리는 척사위정의 시대적 과제를 둘러싸고 수구세력과 새로운 싸움을 진행하고 있는 것이다. 2017년 부평구가 정한 사자성어도 척사위정이다.

쓰레기 매립장과 지구 환경문제

수도권의 쓰레기를 매립해온 인천

수도권 쓰레기 매립장은 인천뿐만 아니라 수도권에 위치한 서울시와 경기도의 쓰레기를 인천 서구에 매립하는 시설이다. 서구 청라국제도시가 조성되기 이전에는 쓰레기 매랍장이 도시의 외곽이었으니까 거기에 매립하는 것을 당연하게 생각해왔는데 1차 매립이 완료된 이후에 그 위에다 골프장을 건설하고 시민들이 가서 즐길 수 있는 꽃으로 조성된 드림파크가 조성됐다. 그런데 매립기한이 종료된 이후 인천시와 시민들이 환경피해를 유발하는 쓰레기 매립장의 문제를 주도적으로 문제 삼기 시작했다. 인천이 언제까지나 수도권 쪽에서 쓰레기를 계속 받을 수 없을 뿐만 아니라 도시발전에 저해가 된다는 주장이 계속됐다. 이 문제가 민선6기 지방선거를 앞두고 커다란 쟁점이 됐다.

쓰레기 매립장을 인천을 조성할 때 인천의 입지는 1990년 이후 탈냉전

재활용선별장

시대가 되면서 조금씩 변해갔지만 여전히 수도 서울의 하수도 역할에서 벗어나지 못하고 있다. 서울에 필요하지만 혐오스럽거나 유해한 시설들을 인천에 배치하는 것이 당연시 되던 시절이 있었다. 지방자치제가 실시되면서 점차적으로 이런 문제들에 대한 자각이 생기면서 변화가 일기도 하고 인천의 독자적인 요구사항을 챙겨나가기 시작했지만, 한번 조성된 쓰레기 매립장에 대해서는 거의 목소리를 내지 못했다. 문제는 서구의 쓰레기 매립장이 사용 종료를 앞두고 또 다시 서울과 경기도의 쓰레기를 가져다가 새롭게 매립장을 조성하는 과정에서 터져 나왔다.

실제로 서울에서 쓰레기를 버리는 양이 주민 1인당 수치를 비교해도 인천보다 훨씬 많다. 2014년도 인천 시민들이 1인당 0.59kg이었다면 서울에서는 시민 1인당 0.9kg을 버렸으니 훨씬 많은 쓰레기를 인천에 버렸던 것이다. 인천시민보다 서울시민들이 더 많은 양의 쓰레기를 인천에 버리고 있었는데도 불구하고, 이 문제에 대해 인천시의 목소리는 작았다. 그 만큼 도시의 위상이 높지 않았던 것이다. 매립된 쓰레기에서 발생하는 침출수 문제라든가 악취 문제라든가, 주변지역에 있어서 인근의 매립장 때문에 도시발전의 걸림돌로 작용하는 문제 등 많은 문제들이 발생했고, 이 문제는 2014년 지방선거 시기에 새로 선출된 인천의 단체장이 이 문제를 해결해줄 것을 시민들은 요구하고 있었다. 쓰레기 매립장의 사용기한 연장 문제가 인천시민들의 반대여론으로 중요한 현안으로 부상하니까 서울시에서는 쓰레기 재활용을 확대하고 생활쓰레기를 줄이는 방향으로 나갔다. 박원순 서울시장의 경우 지속가능발전을 정책적으로 강조하면서 쓰레기 재활용률을 높이려고 애썼지만, 그러나 서울시의 쓰레기가 실제로 크게 줄지는 않았다.

인천 쓰레기 매립장에 대한 4자합의

어쨌거나 서울시는 인천의 쓰레기 매립장을 어떻게든 계속 사용하려고 생활쓰레기만이라도 양을 줄이는 운동과 함께 새로운 매립장을 찾아야 하는데, 비용도 많이 들어가고 대체 부지를 찾기가 쉽지 않으니까 인천시와 계속 줄다리기를 시도하는 형편이었다. 반면에 송영길 시장 재임시절의 인천시의 입상은 서울에서 발생한 쓰레기는 서울에서 처리하는 것이 원칙이라는 입장에서 수도권 쓰레기 매립장의 추가 조성에 난색을 표했다. 그러나 서울시에서는 새로운 매립지와 관련해서 인천시가 대안없이 사용종료를 선언하고 추가 매립을 중단한다면 당장 쓰레기 대란이 일어나고 어려우니까 최소한 문제를 길게 보고 풀어가자는 입장이어서 인천시와 상당히 복잡한 의견대립을 갖게 되었다. 그런데 2014년 지방선거에서 송영길 시장이 떨어지고 유정복 시장이 당선되고 서울시에서는 박원순 시장이 연임하는 한편 경기도에서는 남경필 도지사가 당선됐다.

새로운 수도권의 단체장들을 쓰레기 매립장 문제의 해결을 위해 회의를 거듭했지만 봉합적인 결론 이상의 대안을 끄집어내지 못했다.

그 후 유정복 인천시장은 취임 1주년이 될 무렵인 2015년 6월에 서울시, 경기도, 환경부에 소위 4자 합의라는 것을 합의했다. 4자 합의의 골자는 2016년 12월 종료 예정이던 수도권매립지 사용기간을 대체매립지를 찾을 때까지 연장하는 대신, 매립이 끝난 1·2매립장과 SL공사를 인천시로 이양하고 이관하는 게 골자다. 좀 더 구체적으로 합의내용을 살펴보면, 4자 합의로 환경부와 서울시는 ▲1·2매립장과 기타 부지의 면허권을 인천시로 이양하고 ▲1매립장 일부와 2매립장 등 665만㎡를 인천시로 즉시 양도하는 것으로 합의했다. ▲SL공사를 인천시 산하 공기업으로 이관하고 ▲SL공사 이관 후 1매립장 일부 등 268만㎡를 인천시로 양도하는 내용도 포함됐으며 ▲쓰레기 반입수수료를 2016년 1월부터 3년간 매해 22.3%씩 인상해, 인상한 금액의 50%를 가산금으로 별도로 책정해 매립지 주변지역 개선에 사용하기로 했다. 아울러 인천시와 서울시, 경기도 등은 대체매립지를 지속적으로 찾는다는 것이다. 이렇게 합의된 수도권 매립장은 전체가 1~4매립장으로 구성돼 있으며, 제1매립장(약 409만㎡)은 2000년에 매립이 끝났고, 제2매립장(381만㎡)은 거의 다 매립돼 2018년에 종료될 예정이다.

인천 서구의 쓰레기 제1매립장 위에 조성된 공원을 드림파크라고 이름을 지었는데 그 드림파크의 한쪽에는 골프장도 있고 한쪽에는 국화를 비롯한 야생화단지로 조성해서 축제도 열고 있다. 그러나 서울 상암동의 쓰레기 매립장이 하늘공원으로 변화된 것에 비해서는 아직 크게 활성화 되지는 못했다. 서울의 하늘공원은 갈대숲도 있고 잘 조성돼 많은 시민들에게 활용되는 명소처럼 되었지만 여기 드림파크는 아직은 그런 상태는 아니고 앞으로 잘 조성해나간다면 그에 못지않을 것이다. 인천시 관광코스 중의 하나로 들어가 있기는 하지만, 일반 시민들의 접근성은 좀 떨어지고 그 대신에 골프를 하는 사람들이 많이 찾아가는 그런 곳이 되었다. 그렇게 바뀐 쓰레기 매립장을 긍정적으로 보자면 인천시의 땅이 늘어난다고 하는 점에서는 장기적으로 보면 자산가치가 높아지는 것이라고도 볼 수 있다. 장차 자산가치가 높아질 매립지를 인천시가 확보하면서 더 적극적으로 이걸 어떻게 재정적으로 활용할 것인가 또는 여기는 어떻게 더 발전시킬 것인가라고 고민해야 한다고 본다. 그런 점에서 2014년도의 쓰레기 매립장을 둘러싼 갈등은 인천이 단지 유해물질을 받거나 기피시설로만 생각하지 말고, 보다 주체적이고 적극적인 입장에서 쓰레기 정책을 견인해나가야 한다. 생활쓰레기의 양을 줄이고 자원재활용으로 갈 수 있도록 하면서 향후 매립 부지를 창조적으로 활용한다면 인천의 입장에서는 긍정적인 변화의 계기로 될 수 있다고 본다.

쓰레기 매립장에 대한 인식의 전환

일부에서 오해할 소지도 있지만, 나는 쓰레기 매립장을 그저 쓰레기만 버리는 쓰레기통으로만 생각하는 시각에서 벗어나야 한다고 생각한다. 쓰레기 매립장이 종료된 후 조성된 드림파크 부지는 우리가 정부에 어렵게 공유수면 매립을 정식으로 허가를 받아 많은 예산을 들여야만 조성 가능한 땅 만큼이나 인천시에는 의미 있는 자산이 되는 것이다. 과거에는 물론 쓰레기 매립장이 그저 쓰레기통에 다름 아니었던 때가 있었다. 그러나 지금은 쓰레기 재처리 시설이 발전하면서 자원 재활용까지 가능한 친환경적인 시설로 거듭 나고 있다. 4자 합의를 통해 인천시로 양도하기로 한 665만㎡를 환산해보면 약 200만 평이 되는데, 이것을 자산가치로 따지면 약 1조 3000억 원이 된다. 송도는 문학산을 비롯해 여기저기서 돌멩이를 가져다가 매립해 다지면서 형성된 곳이지만 여기는 매립시설을 통해 침출수가 빠지게 하고나서 복토하는 과정을 통해 완전히 새로운 드림파크로 거듭났다. 그 과정에서 한동안 쓰레기 냄새가 났지만, 어느 정도 시간이 지나면 엄청난 활용가치를 가진 땅이 새로 인천에 생기는 것이다.

쓰레기 매립장을 둘러싸고 지역이기주의가 없지 않았다. 서울특별시 사람들이나 경기도처럼 매립지에서 떨어져 있다고 해서 쓰레기 매립장 인근에서 고통 속에 살아가야 하는 인천시민들의 어려움에 대해 그동안 간과하고 배려하지 않았던 것은 지역이기주의적 행태이다. 이것은 또 앞서서도 지적한 것처럼 그간 인천이 가지고 있던 도시의 위상이란 것이 냉전시대에 서울 중심으로 국가발전을 꾀하면서 인천을 시민들의 정주권을 중심으로 사고하지 않고 중심도시를 위한 일종의 항만 배후도시로 배치한 데서 비롯된 것이기도 하다. 그러나 지금 인천은 탈냉전시대를 맞아 국제공항도 들어오고 수도의 외항인 항만도 위치해 있음에도 불구하고 여전히 과거의 위상에서 벗어나지 못하고 있다. 수도권 쓰레기 매립장은 이를 단적으로 보여주는 시설에 다름 아니다. 이제는 과거에 인천을 푸대접하던 사고에서 벗어나야 한다. 쓰레기 문제도 쓰레기를 줄이는 것이 어느 한 지역의 이익에 관련된 문제가 아니라 전지구적인 환경 문제와 연관이 있다는 점에서 접근하는 발상의 전환이 요구된다.

인천과 서울, 경기도, 환경부간에 맺은 4자합의가 제대로 지켜지는지 인천시민들은 예의주시해야 한다. 인천의 쓰레기 매립지 사용을 연장하면서 인천의 받게 되는 피해와 고통에 대해 4자합의에서 약속한 사항들은 당연히 성실히 이행되어야 함은 물론이다. 인천시가 양보를 너무 많이 했다는 시민여론이 아직도 비등한 상황이다. 또한 대체 매립지를 찾기 위한 실질적인 노력이 동반되어야 한다. 또한 환경부와 인천시는 사용 연장키로 한 인천의 쓰레기 매립장을 친환경적으로 관리하기 위한 방안을 다각도로 찾아야 할 것이다. 쓰레기는 도시에서 사람들이 모여 사는 이상 발생하지 않을 수 없다. 그렇다고 쓰레기를 바다에 가져다가 버릴 수도 없는 것이라면, 어디든지 매립을 하기는 해야 한다. 비록 인천시민들의 누적된 피해의식이 상당하기는 하지만, 당장 대체 매립지를 찾을 수 없는 형편에서 최소한의 지역에다 쓰레기를 친환경적으로 매립하고 매립장을 되살려 쓰는 방안을 강구하는 것이 현실적으로 가장 필요한 일이 아닐까?

지속가능한 미래를 위한 우리의 선택

서울 1000만 명, 경기도 1200만 명, 인천 300만 명이 모여 사는 수도권에서 발생하는 2500만 명이 사용한 쓰레기를 그러나 언제까지나 인천에 묻을 수는 없는 일이다. 최대한 쓰레기를 더 줄여야 하고 인천 이외의 대체 매립지를 확보해야 한다. 쓰레기 비율만 해도 서울시가 인천시보다 많다는 것은 잘못된 것이다. 인천시민의 일인당 쓰레기 발생량이 2010년 0.84㎏이었는데 2014년도에는 0.59㎏으로 줄었다. 무려 4년 사이에 0.25㎏이 줄었는데, 서울시는 2010년도에 0.97㎏이었는데, 2014년도에도 0.93kg으로 별로 줄지 않았다. 서울시민들의 쓰레기를 인천에 버리면서 이처럼 쓰레기를 많이 발생시킨다는 것은 문제가 아닐 수 없다. 인천도 쓰레기 캠페인을 많이 벌였지만 지속가능발전을 강조해온 서울시의 쓰레기가 안 줄고 있는 부분에 대해서는 다시 한 번 점검해 봐야할 사항이다. 아울러 제2매립장까지 사용하는 기한이 2018년 6월까지다. 지금 사용 연장하기로 한 기간은 2018년 6월에서부터 12월까지로 이 기간 동안 제2매립지도 매립이 끝나게 되어 있다. 그 이후를 빨리 대비해야 한다.

기후변화가 인류의 미래를 위협하는 지경에까지 이른 오늘날 쓰레기 정책은 한국사회가 지속가능한 사회로 나갈 수 있는가를 가늠할 수 있는 중요한 영역의 하나가 될 수밖에 없다. 쓰레기를 재활용한 자원순환에서 가장 먼저 이야기될 수 있는 부분이 생활쓰레기 문제이다. 그간에 우리는 단지 생활쓰레기를 안 보이는 데에 가져다 버리고 종량제 봉투를 이용하면 발생량이 줄어들 것이라고 생각을 했는데, 이제 생활쓰레기의 문제는 전 지구적 환경 문제로 부상하고 있다. 이제는 조금 더 적극적으로 생활쓰레기를 줄여나가고 자원순환 시스템을 마련해서 해양투기나 매립을 최소화해야 한다. 인천의 쓰레기 매립장을 과거처럼 버려진 거대한 폐기물 쓰레기통으로 방치해서는 안 된다. 이를 넘어 매립을 최소화하고 매립된 부지를 새로운 인류의 자산으로 재활용하는 지혜가 우리 모두에게 주어진 과제이다. 또 다른 한편으로 탈핵정책과 마찬가지로 재생에너지에 대한 투자를 늘려서 쓰레기를 자원으로 재활용하는 거대한 변환을 이루어야 한다. 인천이 그러한 역할을 주도적으로 끌고나가는 역할을 모색해야 한다.

사드 배치,
한반도의 미래를 다시 묻다

박근혜 정부의 기습적인 사드 배치

한국의 안보, 경제, 정치 등 모든 문제들이 사드 배치 문제와 얽히게 되면서 활화산처럼 끓게 된 원인은 박근혜 정부의 개성공단 중단과 마찬가지로 여론 수렴을 충분히 거치지 않은 탓이 크다. 박근혜 정부의 밀실 결정에 의해서 활화산 같은 문제로 부상한 것이다. 이 문제를 훨씬 더 여유 있게 풀어나갔더라면 지금처럼 펄펄 끓지도 않았을 텐데, 이제는 풀기가 어렵게 돼버렸다. 세계 최강대국으로 부상한 중국의 굴기(崛起), 경제적으로나 군사적으로나 새로운 중국이 솟아오르는 징후가 이미 수년 전부터 뚜렷했는데, 이명박 박근혜 정부는 그런 것을 염두에 두고 국가적 차원에서 대책도 세우고 했어야 했다. 그러나 그런 것을 전혀 준비하지 않은 상태에서 미국의 요구에 따라 사드를 전격 배치하니 커다란 사단이 난 것이다.

사태가 이 지경에 이른 이유 중 하나는 북한을 사이에 두고 한중러 관계보다는 미중일 관계에 유착되다 보니까 북한에 가장 큰 영향력을 발휘하는 중국과의 관계를 다각적으로 보면서 대처하지 못하게 된 것이고, 특히 미국에 전적으로 의존해 안보문제를 풀어가다 보니까 사드 배치를 계기로 중국관계에서 주체적으로 대처하지 못하게 된 것이다. 사드 배치를 이미 한 것 자체가 중국 관계의 마지막 수를 놓아버린 것이나 마찬가지 상황이 되어 버렸다. 한때 박근혜 전 대통령이 취임 초기에 중국과의 관계를 우선적으로 접근하는 듯한 시도를 하기도 했고, 또 중국을 방문했을 때 천안문 앞에서 화려한 중국군대의 사열식까지 받으면서 중국과의 관계를 새롭게 정립하려 시도하려 했다. 당시에 어떤 구상이 있었는지 알기 어렵지만, 그러나 이후 역시 미국편중적인 외교와 안보노선을 확대해나가면서 초기의 그런 시도는 사라지고, 북핵 위기 상황에서 더더욱 친미적 행보로 나아갔다.

미국의 사드 배치 요구가 처음 흘러 나왔을 때, 윤병세 외교부장관이 중국에 가서 시진핑 주석을 만났을 때도 중국측에서 사드 배치에 대한 우려를 전달했을 때, 대한민국의 외교수장인 윤장관은 한국은 결코 그렇게 하지 않을 것이라고 호언했다. 그런데 열흘 뒤에 박근혜 대통령이 전격적으로 사드를 배치하겠다고 한 것은 외교적으로 중국에 대해 아주 커다란 실책을 한 것이다. 미국은 북핵을 막기 위해서 사드를 배치해야 한다고 하고, 박근혜 정부에서도 북핵의 위기로부터 남한을 방어하기 위해 사드를 배치할 수밖에 없다는 주장을 펴고 있지만, 사드 배치로 인한 북한의 반발보다 오히려 중국의 반발을 더 크게 불러왔다. 미국은 겉으로는 북한을 견제한다는 것이지만, 사드 배치를 통해 동북아에서 개입할 명분을 확보하고 중국을 견제하려는 목적이라는 것은, 한 꺼풀만 벗겨내면 금방 알 수 있는 사실 아닌가? 정부의 웬만한 고위직이라면 사드가 중국견제용이라는 것과 사드를 배치하는 순간 중국의 거센 반발을 불러올 것이라는 것은 다 알 수 있는 사실이었다. 그럼에도 불구하고 박 정부가 한국을 통해서 북한은 물론 중국을 견제하려는 미국의 요구를 비주체적으로 수용한 것은 우리나라의 현재적 위상을 다시 생각하게 한다.

사드 배치에 대해 묻혀 버린 진실들

고고도용 미사일 방어 시스템인 사드부대는 실제로 미국에도 다섯 개밖에 없을 뿐만 아니라 텍사스의 외곽지역이나 사막에 있다는 것이고 그 중 하나를 태평양 쪽에 옮겨오는 것에 대해서 미국에서는 그리 적극적이지 않았다고 한다. 그런데 우리 정부가 사드의 실체와 관련해서 깊이 고려하지 않았을 뿐만 아니라 국민들 중 일부가 워낙 안보에 관한 트라우마가 있다는 것을 활용한 측면도 있었다고 생각된다. 지국 국내의 일부 극우보수 세력들은 사드 배치를 반대하는 사람들에 대해서도 빨갱이 낙인을 찍고 있다. 그러다 보니 찬반 여론으로 시끄러울 사드 배치 문제에 대해서 정부가 매번 부인으로 일관해오다가 한 번도 제대로 된 공론화 과정을 거치지 않고 전격적으로 배치해버렸다. 정부의 일방적인 발표로 성주에 배치한다고 발표하자 성주군민들이 대대적으로 반대하니까 재벌기업인 롯데를 압박해서 롯데골프장에 사드를 배치한 과정도 그렇다.

사드가 북핵 방어용인지 중국 견제용인지에 대한 충분한 검토와 함께 북핵에 대응하는 고고도용 미사일 방어체제인 사드를 국내에 배치하는 것이 타당한가에 대한 기술적 검토, 그리고 중국의 예상되는 반발에 대한 대비책 마련도 없이 사드는 뜨겁게 달궈진 채로 갑자기 동아시아의 갈등을 유발하는 그런 무기 덩어리로 한반도에 배치됐다. 중국이 한국의 사드 배치에 그처럼 강경한 입장을 보이는 이유 중 하나는, 사드가 미국 내에도 몇 개밖에 되지 않은 새로 개발한 무기체제이고 이걸 한국이 막대한 비용을 지불하면서 배치하는 것에 대한 불쾌감도 작용했겠지만, 일면에서는 중국의 국내 정치용이 아닐까도 생각해본다. 실제로 그런 부분이 없지 않아 보인다. 시진핑이 중국 내의 권력을 장악하기는 했지만 미국에 대해서는 그간 제대로 대처하지 못했다. 사드 배치에 대한 중국의 강력한 어필은 이를 만회하려는 정치적 도구일 가능성이 있다. 우리로서는 중국이 아주 과격하고 공격적으로 나오면서 잃은 것이 너무 많다, 한국의 최대 무역상대국인 중국의 보복조치로 인해 우선 대중국 수출이 막혀버렸다. 무역에 있어서의 경제적 타격에 더해 중국 관광객들이 일체 한국관광을 중단함으로써 입은 손실 또한 막대할 것으로 추정되는 상황이다. 미국의 비위를 맞추면서 일본과의 안보적 관계를 유지하면서 얻은 득보다 우리가 경제적으로 잃는 실이 너무도 많다. 사드를 통해서 가장 큰 이익을 얻는 나라가 일본이고 그 다음은 북한이라는 분석까지 나도는 실정이니 말이다.

나는 사드가 군사적 방어의 측면에서 그렇게 큰 효과가 없다고 판단한다. 북핵 위기가 고조되면서 트럼프가 전술핵 배치 이야기를 꺼내고 국내의 자유한국당을 비롯한 보수세력에서 전술핵배치 서명운동까지 벌이고 있는데, 현재의 상황은 전술핵 가지고 이야기 할 상황도 아니라고 본다. 내가 군사문제 전문가는 아니지만 사드의 국방안보적 측면은 과거 박근혜 정부가 이야기한 것보다 훨씬 비중이 적을 것이다. 이럴 때일수록 국회 안에서 사드 문제에 대해서 정확히 바라보고 또 언론에서도 국민들에게 정확히 알리고 해야 한다. 사드배치에 대한 중국의 보복조치가 일시적으로 완화되고 있기는 하지만, 이것을 그대로 놔두면 중국과의 경직적인 관계는 계속될 수밖에 없다고 본다. 사드는 미국이 북한과 중국을 상대로 군사적 긴장관계를 과거와 같은 냉전적 방식으로 이용할 수 있는 무기 중의 하나이다. 중국은 또 사드 배치를 언제든지 한국을 압박할 수 있는 도

구로 사용할 것이다.

사드 배치를 둘러싸고 국내의 여론도 극단적으로 분열돼 있는데, 우리가 정말 솔직하게 이야기 해봐야 한다. 사드가 동아시아 지역의 평화를 위해 좋은 것인지, 혹은 평화를 유지하게 위해서 사드가 꼭 필요한 것인지 생각해보자는 말이다. 한반도는 옛날부터 지정학적 조건에서 강대국 사이에 위치해왔다. 한반도에 위치한 우리나라가 생존하기 위해서는 어느 한쪽 강대국 편에 서 있어서는 전란을 피하기 어려울 때가 많았다. 이럴 때일수록 좀 더 주체적인 정부가 들어서야 주체적인 외교를 펼쳐야 한다고 본다. 그렇게 해야 강대국들이 한반도를 둘러싸고 극심하게 대립하는 것을 막을 수 있지 않겠는가? 나는 우리 정부가 중국에 대해서도 급하지 않게 갔으면 좋겠다. 중국은 한국이 미국과 손을 떼지 못할 것이라는 것 잘 알고 있을 뿐만 아니라 한국의 경제와 생산력이 중국 경제에도 필요한 부분이 있어서 한국이 자기들과 모든 것을 다 척지고 친미로 돌아서는 것은 결코 바라지 않을 것이다.

사드 배치로 큰 피해를 본 인천

사드 배치 이후 중국의 보복이 다양한 방면에서 펼쳐졌는데, 중국의 경제적 보복의 가장 큰 피해를 본 것이 제주도와 인천이다. 제주도의 피해는 말할 나위가 없다. 인천은, 청도에서 닭이 울면 인천에서 들린다는 말이 예부터 전할 정도로 중국과 가까운 곳이다. 그처럼 가까워서 중국의 보따리상들이 카페리를 타고 와서 반드시 거쳐 가는 곳이 인천이다. 유정복 시장이 취임한 직후에 한때 중국과의 경제교류가 활발해지고 중국의 유커들이 월미도에서 매우 큰 규모의 치맥파티를 하기도 했고, 남동산업단지에서 생산한 인천화장품 공동브랜드인 '어울'이 중국에서 높은 호응을 받는다든가, 중국 지자체와 인천의 지자체가 교류도 활발했던 호시절이 있었다. 부평구와 계양구의 호텔들에 중국관광객들이 대거 묵으면서 지역경제에도 중국특수를 2~3년간 누리던 것인데, 사드문제로 해서 거의 모든 게 단절되면서 큰 어려움을 겪고 있다. 전체적으로 우리가 중국에 수출하면서 무역 의존도가 90%이고 미국보다 무역액이 세 배가 많고 흑자도 26%에 달하기도 했다. 다른 국가에서 발생한 무역적자를 중국과의 무역으로 만회했던 것이다.

인천의 경우는 개성공단 폐쇄로 인해 타격 받고 사드 배치로 인해 중국의 관계에서 또 한 번 심대한 타격을 받은 셈이다. 중국의 경제보복으로 인해 한국 전체가 큰 타격을 입었지만, 인천 경제의 타격은 매우 크다고 보고 있다. 다행히 중국이 문재인 대통령 취임 이후 서서히 무역보복조치를 철회하고 막혔던 한중정상회담을 재개하면서 관계가 호전되고 있기는 하지만, 미국과 중국이라는 세계의 두 강대국이 으르렁거리고 할 때는 오히려 양대국과의 관계를 잘 활용하면서 한국의 입지를 확대해나갈 방안을 모색해야 한다. 이명박, 박근혜 정부에서는 지나치게 미와 일에 비주체적으로 끌려가다 보니까 결국 사드 배치라는 화약을 떠 안게 되고 중국으로부터 호되게 보복을 당하는 것이다. 우리가 중국을 건드리고 할 필요는 없다. 모든 나라들이 자국의 국익을 위해 일 하는데 우리는 국익을 잃어버리면서까지 미일에 종속되어야 할 하등의 이유가 없다. 정권의 이익을 위해서 국익을 파는 행위를 다시는 범하지 말아야 한다.

양대국 사이에 큰 소국, 부탄에서 배운다

나는 그런 점에서도 인구 78만 명의 부탄이라는 나라가 12억의 인도와 14억의 중국 사이에서 외교적으로 잘 풀어나가는 것을 배워야 한다고 생각한다. 인도에서는 부탄 국왕이 가면 비행기에서부터 카펫을 깔아준다고 한다. 중국에서도 부탄과의 관계를 매우 독립적으로 중시하다는 것이다. 우리나라가 남북으로 분단된 것이 참으로 어려운 조건이기는 하지만, 대외적인 관계는 그 나라의 주체적인 리더십에 따라서 얼마든지 달라질 수 있는 것이다. 부탄 옆의 네팔 왕국의 역사는 한때는 인도에 먹히고 또 한때는 중국한테 침탈당하하는 등의 어려움을 겪어왔다. 그러나 부탄처럼 얼마든지 작은 나라의 지도자도 국민들과 함께 하는 리더십을 가져갈 수 있다. 78만 명의 인구를 가진 부탄의 국민소득이 3,000불이라고 한다. 그런데 그 나라에서 막노동하는 사람은 중국 사람이거나 인도 사람이라고 한다. 국왕을 중심으로 국민들이 똘똘 뭉쳐서 자부심을 갖고 외교를 펼쳐나가니, 비록 나라는 적고 강대국에 둘러싸여 있기는 해도 패배의식을 가질 문제는 아니라고 본다.

사드 이야기를 하다가 부탄 이야기로 흘러갔지만, 지금 한반도는 늘 강대국 사이에서 존재할 수밖에 없는 위치에 있다. 비록 이런 조건이지만 대한민국이 강대국에 종속된 주체가 아니라 우리 국민들과 함께 나라를 지켜나갈 수 있는 방법을 경제적으로나 안보적인 측면에서 찾아야 한다. 사드는 이런 과제를 다시 던져준 특별한 계기라고 생각한다. 북한이 핵실험 몇 번 한 것을 계기로 이쪽도 마찬가지로 군비 경쟁으로 치달아서는 방법이 없다. 미국에 국가안보를 의존하면서 군사용 무기를 엄청난 돈을 주고 사들이는 것은 결국 우리나라의 국익이나 국가의 미래를 위해서 바람직하지 않다. 강대국의 경쟁 틈바구니에서 어느 한쪽의 요구에 따라 대결적 논리에 말려들어가기 전에 남과 북이 하루 빨리 대화와 협력의 길로 나아가야 하다. 지금 임시로 배치된 사드 문제는 조금 더 냉정하게 먼 미래를 내다보면서 강대국과의 관계에서 우리가 어떤 지혜를 발휘해야 하는지를 던져준 중요한 계기가 아닐 수 없다.

부록

기고문

지속가능발전 도시 만드는 생각의 전환

토끼와 함께 잔디밭에서 뛰어노는 아이들의 얼굴에 생기가 넘친다. 부평구청 어울림마당의 모습이다. 주차장이 돼버린 구청 광장을 녹지로 바꾸고 주민을 위한 공간으로 돌려놓았다. 그러자 구청이 행정업무에 국한된 곳이 아니라 주민과 함께 소통하는 공간으로 변했다. 지속가능성이 고려된 생각의 전환이 가져온 결과물이다. 녹지광장은 기획부터 수많은 대화와 소통, 계획 보완을 거쳐 '지속가능발전도시 부평'을 만들어가는 모델이 됐다.

우리 사회는 70년대 이후 급격한 경제성장을 이뤘다. 물질중심의 성장은 생활 편의와 윤택함을 제공했다. 그러나 한편 삶의 질을 위협하는 반대급부를 받아야 했다. 하천·대기오염은 심각해져 가고, 주택·교통 등 도시문제를 양산했다. 경제적·사회적 양극화도 심화됐다. 한 예로 유아 4명중 1명은 천식과 아토피를 겪고 있고 국민의 90%는 빈부차가 심각하다고 느낀다고 한다. 산업도시 부평이 그 전형이다.

이를 해결할 방법이 없을까? 경제성장과 환경보전·사회통합 관점에서 검토하고 관리하는 '지속가능발전'이 그 방법이다. 지속가능발전이란 경제성장이 미래세대의 자산을 파괴하지 않고 지속하도록 유지하는 발전을 의미한다. UN은 1987년 공동의 미래를 위해 지속가능발전의 원칙을 세웠다. 반기문 UN사무총장도 가장 중요한 임무로 지속가능발전을 꼽았다. 그는 지난해 말 유엔총회에서 다음과 같이 연설했다.

"지구를 구하고, 가난을 없애고, 경제성장을 진전시키는 일은 하나며 한꺼번에 싸워야 할 일입니다."

부평구는 민선 5기에 이어 '지속가능발전도시'를 표방하고 구정의 제1원칙으로 추진하고 있다. 행정혁신으로 2012년 조례를 제정하고 전문가와 지역대표·공직자 등 60명으로 이뤄진 지속가능발전위원회를 설치했다. 지속가능발전위원회는 구정 전반에 대해 평가·심의, 정책의 지속가능성을 위해 환류(feedback)하고 있다. 지속가능발전 전략 및 이행계획을 수립하고 지표를 설정해 정책에 반영, 지속가능발전도시를 추진하기 위한 체계적인 틀을 갖춘 전국 최초의 기초지자체가 됐다. 올해 7월 국제기구인 GRI에 부평구의 지속가능발전 보고서가 등재됐는데, 이는 전국 지자체중 처음 있는 일이다.

뒤늦게 제정된 지속가능발전기본법이 2010년 이래 기능이 상실하면서 우리 사회의 기본방향에서 지속가능발전이 멀어진 듯했다. 하지만 지금 국회를 비롯 여러 곳에서 '지속가능발전'의 필요성이 대두되고 있다. 각 지자체도 지속가능발전을 행정에 반영하기 위해 다각적인 노력을 하고 있다. 지속가능발전은 우리 사회의 중심의제가 돼가고 있다. GCF(녹색기후기금)이 유치된 인천의 경우 두말할 나위가 없다.

많은 기초지자체들은 부평구의 지속가능발전을 벤치마킹하기 위해 방문하고 있다. 한 지자체장은 "왜 그때 부평구와 함께 시작하지 못했을까? 후회한다"고 말했다. 늦었다고 생각하지 말고 함께 가기를 바란다. 이제 다시 지속가능발전이다.

영유아보육 · 기초연금, 국가가 책임져야

민선5기인 2010년 이래 지방재정의 어려움을 가중시킨 것은 중앙정부의 일방적 지방세입 감소와 국가가 부담해야 할 복지비의 지방 전가가 주요 원인이다.

중앙정부는 부동산 거래 활성화 대책으로 지방세인 취득세 및 종합부동산세에 대한 감면·인하 정책을 지방자치단체의 의사와 무관하게 일방적으로 추진했다. 게다가 지방세 감소분에 대한 보전대책 없이 지속적으로 시행해 그 결정적 피해를 열악한 기초자치단체가 입었다.

부평구만 해도 2010년 정부의 취득세 감면조치로 세수가 170억원이나 감소하면서 이듬해 본예산에 공무원 인건비 4개월분 110억원을 편성하지 못했을 뿐 아니라 직원 성과급도 은행대출로 겨우 지급했던 급박한 경험이 있다. 물론 그 이후도 지방세입의 부족은 계속되고 있다.

지방세입은 줄었는데 중앙정부는 복지정책을 확대하면서 국고보조사업 방식을 통해 지방에 부담을 떠넘겼다. 그로 인해 지자체의 복지예산 비중이 급증했다. 부평구의 지난 5년간 복지예산 증가율(12.6%)은 총예산 증가율(5.2%)의 2배에 달한다. 올 7월부터 기초연금이 시행되면서 부담은 가중되고 있다. 부평구의 기초연금 지급률은 2015년에는 그 규모가 924억 원으로, 2014년 626억 원보다 297억 원(47%) 급증 할 것으로 예상된다. 민선5기에도 중앙정부에서 전가하는 복지 부담에 허리가 휘었지만 민선6기는 그 정도가 더 심해지고 있다. 부평구는 특히 장애인과 가난한 사람들이 많은 도시여서 총 예산의 60%가 사회복지비라는 기형적인 재정구조를 보여준다. 전국에서도 찾기 어려운 사례다.

점점 더 비어가는 곳간을 어찌 채워 써야할 지 걱정에 한숨이 절로 나온다. 궁상을 떨 정도로 지출구조를 강도 높게 정비했다. 구의 가계부와 현금예산흐름표 등 예산을 투명하게 공개하고 주민을 설득하고 이해를 구하며 아꼈다. 하지만 아무리 지방정부가 긴축재정운영과 실행예산을 편성한다고 하더라도 중앙정부의 변화가 있지 않는 한 지방의 재정위기는 극복하기 어렵다.

우선 영유아보육과 기초연금 등 국민전체에 대한 보편적 복지는 국가가 책임져야 한다. 국비 부담을 전액 또는 90%까지 확대해야 한다. 사회복지비 50% 이상, 재정자립도 30% 미만 기초지자체에 대해서는 우선적으로 국비부담율을 높여야 한다. 실질적 재정분권을 위해 국세와 지방세의 조정이 필요하다. 담배소비세·주민세·자동차세 등 서민층 부담이 늘어나는 증세에 앞서, 부자 감세로 국민정서에 반했던 법인세·소득세·종합부동산세 인하를 2008년 이전 수준으로 환원해야 한다.

덧붙여 부평구 등 인구 50만 이상 광역시 자치구에 대한 '대도시 특례인정' 적용도 필요하다. 인구 52만인 경북 포항시는 대도시 특례로 담배소비세 자동차세 등 지방세목이 추가돼 총예산 1조2000억원이 넘는데 인구 56만인 부평구는 5000억원밖에 되지 않는다. 재정여건을 파악할 수 있는 재정자주도 역시 포항시는 64%에 달하지만 부평구는 36%에도 못미친다.

이제 중앙과 지자체는 갑·을 관계에서 벗어나야 한다. 기초지자체가 중앙이니 상급기관에 사정하고 매달리는 앵벌이 수준에서 벗어나야 한다. 민선5기를 거쳐 이제 막 시작한 민선6기에 심화된 지방재정 위기는 지방재정 관련 정책결정에 지자체가 참여하는 것을 원칙으로 하면서 중앙과 지방 그리고 국회가 함께 극복방안을 찾아야 한다. 그것이 국가 균형발전, 민주주의 발전, 국민행복의 기본이 될 것이다.

통합예비군훈련장 부평 이전 용납할 수 없는 이유

국방부가 새해 벽두에 인천시 부평구 산곡동 일대에 인천 계양·공촌·신공촌·주안예비군훈련장과 경기도 김포·부천 등 6곳의 예비군훈련장을 합친 통합훈련대를 창설하겠다고 밝혀 지역사회를 들쑤셔 놓고 있다.

통합예비군훈련대가 들어설 부평구 산곡동은 1939년 일제에 의해 일본인천 육군조병창이 조성된 이래 해방된 뒤에는 미군부대(에스컴, 캠프마켓)가 점유, 민족의 자존심에 상처를 입혀 온 상징적 지역이다.

더구나 현재 부평에는 수도권 방위를 이유로 14개의 군부대가 주둔하고 있으며, 그 부지만도 330만㎡를 훨씬 넘겨 군부대가 너무 많다는 지적을 받아 왔다.

부평구는 전체 면적이 32㎢로 인천 전체의 2.8%에 불과함에도 인구는 56만 명으로 인천 전체 인구의 19%를 차지, 인구밀도가 높은 반면 군부대 밀집으로 도시 개발이 더딘 실정이다.

다행히 부평구민을 비롯한 인천시민들의 투쟁의 결실로 머지않아 미군부대가 평택으로 이전하고, 차츰 일부 군부대가 빠져나간다는 소식에 부평구민들은 이를 학수고대하고 인내하며 살아왔다.

그런데 갑자기 국방부가 약속을 깬 채 멀리 김포와 부천의 예비군훈련장까지 산곡동으로 끌고 오겠다고 하니 기가 막힐 뿐이다.

현재의 산곡동은 일제가 조병창을 조성하던 시절의 산골이나 농촌마을이 아닌, 도심지 아파트 단지로 상전벽해됐다. 이곳에만 유치원 13개, 초등학교 9개, 중학교 4개, 고등학교 5개 등 무려 31개 학교가 개교 중으로 2만여 명의 학생들이 매일 통학하고 있다.

이런 곳에 총소리가 울려 퍼지는 예비

군훈련장을 새로 짓겠다는 발상 자체가 이해가지 않는 일이다.

6개 지역에 흩어져 있던 예비군훈련장을 한곳으로 모으면 하루 2천여 명의 예비군 병력과 1천여 대의 차량이 몰려들게 될 것으로 예상되는데 교통대란과 소음피해, 학습권 침해는 누가 책임질 것인가?

앞서 밝혔듯 부평구 주민들은 일제시대 조병창이 생긴 이래 80년 가까이 군부대로 인해 피해를 당해 왔다.

국방부가 꼭 통합예비군훈련장을 만들어야 한다면 치욕의 역사가 서려 있는 산곡동이 아니라 국방 7대 정책기조에 나와 있듯 '미래지향적 자주국방 역량 강화'를 위한 적합지를 찾으려는 노력을 기울여야 했다.

부평에 국방부 소유 부지가 있다는 이유로 아무 고민 없이 각종 군부대를 끌어들일 궁리를 할 게 아니라 국방 3대 목표 중 하나인 '지역 안정'에 이바지할 수 있도록 도심에 남아 있는 군부대를 외곽으로 이전시키는 의지부터 보여야 한다.

벌써 부평구에는 '통합예비군훈련장 부평이전반대협의회'가 구성돼 예비군훈련장 이전 반대 서명운동에 돌입하는 등 지역사회가 요동치고 있다.

국방부는 가뜩이나 경기가 안 좋은 이 시점에서 분란이 예상되는 계획을 세워 국민들을 분열시키고 생업을 방해할 때가 아니다. 오히려 부평미군기지 이전 계획에 발맞춰 보급부대 등을 지방으로 분산시켜 군부대가 민원의 대상이 되는 일이 없도록 조치해야 한다.

이 지면을 빌려 인천시민께 '통합예비군훈련장 부평 이전 반대 투쟁'이 부평구민들의 지역이기주의(님비·Not In My Back Yard)가 아니라 잘못된 공권력의 전횡을 바로잡는 길임을 인식해 주실 것을 당부 드린다.

더불어 국방부가 예비군훈련대를 설치하려는 부지에 대한 개발행위 관련 관리계획 최종 결정권자가 인천시인 만큼 시도 구와 합심해 국방부의 일방통행식 예비군훈련장 이전 추진을 막아 냄으로써 대대손손 지켜온 인천의 터전과 시민의 생존권을 지켜낼 것임을 믿는다.

인천의 시인 한하운(韓何雲)의 40주기를 맞아

2월 28일은 한센병(나병) 시인 한하운(韓何雲)의 40주기다. 그는 1975년 인천시 부평구 십정동 산 39번지에서 눈을 감았다. 한하운의 시 「보리피리」는 초등학교 교과서에 실렸을 정도로 유명하다. 한국을 대표하는 고은(高銀) 시인이 한하운의 글을 읽고 시인이 되기로 결심했다고 한다.

1919년 함경도에서 태어난 시인이자 나병(癩病) 환자이며 나병 퇴치 운동가인 한하운은 1950년 한센병(문둥병) 환자 수백 명과 함께 부평공동묘지 인근으로 이주, 성계원이란 나환자요양소를 만들며 인천과 인연을 맺었다. 성계원 자치회장, 대한한센총연맹 위원장으로 활동하며 나병 퇴치 및 구제 운동에 앞장섰다. 성계원은 이후 국립부평(나)병원으로 바뀌었고, 소록도에 국립나병원이 신설되면서 폐지됐다.

성계원의 흔적은 청천농장, 경인농장 등의 명칭으로 부평에 남아 있다. 현재도 중앙에선 한하운 시인을 기념하기 위한 '한하운 기념사업회'가 활동하고 있으며, '한하운 문학상'이 수여되고 있다.

그런데 이상하게 부평엔 한하운의 시비(詩碑) 하나 세워져 있지 않아 민선 부평구청장으로서 책임감을 느끼지 않을 수 없다. 그의 대표 시비는 전라도 소록도에 있다. 그가 경기도청 공무원으로 근무했던 인연으로 잠시 머무른 수원시 세류3동 수원천 변에도 지난 2011년에 시비가 만들어졌다. 이 시비를 만든 '세류3동 좋은마을만들기협의회'는 "수원천 변에서 머물다간 시인을 영원히 기억하기 위하여 「보리피리」 시비를 세운다"고 적어 놓았다.

한하운이 인천에서 산 25년에 비하면 수원 거주 1년은 말 그대로 머물다간 정도다. 그럼에도 부평엔 그의 흔적이 크게 남아 있지 않다. 여러 이유가 있겠으나 한하운의 글에 그 답 하나가 담겨 있다.

"우선 부평은 이 지방민의 반대가 없을 것이라 믿고 불모의 산협이지만 우리가 무슨 선택의 자유가 있을까… 우리들의 마지막 안식처로서 택하기로 하였다." (한하운 자작시 해설집 「황토길」 중)

문둥병 환자를 이끌고 갑자기 인천을 찾아왔으니 달갑지 않았을 것이고, 나병은 무조건 전염된다는 인식이 있었기에 시인 한하운을 기억하기보다 문둥이 한하운을 지우고 싶었는지 모른다.

그가 「驪歌」(여가)에서 노래했듯 "님 오시면 피어라 진달래꽃/寒食(한식)에 素服(소복)이 통곡할 때에//富平(부평) 성계원에 진달래 피면/이 세상 울고 온 문둥이는 목쉬어."처럼 우리가 한하운 시인과 일정한 거리를 두고 싶어 했던 것은 아닌지 자성해 본다.

하지만 한하운은 『한하운 시선』에 수록된 친필 유고 「부평 지역 청년단체연합회에 부친다」에서 "부평 평야는 우리의 넓은 마음으로/높솟은 계양산은 우리의 이상으로 하늘에 닿고/한강이 銀龍(은룡)으로 굽이치고/강화, 영종섬이/관악산이 남한산이 북한산 산들이/부평을 품안고//선인들의 옛 읍터가/한촌 어느 변두리처럼/부평이 어찌 인천의 변두리인가?//"라며 부평에 무궁한 애정을 보내며 인천사람으로 살기 위해 몸부림치고 있었다.

한하운은 1959년 나병 음성 판정을 받고 사회로 복귀했고 1975년 나병이 아닌 간경화증으로 사망했다. 그러나 죽어서 인천에 묻히지 못하고 경기도 김포공원묘지에 유택을 마련, 우리 기억에서 사라져 가고 있다. 인천시가 2014년 인천의 인물로 선정했다고 하나 아직 기념물 하나 세워져 있지 않으니 정말 안타까운 일이다.

한하운 시인이 돌아가신 지 40년을 맞

아 뒤늦게나마 그를 위한 詩碑라도 하나 세워, 한 작가의 작품 세계와 나병 퇴치 운동의 역사를 기억해 줄 것을 지역 사회에 제안한다. 부평구도 노력을 아끼지 않겠지만 관(官) 주도가 아니라 지역 문화 예술인들과 주민들이 앞장서 인천의 인물을 재조명하는 기회를 마련해 주길 기대해 본다.

캠프마켓 담 허문 부평풍물대축제

감동적인 축제였다. 주민 안전을 최우선으로 해야 하는 자치단체장 처지에서 안전사고 없이 큰 행사를 치른 것만으로 만족해야 할 일이지만, 지난 9월 30일부터 10월 2일까지 열린 '제20회 부평풍물대축제'는 가슴이 뻥 뚫리는 행사였다.

특히 미군기지인 캠프마켓에서 가을 소나기를 맞으며 300여명의 구민들이 손에 풍물과 오방색 깃대를 들고 지신밟기를 하는 모습은 역사적 장면으로 남을 것이다.

한국 반환이 지연되고 있는 미군기지에서 "땅도 땅도 내 땅이다. 부평 땅도 내 땅이다"란 자진모리장단에 맞춰 행진을 하며 100년 가까이 철망 안에 갇혀 있던 지신을 달래고 나니 '훅'하고 캠프마켓이 부평구민에게 되돌아올 것이란 확신이 들었다.

미군기지 내 요지에 자리 잡고 잘 자란 수령 200년의 암·수 은행나무를 당산목으로 정해, 금줄에 구민들의 희망이 담긴 소원지를 묶고 제를 올리자 인천시 행정부시장이 부평구의 숙원인 '굴포천 복원'에 힘을 보태겠다고 '선물'까지 내놓았다.

사드 배치 문제로 정치·사회적으로 예민해진 상황에서 '굳이 미군기지에서 행사를 진행해야 하느냐'는 우려도 있었다. 하지만 어느 시민이 정치적 불만이 있다는 핑계로 구민의 소원을 담아 벌이는 20주년 축제장을 난장판으로 만들겠는가. 쏟아지는 빗속에서 한바탕 춤추며 남북평화와 미군기지 조속한 반환, 그리고 모든 구민의 행복을 기원하고 나니, 마치 그간 수십 년 묵은 그 땅의 액운을 한꺼번에 '씻김굿' 한 듯 시원하고 새 희망에

차오른다.

다만 애초 계획대로 원하는 부평구민 누구나 우리 땅인 부평 미군기지에 들어가지 못하고 제한된 인원만 입장한 게 못내 아쉬움으로 남았다.

물론, 이번 부평풍물대축제는 '캠프마켓 지신밟기'만 준비한 것은 아니었다. 전야제 행사인 애인페스티벌에는 지난 8월 전국노래자랑-부평 편에서 수상한 구민, 부평청소년 가요제 수상자, 국내 인기 걸그룹 등이 출연해 주민들로부터 큰 호응을 얻었다.

평소 차만 다니는 부평대로 8차선 약 1㎞ 구간을 축제의 피크 기간인 주말 이틀 동안 사람 중심의 '광장'으로 만들고, 그 광장 안에서 다양한 체험부스와 90여 공연단체들의 멋진 공연이 펼쳐지니, 빗속에도 60만 명 이상이 풍물을 즐기며 어울리는 기회를 가졌다.

특히 아르케 풍물단이 외국인 관광객을 대상으로 우리 전통악기 풍물을 배우고 느끼게 해보는 체험교실을 운영해 인기를 끌었다. 인하대 언어교육원 외국인 학생들이 많이 참여했는데 '흥겨운 한국문화가 신기하고 기회가 되면 꼭 다시 오고 싶다'는 소감을 남기니 앞으로 풍물축제의 전망이 더 밝아 보인다.

하늘이 도와 마지막 날 행사의 하이라이트인 '불꽃놀이' 때는 비까지 그쳐 부평의 밤하늘을 수놓은 화려한 불꽃들을 보는 즐거움과 새로운 도약의 느낌을 만끽했다.

공업도시, 상업도시로 알려진 부평구에서 문화체육관광부가 3년 연속 '지역대표 공연예술제'로 선정한 '풍물대축제'가 열리는 것만으로도 부평구민들은 큰 자부심을 느끼지 않을 수 없다.

22개 전체 동에 풍물단이 구성돼 각종 동네 행사에 참여하거나 연습을 통해 실력을 연마하고, 부평풍물대축제에서는 그동안 갈고 닦은 실력을 겨루는 경선을 벌임과 동시에 1천~2천명이 줄지어 연합 풍물퍼레이드를 벌이는 것 자체가 진풍

경이란 평을 듣는다.

이번 부평풍물축제에 처음 와 봤다는 한 지인은 "적은 예산과 악천후 속에서도 모든 구민이 하나가 되는 장면은 보며 전율을 느낄 정도로 감동적이었다. 전국은 물론 세계 많은 축제에 가보았지만 부평풍물축제처럼 재미를 넘어서 감동을 준 곳은 없었다"고 메시지를 보내 왔다. 특별히 궂은 빗속 행사에도 안전사고 하나 없도록 뒷바라지한 수많은 시민 자원봉사자들과 공직자, 지역행사에 수고를 아끼지 않은 경찰관들께 깊은 감사의 마음을 전한다.

인천평화의 소녀상 앞 첫 3·1절 행사의 의미

꽃샘바람이 차가웠던 지난 3월 첫날, 부평공원 내 인천평화의 소녀상 앞에서 부평구 주최로 '제98주년 3·1절 기념행사'가 뜻깊게 치러졌다.

부평공원은 일제 강점기에는 전쟁 군수 물자를 조달하는 일본 육군 조병창이었고, 해방 직후에는 미군기지, 그다음에는 한국부대로 사용되다 2002년에야 시민에게 개방된 곳이다. 이곳에서 부평의 첫 3·1절 행사를 연 것은 매우 의미 있는 일이 아닐 수 없었다.

특히, 지난해 늦은 가을 인천시민들이 귀한 성금을 모아 세운 작은 주먹을 불끈 쥐고 서 있는 '인천 평화의 소녀상' 앞에서 일제에 맞선 독립운동을 기념하는 행사여서 감동이 더했다.

그간 인근 주민들은 소녀상에 털모자와 목도리를 따뜻이 걸쳐주고 주변을 깨끗이 청소하는 등 소중히 돌봐왔다. 이날 시민단체의 '소녀상을 지키는 평화의 소나무' 5그루를 심는 행사도 함께 열려 인천 시민 사회의 애국심이 더욱 빛났다.

기미년 3·1운동 당시 부평에서도 독립만세운동이 장터에서 열렸건만 별도로 뜻을 기리지 못하다가 인천평화의 소녀상 건립을 계기로 뒤늦게나마 부평구 자체적으로 소녀상 앞에서 3·1절 행사를 열게 되니 부평의 독립운동과 보훈단체 시민들은 한결 감회가 깊은 듯했다.

153㎝ 높이의 소녀상을 둘러싸고 또래 아이들인 부평구립소년소녀합창단이 '아! 조국이여' '무궁화' 등을 부를 때는 가슴이 뭉클했다. 이런 꽃다운 소녀들이 다시는 끔찍한 고통과 비극을 겪지 않도록 역사를 바로 알리고 정의롭고 당당한 나라를 만들겠다는 각오를 다졌다.

최근 인천지역 시민사회단체는 부평공원 인천평화의 소녀상 건립에 이어 인천 강제징용노동자상 건립도 추진, 내년에는 더 의미 있는 3·1절 행사를 치를 수 있을 것 같다.

일본 군수생산기지인 인천지역에는 확인된 징용 인원이 3만 명에 달할 정도로 뼈아픈 일제 강제동원의 과거를 갖고 있다. 이와 함께 이에 항거한 노동자들의 투쟁 역사가 간직돼 있다. 부평은 일본 육군 조병창, 미쓰비시 중공업, 흥중상공 등의 군수물자 생산지이자 징용의 현장이었던 만큼 일제 수탈이 어느 곳보다 심했다.

따라서 강제징용노동자상 건립은 인천 역사를 바로 세우는 또 다른 시발점이 될 것이라고 확신하며, 지지를 보낸다.

부평에는 아직 44만㎡에 달하는 넓은 부지를 미군이 점유하고 있다. 2014년 우선 반환이 결정된 22만 9천여㎡조차도 여러 이유로 시민의 품으로 돌아오지 못하고 있다. 1937년 일본군에게 조병창 등으로 빼앗긴 후 80년 가까이 철조망에 가려진 채 인천시민들이 사용하지 못하는 '출입금지'의 공간이 되고 있다.

그래도 부평은 오는 6월에 시대 정신을 기리는 민중 음악제 '솔아 솔아 음악제'도 열고, 시민단체와 함께 '6·10민주화운동 30주년 기념행사'도 부평역 일대에서 가질 예정이다.

마침 얼마 전 3만여 명 구민 투표로 선정된 2017년 부평구 대표도서 '푸른 늑대의 파수꾼'은 일본군 위안부 문제를 다루고 있어 우리 구민들은 책 읽는 올 한 해 내내 부평공원의 소녀상을 기억하고 그 의미를 더욱 새길 것이다.

3·1운동 100주년을 2년 앞둔 이즈음 부평에선 진정한 자주독립과 민주주의 실현을 위한 정의와 평화의 정심이 힘차고 생기 있게 흐르고 있음을 느낀다.

정의로운 부평구민의 행복을 꿈꾸며 –마부작침, 척사위정의 자세로

언제나 싱그러운 5월이지만 올 5월은 더 싱그럽고 화장하게 느껴집니다. '거짓은 참을 이길 수 없다' 는 추운 겨울 광장의 촛불 외침이 장미의 계절인 5월 대통령 선거를 불러오고 이제 새 대통령이 성큼성큼 국민을 소중히 여기는 행보를 이어나가고 있기 때문이기도 합니다. 아주 짧은 시간에 한 분의 지도자가 불을 당긴 우리사회의 변화조짐들 을 생각해 봅니다. 국민과 소통하고 공감하는 지도자의 능력과 자세는 그 무엇과도 비교할 수 없는 가치일 것입니다.

문득 인천은 어떤가 생각해봅니다. 지금 300만 인구를 가진 대한민국 3대 도시지만 청년실업과 자살률, 미세 먼지 등에서 전국 최악 수준을 면치 못하고 있다는 보도를 접하며 철들고 나서부터 인천과 함께 살고 인천을 사랑하고 활동해왔던 기초단체장 중 한 사람으로서 몹시 가슴 아프고, 큰 책임감을 느낍니다.

그래도 부평 행정 7년을 꾸려본 경험으로는 '올바른 가치를 담은 비전이 있다면, 내일이 있다' 는 것을 믿습니다.

재정도, 구도심의 문제도 많은 부평구이지만 지속가능발전 비전을 갖고 주민과의 협치와 소통을 중요하게 생각하며 꾸려온 결과, 작년 한 해만 해도 20개가 넘는 상들을 받았습니다.

특히 지난 4월 인천지역 기초자치단체로는 최초로 행정자치부와 내일신문이 주최하는 '다산목민대상'에서 '본상'을 받았습니다. 어느 분은 '인천의 여성 목민관'이라고 축하의 말을 건넸지만 사실은 56만 부평구민과 1000여 부평구 공직자가 함께 일궈낸 값진 결실입니다.

한때 각종 공무원 비리의 대명사로 불리었던 부평구가 이제 전국 최고 수준의 청렴도를 유 지하게 됐고, 다산 정약용 선생이 강조한 목민관의 덕목을 가상 잘 실천하는 지방자치단체 로 발전했습니다.

지난해 말엔 부평구가 앞장서 추진했던 굴포 천 국가하천 승격 요구가 국토교통부에 의해 받아들여지는 큰 선물이 있었습니다. 이로써 부평구에서 발원하여 계양구 등 5개 도시를 거치는 약 15㎞의 굴포천이 더 맑고 쾌적한 생태하천으로 거듭나는 토대가 마련됐습니다.

부평구는 부평1동 주민센터부터 산곡천 합류 지점까지 콘크리트로 복개된 구간을 걷어내고 생태하천 복원사업을 벌이는 중(올해 기본 및 실시설계 착수)이라 이공사가 마무리되면 수질 개선 등 생태 환경적 기대 효과와 함께 굴포천 유역 도시재생사업이 활성화 돼 부평이 생태·경제·문화도시로 탈바꿈할 것입니다.

이 사업은 또 다른 인천의 숙원인 부평미군기지 조기 반환 및 시민공원 조성과 연계돼, 음 악도시 부평을 널리 알리는 촉매제 역할하게 될 것으로 기대됩니다. 주민을 사랑하고 소통 하는 방법으로 저는 지난 7년간 부평관내 22개 동 경로당 등에서 잠을 자며, 주민들과 오 순도순 간담회를 갖고 늦은 밤과 새벽에 동네 골목골목을 둘러보는 '숙박행정'을 했습니다. 총 44회 숙박행정을 통해 취약지역 어르신들과 다문화가정, 사회소외층을 만나며 '숨어있는 2인치 민원' 을 파악했습니다. 이런 깨알 행정을 통해 파악한 민원 사항은 90%이상 해결해 주민들로부터 생활과 밀착한 행정이라는 인정과 신회를 얻는 성과를 거뒀습니다.

구민들 뭉쳐 훈련장 이전 막아

부평구는 지난해 전 구민이 똘똘 뭉쳐 국방부의 산곡동 통합예비군 훈련장 이전 계획을 막 아 냈고, 올해는 이웃도시 부천시와 대기업 신세계가 상동 영상문화단지에 계획한 복합쇼핑 몰 건립이 부평에 막대한 피해를 입힌다는 점에서 적극적인 문제제기로 그 추진을 유보 시 켰습니다.

작은 구가 힘센 국방부의 일방적 계획을 바꾸게 하는 것이나 이웃도시와 대기업의 일방적 사업 추진을 막는 것은 결코 쉬운 일이 아닙니다.

지역 주민들의 적극적인 지지와 응원 없이는 불가능한 일입니다. 어려운 싸움에 이처럼 주 민들이 함께 하는 것은 누구의 이기적 선동이 아니라 바로 '정의'를 우선시하는 시대정신을 따랐기 때문이라고 생각합니다. 주민들의 동 의를 구하지 않은 국방부의 일방적인 결정이나, 영세 중소상인들의 생존권을 위협하는 대 기업의 골목시장 진입은 '정의' 에 어긋나는 일입니다.

정의행정으로 시민의 삶 개선

이번 새 대통령의 '국민 눈높이에서의 정의로운 행보'에서 볼 수 있듯이 인천에서도 정치·행정 책임자들이 '정의'에 입각해 그 역할을 다한다면 인천 시민의 삶의 질이 변하고 시민들의 자부심도 커질 것입니다.

얼마 전 노무현 대통령님의 추모일이었습니다. 그 분이 남기신 '강물은 바다를 포기하지 않는다'는 말씀과 '깨어있는 시민의 조직된 힘이 민주주의 최후의 보루' 라는 말씀을 다시 한 번 새겨봅니다.

저 부평구청장 홍미영은 구민들 그리고 깨어 있는 시민들과 함께 커다란 꿈. 바다를 포기하 지 않고 '마부작침(磨斧作針 도끼를 갈아 바늘을 만든다)' 의 자서로 '척사위정(斥邪衛正 사악한 것을 배척하고 정의를 지킴)'의 기치를 내걸고 '정의가 실현되는 지속가능 발전도시'를 만들어나가겠습니다.

인천 예술인 시민권 되찾아 드리겠습니다

최근 부평구가 인천여성가족재단에서 연 '한하운, 그의 삶과 문학' 국제학술심포지엄에서 최원식 한국작가회의 이사장(전 인하대 한국어문학과 교수)은 "한국문단이 한하운의 시민권을 유보해왔기 때문에 한하운이 우리 문단의 유령이 돼 왔다"고 주장했다.

한하운은 「보리피리」, 「파랑새」 등으로 교과서에 까지 글이 실렸던 인천 출신 유명 나병(癩病) 시인이었건만 "하운은 아직도 문단공화국의 당당한 일원이 아니다"고 덧붙였다. 그러면서도 "오늘 한하운에 대한 최초의 학문적 토론이 시작된 것을 기쁘게 생각한다. 한하운 학교가 이 자리에서 시작되길 바란다"고 한하운 시인에 대한 애정을 나타냈다.

이날 노벨 문학상 단골 후보인 고은 원로 시인은 "만해 한용운도 한하운처럼 주류 문학사에서 소외된 적이 있었다. 이제 한하운학과 한하운 학교가 필요한 시점"이라고 한 시인의 가치를 높이 인정했다.

필자는 지난해 초 경인일보 오피니언 지면에 '인천의 시인 한하운(韓何雲) 40주기를 맞아'를 기고, 1975년 인천시 부평구 십정동 산39 자택에서 눈을 감은 한하운을 기억하기 위한 시비(詩碑) 건립을 추진하자고 제안, 한하운 재조명 사업에 불을 붙인 바 있다.

1940년 대 후반 우리나라의 대표적 시인 반열에 올랐으나 어느 순간 시단에서 지워져 버린 그를 부평에서부터 되살려 내자는 취지였다. 그러나 이 기사가 나간 후 일부에서 한하운 시인의 약력에 대한 의혹을 제기했고, 시비가 건립되면 세상기억에서 지워졌던 한센 병(癩病)에 대한 오해가 다시 생기게 된다며 시비 건립을 반대한다는 목소리도 한센인 측에서 나왔다.

학계와 지역 사회의 시비 건립 반대 움직임은 난감한 문제였지만 쉽게 포기할 수는 없었다. 이번에도 한하운을 외면한다면 최원식 이사장의 지적대로 인천에서 활동한 예술가의 '시민권'을 되찾는 게 요원해지기 때문이었다. 한하운 시인을 재평가하기 위해 지역 문화 예술인 및 어른들과 논의하던 중 인천시의 '인천가치재창조 선도사업' 공모가 진행됐고, 부평구는 부평역사박물관을 통해 공모에 참여했다.

우리가 제출한 '지역문화 활성화를 위한 한하운 재조명 사업'이 공모에 선정돼 한하운 전시회, 백일장에 이어 이번에 한 시인을 위한 최초의 국제학술심포지엄까지 열게 되면서 그에 대한 관심을 높이고 의혹을 받아왔던 한 시인의 학력 상당 부분도 바로 잡았다. 한 시인의 경력에 대해 학계 최초로 문제를 제기했던 최원식 이사장이 기조강연자로 참여하고, 중학생 시절 우연히 하굣길에서 주운 『한하운시초』를 읽고 "한하운처럼 처절한 시 몇 편을 쓰겠다고 다짐하며 꿈을 화가에서 시인으로 변경했다"는 고은 시인이 축사를 해, 심포지엄의 격은 한층 높아졌다. 그동안 시비 건립에 부정적이었던 한센인들도 구청의 진정성 있는 설득을 통해 한 시인의 역량을 인정, 곧 시비도 한 시인 자택 부근에 세우게 되는 등 이번에 부평구는 인천 출신 예술인의 시민권을 제대로 되살리는 성과를 거뒀다.

부평구는 몇 년 전 「솔아 솔아 푸른 솔아」로 유명한 노동자 시인 박영근의 추모비를 자택 부근인 신트리공원에 세워 노동문학의 본거지 부평의 명맥을 이어가고 있을 뿐만 아니라 미군부대 캠프마켓 주변을 옛 명성대로 우리나라 재즈(밴드) 음악의 산실로 키워나가는 사업을 문화체육관광부의 문화도시 조성사업의 일환으로 진행하고 있다. 이제 부평뿐만 아니라 인천 곳곳을 뒤져 지워져 버린 문화예술인들의 '시민권'을 제대로 찾아드려야 진정한 '인천가치 재창조'가 완성될 것이라 믿는다.

자치와 분권, 국민의 명령이자 시대정신이다

문재인 대통령이 최근 여수에서 열린 '전국 시도지사간담회'에 참석, "자치와 분권이야 말로 국민의 명령이고 시대정신이라고 믿는다"고 강조하며 "중앙정부의 대폭적인 권한 이양으로 지방자치권을 근본적으로 강화하고 지방재정 확충방안도 마련하겠다"고 밝혔다.

문재인 대통령은 "지방자치단체를 지방정부로 개칭하는 내용을 헌법에 명문화하는 한편, 자치입법권·자치행정권·자치재정권·자치복지권의 4대 지방 자치권을 헌법화하겠다"고 덧붙였다.

필자는 인천 달동네에서 시험지 배달하는 아줌마, 공부방 선생으로 살다가 1991년 첫 지방자치선거가 있던 해에 "못 사는 동네라고 행정기관이 소홀히 하는 문제들을 해결해 달라"는 주민들에게 등을 떠밀려 구의원에 출마, 정치에 입문했다.

이후 시의원, 국회의원을 거쳐 전국에 몇 안 되는 재선 여성 구청장으로 활동, 풀뿌리 민주주의 교육장인 지방자치 현장을 지키면서 우리 자치제도가 갖고 있는 모순을 몸으로 겪어왔다.

지방자치가 시행된 지 25년이 넘었지만 보수정권 10년을 거치며 중앙집권적 관료시스템이 다시 강화돼, 자치가 오히려 퇴보하는 현상도 직접 눈으로 확인했다.

현행법은 국회와 중앙정부가 무제한적으로 법률을 제정하고 지방정부는 시키는 대로만 하라고 윽박지르고 있다.

지방공무원 수 통제, 자치과세권 제약 등으로 지방자치단체는 자율권에 기초한 창의적 시책을 전혀 펴지 못하고 있다.

특히 최근 인천시마저 사회복지비 부담을 기초자치단체에 떠넘기는 등 지방자치에 역행, 광역과 기초단체 간 마찰까지 발생하는 상황이다.

이런 현실에서 "주민이 직접 생활 문제에 참여하고 해결하는 자치분권으로 국민의 삶도 한 단계 도약할 수 있을 것"이라는 문 대통령의 말씀은, 26년 전 주민들과 쓰레기 수거 문제, 가로등 및 공중전화 설치, 상하수도 정비 등을 해결해 나가던 37세 여성 빈민운동가를 구 의원으로 내보내 지역 문제를 풀려했던 달동네 아주머니들의 '선견지명'과 맥을 같이한다.

문재인 대통령의 이번 발표는 지방자치를 되살린 김대중 대통령, 지방자치를 키운 노무현 대통령에 이어 '주민이 진정 주인이 되는' 참된 지방자치의 초석을 만들겠다는 의지로 읽힌다.

하지만 아직도 상당수 정치인들이 '중앙정치 바라기'가 돼 중앙부처와 중앙당에 잘 보이려는 꾀를 갖고, 지역 풀뿌리 현장을 외면, 정부가 자치권을 부여해도 제대로 행사할 능력을 갖추지 못하고 있다.

지방선거 출마 예정자들 상당수가 중앙에서 공무원 생활을 오래했거나 국회 등 중앙 정치에 더 익숙해져 지방자치 필요성을 인정하지 않는 경우까지 있다.

결국 지방자치의 수혜 당사자인 출마 후보들과 지역민들이 지방자치 시행에 제대로 대처하지 못하면 지금까지 그래 왔던 것처럼 대통령이 '자치 로드맵'을 제시해도 현장에 착근하지 못하는 불행을 맞게 된다.

지금 중요한 것은 유권자들이 지방선거에 나설 후보들이 제대로 지방정치에 훈련이 돼 있고, 지방자치를 실천할 의지가 있는지를 판단하는 것이다.

부평구가 구에 '자치분권대학 부평캠퍼스'를 설치, 10월부터 11월까지 두 달간 왜 주민자치가 필요한 지를 알리는 것은 지방자치에 대한 주민들의 지식과 경험이 앞으로 확대 시행될 지방자치의 성패를 좌우하기 때문이다.

지방자치는 중앙정부가 그냥 주는 것이 아니라 조직되고 훈련된 시민의 힘으로 쟁취하는 것이다.

홍미영이 걸어온 길

학력사항

- 경기여중·고 졸업
- 이화여대 사회학과 졸업
- 서강대 공공정책대학원 사회복지학과 졸업(석사)

주요경력

- 민선 5~6기 부평구청장 (현)
- 제17대 국회의원 (2004~2008년)
- 인천자치분권민주지도자회의 상임대표 (현)
- 전국자치분권개헌 추진위원 (현)
- 지속가능발전 지방정부협의회 회장 (현)
- 한국여성의정회 이사 (현)
- 노무현재단 자문위원
- 목민관클럽 상임대표 (2014~2016년)
- 열린우리당 원내부대표 및 정책위부의장
- 국회 행정자치위원회, 운영위원회, 예산결산특별위원회 위원
- 민주당 민주여성리더십센터 소장 (2008~2010년)
- 국회대표 UN 연설 (2007년)
- 노무현대통령 후보 비서실 정무2팀장 (2002대선)
- 제3대 인천광역시 시의원 (부평구 제2선거구, 1998년)
- 제2대 인천광역시 시의원 (부평구 제2선거구, 1995년)
- 초대 부평구의회 의원 (1991년)
- 인천지역주민회 대표 (1989~1991년)
- 부평구 십정동 주민공동체 '해님방' 대표 (1985~1990년)
- 인천 만석동 '큰물공부방' 설립 (1983~1985년)
  ※ 인천 최초 비영리 공부방

기 타

- 現 (사)여성의 전화 자문위원
- 現 인천여성민우회 자문위원
- 前 (사)한국환경사회정책연구소 감사
- 前 (사)생활정치연구소 이사
- 前 (사)인권희망센타 '강강술래' 이사
- 前 따뜻한 세상만들기 실천포럼 대표

수 상

- 제9회 다산목민대상 (2017년)
- 2016 지방자치행정대상
- 국회선정 특별인센티브의원 (정당추천, 2007년)
- 매니페스토 국회의원 공로상 (한국매니페스토 실천본부, 2006년)
- 올해의 여성운동상 (한국여성단체연합, 1994년)
- 이화여대 동창회 100주년 기념 '올해의 이화인상'
- 경기여고 개교 100주년 기념 '사회봉사상'

저 서

- 사람사는 세상이 온다 - 홍미영의 목민일기 2 (2018년)
- 동네살림에서 미래를 보다 - 홍미영의 목민일기 1 (2013년)
- 여성에게 다시 정치를 묻다 (공저, 2010년)
- 아름다운 도전, 세상을 바꾸는 정치 (2006년)

추천의 글

오랫동안 지켜보며 지지해왔던 정치인 홍미영청장의 삶과 생각이 잘 담긴 책입니다. 홍미영 청장은 구의원과 시의원을 거쳐 국회의원을 역임했고, 지난 8년 동안 인천 부평구를 책임진 여성 정치인입니다. 어려운 여건 속에서 인천과 부평구를 위해 헌신해온 홍청장은 무엇보다 민주주의의 핵심인 풀뿌리 지방자치 실현을 위해 헌신해왔습니다. 특히 남성들의 전유물이던 지방 정치에서 많은 업적을 쌓아 여성 정치인의 귀감이 되었습니다.

촛불광장에서 드러난 풀뿌리 민주주의의 힘으로 새로운 시대를 연 지금, 지방자치의 최일선에서 민주주의 정신을 삶 속에서 체득하고 실천해온 홍미영 청장의 정치 인생은 큰 의미가 있습니다. 저는 이러한 홍 청장의 노력이 제 남편 김대중 대통령의 신념인 지방분권 시대를 한층 앞당길 것이라 생각합니다.

성평등과 민주 사회를 위해 누구보다 활발한 활동을 해왔던 정치인인 홍미영 청장의 책을 추천합니다. 밝은 앞날을 기원합니다.

– 김대중평화센터 이사장 **이희호**

'고통앞에 중립은 없다'는 교황님의 말씀은 카톨릭 신자만을 위한 말씀이 아닙니다. 우리사회 고통과 아픔, 어려움이 있는 모든 곳에서 일하는 사람을 위한 말씀입니다. 홍미영님이 해오신 '사회적 책임행정' 역시 교황님의 말씀에 닿아있습니다. 그 모습이 정의롭고 따뜻합니다. 앞으로도 그러한 자세로 시민을 위해 일하는 분이 되시길 바랍니다.

-**김병상** 몬시뇰 신부

내게 홍미영이라는 이름은 항상 큰 웃음소리와 순수하게 맑은 함박웃음을 떠올리게 한다. 붉은 볼의 파마머리를 한 사랑스러운 대학 새내기 안에 이런 투지와 강인함, 끈기가 숨어있을 줄이야... 세상이 생각하는 대로 변하는 줄 알았던 젊은 시절에 우리는 세미나도 함께 하고 판자촌도 함께 하였다. 이제 세월이 흘러 순수와 소박함의 힘을 오래 지니는 것이 얼마나 어려운지를 아는 나이가 되었다. 그럼에도 항상 변하지 않는 모습으로 크게 웃고 있는 홍미영의 크기를 나로서는 가늠하기가 어렵다. 홍미영은 사랑이 많은 사람이다. 홍미영은 인간의 인간됨을 바로 그것이 상실되고 있는 자리에서 복원시켜놓고 싶어 안달이 난 사람이다. 그가 부족함 없는 유년기와 청년기를 보내고 스스로 낮고 낮은 자리로 스스럼 없이 찾아들어간 모습에서 나는 숙연함을 느낀다. 내가 말로만 떠들었던 것을 그는 가차없이 자신의 삶으로 받아들였다. 그가 표방하는 생활정치가 그의 삶의 경험에서 나온 것임을 안다. 홍미영은 단순히 여성이 아니다. 그는 때로 여성으로, 또 때로 남성으로, 때로 어머니로, 때로 아버지로, 때로 아줌마로, 때로 아저씨로 변신할 수 있는 만능인간이다. 이런 사람이 무언가 정체성이 복잡하고 혼란스러운 인천을 그 아픈 자리부터 손을 대기 시작한다면 분명 인천은 새로운 삶의 장소로 바뀔 것이라고 믿는다. 여기저기 전시성 행정을 벌이고 시민은 뒷전인 기성정치와는 차원이 다른 정치가 열릴 것이라고 믿는다. 더 큰 꿈에 도전하는 홍미영은 또 하나의 새로운 한국정치 역사를 이룰 것이다.

– 이화여대 총장 **김혜숙**

촛불혁명으로 세상이 달라졌습니다. 한국사회 전체가 크고 작은 움직임으로 출렁입니다. 그런데 유독 인천만 기이한 정적에 고요합니다. 號曰 3대 또는 2대도시라고 큰소리치지만 냉정히 살피면 다섯 손가락 안에

나 드는지 의심스럽습니다.

냉전이 해체되기 시작한 1990년대 이후 인천은 나라 안팎의 날카로운 주목 속에 북방정책과 남방정책의 핵심거점으로 부상했습니다. 그야말로 황해의 배꼽으로서의 위치에너지가 다시 작동한 것입니다. 시정부와 시민이 함께 손잡고 도시 재건에 힘을 모았습니다. 자유롭고 평등해서 온 주민이 형제자매처럼 우애로운 도시공동체의 출현이 단지 꿈만이 아닌 듯했습니다만, 문득 인천은 추락했습니다.

촛불혁명에 발맞춰 다시 인천을 세울 기회입니다. 시민 속에서 시민과 함께 아래로부터 인천사회를 재구축할 새로운 지도력이 요구되는 때입니다. 만석동 달동네 가장 낮은 곳에서 지방자치제와 더불어 성장한 홍미영 청장은 그럼에도 인천을 한국/한반도/동아시아의 맥락에서 사유하고 실천할 열린 감각을 갖춘 정치가입니다. 세상의 절반은 여성이라는 말이 새삼 떠오르는 작금의 변화를 돌아볼 때 더욱이 그만큼 촛불을 구현할 목민관 자격을 두루 갖춘 지도자도 드물다고 하겠습니다.

– 인하대학교 명예교수 **최원식**

시민과 함께 하는 **홍미영의 목민일기 2**

사람 사는 세상이 온다

초판발행 / 2018. 1. 24

지은이 / 홍미영
펴낸이 / 윤미경
펴낸곳 / 도서출판 다인아트
출판등록 1996년 3월 8일 제87호
인천광역시 중구 개항로14 2F
tel. 032+431+0268 / fax. 032+431+0269
e-mail. dainartbook@naver.com

인쇄 / 신우인쇄
제본 / 과성제책

값 / 20,000원
ISBN 978-89-6750-049-8 03300